AND

本书出版受到了中国传媒大学中央高校基本科研业务项目、北京市重点建设马克思主义学院工作经费资助。

CAPABILITY

O HUMAN

魏 飞 — — — — — — — 著

Research on
Nussbaum's Capability
Theory of Justice

AN APPROACH

努 斯 鲍 姆 的

正 义 的 能 力

理 论 研 究

中国社会科学出版社

DEVOTED

图书在版编目（CIP）数据

努斯鲍姆的正义的能力理论研究 ／ 魏飞著. --北京：
中国社会科学出版社，2024. 11. -- ISBN 978-7-5227
-4000-3

Ⅰ. B712.6

中国国家版本馆 CIP 数据核字第 2024RG5930 号

出 版 人	赵剑英
责任编辑	刘亚楠
责任校对	张爱华
责任印制	张雪娇

出　　版	中国社会科学出版社
社　　址	北京鼓楼西大街甲 158 号
邮　　编	100720
网　　址	http://www.csspw.cn
发 行 部	010 - 84083685
门 市 部	010 - 84029450
经　　销	新华书店及其他书店

印　　刷	北京君升印刷有限公司
装　　订	廊坊市广阳区广增装订厂
版　　次	2024 年 11 月第 1 版
印　　次	2024 年 11 月第 1 次印刷

开　　本	710×1000　1/16
印　　张	15.25
插　　页	2
字　　数	251 千字
定　　价	98.00 元

前　　言

　　玛莎·努斯鲍姆作为当代政治哲学研究领域中的重要代表人物，国内外学术界对其理论进行了多方面的研究，其正义的能力理论主要来源于亚里士多德式的"人"的观念与阿玛蒂亚·森的"能力路径"。面对当代社会中存在的多元性与异质性现象，努斯鲍姆不仅仅强调一种伦理上的普遍主义的道德观念，关注于情感在人类社会中的重要作用，还提倡一种伦理上的世界主义的政治观念，突出正义问题在政治经济中的重要地位。因此，努斯鲍姆从诗性正义走向能力正义，并以此展开对罗尔斯式正义理论的回应与推进。鉴于努斯鲍姆的正义的能力理论经历了从能力路径到能力主义的动态性发展过程，我们可以发现，虽然努斯鲍姆的正义的能力理论存在诸多质疑与不足，但是其理论处于一种不断的修正与完善之中。

　　为了追求一种繁荣的好的生活，努斯鲍姆的正义的能力理论最初可以追溯到以"情感"与"畅想"为核心的诗性正义。在与亚里士多德、斯多葛学派、康德以及功利主义对话的过程中，其诗性正义的观念得以逐渐形成与发展。基于对古希腊哲学的浓厚兴趣与深入研究，努斯鲍姆继承了亚里士多德式的"人"的观念，在此基础上提出了关于人性的构成性因素。与此同时，努斯鲍姆既批判斯多葛学派对于理性的过分关注，又继承了其"平等"的理念，在此基础上提出了"认知主义式的情感"与"世界公民"的观念，以此展开其诗性正义问题的研究。随着其理论的不断发展，努斯鲍姆既批判了康德对人的绝对理性的过分强调，又继承了康德式的"人是目的而非手段"的观念，以此来批判经济学功利主义忽略了个体间的差异性与个体化情感需求。鉴于经济学功利主义的局限性，努斯鲍姆立足于包含"同情"与"爱"的情感和包含"移情"与"想象"的畅想，通过预设"明智的旁观者"作为诗性正义的裁判，逐渐深化其诗性正义理论的发展。此理论的提出，既超越了经济学功利主义对于"正义"观念的狭义理解，也重建了亚里士多德关于"人"的观念的哲学维度。

为了追求一种值得过的、有尊严的生活，努斯鲍姆在与其导师阿玛蒂亚·森与罗尔斯的交流与反思的过程中，其正义的能力理论得以推进与深化。在与阿玛蒂亚·森思想产生共鸣之后，努斯鲍姆基于森的"能力路径"而提出"多元化能力"的概念，通过将多元化的能力分为基础多元化能力、内在多元化能力以及综合多元化能力，努斯鲍姆提出了"核心能力列表"，这不仅仅实现了从静态式的比较性概念到动态式的规范性概念的范式转换，还完成了从生活质量的比较性研究到对正义的领域的规范性研究，由此形成其独特的正义的能力理论，并以此来对罗尔斯的正义理论进行批判性思考。在此过程中，努斯鲍姆重点关注于世界物种之间的权利的不平等问题，虽然继承了罗尔斯式的政治自由主义立场，但是，努斯鲍姆批判罗尔斯式的正义理论不仅忽略了个体的差异性与多样化的需求，还轻视了能力本身的复杂性。因此，努斯鲍姆分别在残障人士、跨国正义与非人类动物领域对罗尔斯式的契约论进行了一种具有指向性的批判，在此过程中，其正义的能力理论不仅得到进一步的阐释与完善，还展现了其理论在这三个领域相较于罗尔斯的正义理论的优越性。但是，通过梳理罗尔斯式的契约论的演变历程，我们不难发现罗尔斯及其继承者在后期对其理论进行了相应的推进与完善。通过不断地对比与总结，我们最终可以发现，努斯鲍姆对于罗尔斯的正义论的批判也始终只能被看成是一种补充性的关系，并不构成彻底的批判与对立关系。由此可见，能力路径与契约路径应该是一种相互协调与相互补充的关系，共同致力于人类命运共同体的构建。

本书主要基于努斯鲍姆的正义的能力理论的最新研究，批判性地思考其理论本身以及将其理论应用于正义领域存在的问题。通过梳理与慎思努斯鲍姆的正义的能力理论的发展历程，我们意识到其理论自身确实存在诸多创新性、复杂性与局限性。努斯鲍姆将一种新的能力路径的研究范式运用到正义领域的创新性举动引起了众多学者的关注，它在得到许多学者赞许的同时，也遭到质疑。但是，我们也注意到，努斯鲍姆的正义的能力理论不仅得到努斯鲍姆本人的辩护与推进，还得到能力主义学派中的不同学者的修正与推进，其坚持从能力路径到能力理论，再到能力主义的研究路径，表明了能力研究处于一种动态性的发展过程。由此可见，能力路径作为一种评价性的研究框架在其内部是自洽的，但是，当能力路径应用在不同的领域时，便存在诸多问题，我们需要具体问题具体分析。通过研究当代学者对于能力路径的扩展与阐释，能力路径本身可以作为一种致力于研究人类命运共同体的范式。与此同时，通过对其最新的理论发展现状的研究，我们可以回应努斯鲍姆的正义的能力理论所面临的种种批评与挑战，使得努斯鲍姆的正义的能力理论得到进一步的完善，从而走向一种更为完美的正义理论体系。

目　　录

绪　论
一种致力于人类发展与能力的研究路径

玛莎·克雷文·努斯鲍姆（Martha Craven Nussbaum），1947 年生于美国纽约，是当代哲学界极具影响力的学者之一。她在 1975 年于哈佛大学获得哲学博士学位，其后的学术生涯充满辉煌，涵盖了伦理学、政治哲学及情感理论等领域。努斯鲍姆不仅曾任美国哲学学会主席，而且现在也担任着芝加哥大学的恩斯特·弗洛因德（Ernst Freund）法学与伦理学特聘教授，她的研究对当代伦理学和社会哲学产生了深远影响。

1988 年，努斯鲍姆成为美国艺术与科学院院士，这标志着她在学术界的卓越成就获得了同行的广泛认可。2012 年，她荣获阿斯图里亚斯王子奖，该奖项在西班牙被誉为"诺贝尔奖"，进一步印证了她在国际哲学界的杰出地位和影响力。

努斯鲍姆在学术传播方面同样取得了显著成就。2014 年，她在牛津大学主持"约翰·洛克系列"讲座，成为该系列讲座历史上第二位女性学者，展示了女性在哲学领域的卓越贡献。2016 年，她不仅被 The Best Schools 评为全球最具影响力的 50 位哲学家之一，还获得了被称为"日本诺贝尔奖"的京都奖（Kyoto Prize），再次证明了她在艺术与哲学领域的创新力和影响力。

更进一步，努斯鲍姆在 2018 年获得博古睿奖（Berggruen Prize），该奖项旨在表彰在哲学领域作出卓越贡献的学者，强调了古老的"智慧之爱"和对人类知识全面探索的重要性。2021 年，她荣获霍尔堡奖（The Holberg Prize），该奖项是国际学术界的重要奖项，进一步肯定了她在全球学术界的杰出地位。2022 年 9 月，努斯鲍姆获得巴尔赞奖（Balzan Prizes），该奖项由意大利总统塞尔吉奥·马塔雷拉（Sergio Mattarella）颁发，彰显了她对人文科学和社会科学的杰出贡献。

努斯鲍姆的学术贡献在伦理学、政治哲学及法学等领域展现出深远的影响力。她的著作，包括《诗性正义》（1995）、《女性与人类发展：能力路径》（2000）、《善的脆弱性》（2001）、《正义的前沿：残障人士、国籍与物种成员资格》（2006）、《欲望的治疗》（2009）、《创造能力：人类发展路径》（2011）、《政治情感》（2013）、《愤怒与宽恕》（2016）、《为动物伸张正义：我们的集体责任》（2023）等，充分体现了她对情感及其在道德和政治判断中作用的深入探索。通过对努斯鲍姆学术生涯和成就的审视，我们可以看到一个哲学家如何通过其深刻的思考、广泛的研究和不懈的努力，在伦理学、政治哲学及法学等领域作出了创新性的贡献，同时也促进了学术界对女性地位的认识和尊重。她的工作不仅深化了我们对人性、正义和幸福的理解，也为当代社会面临的众多挑战提供了哲学上的指导和解答。

在 20 世纪 50 年代，随着美德伦理学的复兴，一些哲学家开始质疑传统的理性主义正义理论，并指出其在处理政治与社会中不平等问题时的局限性。他们认为，这些理论忽略了情感对人类道德和政治生活的重要性。在这一背景下，玛莎·努斯鲍姆成为美德伦理学与新亚里士多德主义的杰出代表之一，她对社会中的不公正和不平等现象表示了深切的关注，并试图构建一个促进人类繁荣的统一理论，从而挑战传统的正义、道德和政治理论。

努斯鲍姆的理论特别强调情感与公正之间的关联，挑战了传统哲学中理性与情感的对立。这种理论视角与传统的正义理论有着本质的不同，后者往往侧重于分配公平或者程序正义，而忽视了个体实现个人最大潜能的具体条件。努斯鲍姆的能力理论关注个体能否有实际的机会去做他们价值所在的事，比如参与政治生活、接受教育和保持身体健康等，这不仅仅是资源的分配，更是机会的均等。通过这样的框架，努斯鲍姆不仅为正义的理论提供了新的维度，也为处理现代社会中的不平等问题提供了实用的策略。她的理论被广泛应用于国际发展、教育改革以及社会政策的制定中，证明了哲学理论在实际政策中的重要作用和实际效用。此外，努斯鲍姆的工作也激发了更广泛的学术讨论，推动了跨学科研究的深化，尤其是在政治哲学、伦理学和经济学之间的对话与合作。

努斯鲍姆的政治哲学深植于她对古希腊哲学的深入研究，特别是她对古希腊作家和思想家的伦理学观点的吸收和重构。在她的著作《善的脆弱性》中，努斯鲍姆以一句古希腊抒情诗人的话开篇，提出了一个关于追求卓越生活中运气重要性的核心问题。这个问题不仅在文学中占有重要地位，也是哲学探讨的关键议题，尤其是在讨论人类努力和追求卓越的过程中运气所扮演的角色方面。努斯鲍姆的探讨不是孤立存在的，而是置于20世纪70年代关于道德运气的更广泛辩论之中。这场辩论突出了运气对个人生活境遇的影响，以及这种影响对正义和平等原则的挑战。在这一辩论中，约翰·罗尔斯的平等自由主义观点尤为显著，他试图通过正义作为公平的原则来解决社会不平等问题。努斯鲍姆则从本质主义的角度出发，强调理解和应对生活中的不可预测性和不公正现象，这对于构建一个更加公正和包容的社会至关重要。

努斯鲍姆在分析希腊悲剧时，关注了对生活挑战的灵活和敏感回应主题。她认为，生活方式的僵化限制了人们识别和欣赏世界价值多样性的能力。相反，她提倡采用更灵活和敏感的方法，这样可以更好地理解自己以及自己所持有的价值观，尽管这并不能保证避免运气的不可预测性。在讨论柏拉图的观点时，努斯鲍姆强调了仅依靠智慧和理性导航生活具有局限性。她以亚里士多德的观点作对比，亚里士多德承认智慧和人类欲望之间复杂的相互作用；亚里士多德的观点表明，生活本质上是不稳定的，充满冲突，认识到拥抱风险和变化的美好。

努斯鲍姆阅读了许多文学作品和古希腊哲学作品，并在广泛领域中创作了大量作品，包括道德、政治和法律哲学、性别政治和文学，以及动物权利等。她深入研究文学作品中的"情感"问题，并以独特的女性视角和文学作品的感性材料来探讨社会存在的现实问题。通过这些研究，她发现功利主义者的做法存在问题，如，过度强调"理性"，将"情感"视为正义体系之外的非理性因素。因此，努斯鲍姆倡导阅读文学作品和培养叙事性想象力，并通过诗歌、音乐和艺术等不同途径来提升公民的道德情操，从而发展一种认知主义的情感理论，克服世界多元化差异所带来的挑战，通过文化多元主义教育和世界主义教育来培养公民特定的情感与畅想（fancy）的能力。

努斯鲍姆作为当代哲学界极具影响力的思想家之一，其正义和能力理论不仅构思宏伟、结构严谨，而且思想内容丰富多元。努斯鲍姆的研究不仅深化了我们对于公共政策和正义概念的理解，还拓宽了对人类境遇的认识，她的理论促使我们批判性地反思在社会中的角色，并强调构建一个更加公正、平等的世界的重要性。努斯鲍姆的能力理论，特别是她在三部重要著作——《女性与人类发展：能力路径》（2000）、《正义的前沿：残障人士、国籍与物种成员资格》（2006），以及《创造能力：人类发展的路径》（2011）中的阐述，构成了其理论体系的核心。

在《女性与人类发展：能力路径》中，努斯鲍姆着重探讨了全球妇女面临的紧迫问题，并利用约翰·罗尔斯的反思性平衡方法，深入讨论了道德正当性的问题，从而为能力理论在性别平等方面提供了理论基础。继而，在《正义的前沿：残障人士、国籍与物种成员资格》中，努斯鲍姆进一步扩展了她的理论视野，关注到物种之间权利的不对称性问题，通过能力理论探讨了正义领域中的平等问题。她将能力的概念应用于不同生命形态之间的正义问题上，呼吁对残障人士、不同国籍的人以及不同物种的成员以平等的考量，从而拓展了正义的研究范围和深度。在《创造能力：人类发展路径》中，努斯鲍姆致力于发现一个体面的社会如何能够创造出一些能够使得所有的公民愿意去超越其狭隘的自利观的动机。努斯鲍姆的这一系列著作，不仅体现了她对正义理论的深刻见解，也展示了她如何将哲学理论与现实世界中的具体问题相结合，提出具有现实意义的解决方案。通过努斯鲍姆的能力理论，我们不仅能够更全面地理解正义的内涵，还能够认识到每个人在追求公平和正义的过程中所扮演的重要角色。努斯鲍姆的研究强调了个体能力的发展和实现对于达成人类发展和社会正义的关键性，为我们提供了一种既注重个体尊严又促进社会整体进步的理论视角。

努斯鲍姆的正义的能力理论是在对罗尔斯的批判与反思中得以推进与展开的。努斯鲍姆认为，罗尔斯由于继承社会契约论传统，在残障问题、跨国正义问题以及非人类物种问题上未能给出令人满意的阐释。在此基础上，努斯鲍姆进一步拓展了罗尔斯的工作。这既是对 21 世纪后罗尔斯正义理论的一种持久而详细的批判，或者至少是对传统中某些与罗尔斯理论密切相关的观点的一种有益的批判，也是对现代西方哲学正义理论总体规划所遗留局限性和可能性的有说服力分析。关于如何将正义观念应用于所有应该得到公正对待的事物上，她通过构建以"情感理性"为基础的正义理论，在不断实践中不断完善，形成关注人的多元化能力的正义理论，以此弥补罗尔斯正义理论所遗留的未解难题。努斯鲍姆的正义理论把正义的标准从理性回归人文，从形式正义走向实质性正义，她所提出的"能力正义"观点以崭新视角呈现，得到了国内外学者的广泛赞同与支持，同时也遭受了包括罗尔斯在内的许多学者的批判。对该领域历史地位的评估，可能需要在许多不同维度上进行详细梳理与反思。

努斯鲍姆的理论贡献不仅局限于其在能力理论上的开创性工作，她的其他著作同样为理论的深化与扩展提供了坚实的基础；特别是她早期作品中对亚里士多德人本主义理念的继承与发展，奠定了其理论的哲学基石。努斯鲍姆深入探讨了善的脆弱性，不仅赞扬了这种脆弱性，而且通过强调理性情感与叙事想象的能力，展示了教育和文学在培育人性中的核心作用。这一视角彰显了她对于人类情感与理性相结合的深刻理解，以及这种结合在实现个体及社会善中的重要性。进入其理论的后期发展，努斯鲍姆转向政治自由主义的立场，深化了她对政治情感的研究。她认为，情感在政治生活中扮演着至关重要的角色，能够促进社会成员之间的理解与共鸣，从而为正义的实现创造条件。通过这种方式，努斯鲍姆旨在将其能力理论与政治实践紧密相连，强调情感的政治价值，并探索如何在多样化的全球背景下寻找到普遍性的道德和正义原则。她提出的理论试图超越形而上学的基础，寻求一种能够被全球所有公民接受的重叠共识，从而为构建更加公正和包容的全球社会提供理论支持。

通过将亚里士多德的人本主义与当代政治自由主义相结合，努斯鲍姆的工作展现了一个跨时代的理论框架，既深植于古典哲学的肥沃土壤之中，又枝叶扩展至现代社会与政治的复杂现实。这种跨学科的理论建构不仅加强了其哲学思考的深度和广度，也为理解和应对当今世界面临的伦理和政治挑战提供了独到的视角。总之，努斯鲍姆的贡献在于她如何将古典哲学的智慧与现代社会的需求相结合，以及她对于情感、理性、教育和政治的深刻洞察，为我们提供了一个更加全面和丰富的理解正义与人类发展的框架。

国内学者对努斯鲍姆的正义理论主要着眼于其早期诗性正义和能力正义的翻译和概述，但是在尊严概念的分析和进一步界定、对最近提出的能力正义的理论的研究方面尚不够体系化，仍有一些具体问题处于碎片化的研究状态。此外，对于努斯鲍姆为何从诗性正义走向能力正义，以及她提出的人文式正义理论是否完全解决了罗尔斯正义论中三大未解难题等，尚未进行全面且系统的比较研究。相比之下，国外有大量学者更深入研究了努斯鲍姆关于正义能力的理论内容，意识到文学和人文教育对公共生活的重要性，提倡阅读文学作品和培养想象力。努斯鲍姆则关注现存社会不平等现象，强调情感和能力，补充和完善了形式正义理论的问题，在一定程度上获得了大批学者的认同。然而，对于努斯鲍姆的直觉性起点的可靠性、一些概念的精确界定，及其理论的最终实施结果等问题存在质疑。因此，更全面和系统的比较性研究是必要的，尤其是努斯鲍姆提出的人文式能力理论既是一种理论，也是一种具有导向性的法则，可以应用于许多不同的领域，例如医疗、法律、教育、经济、社会政策等。深入探讨努斯鲍姆的前沿研究成果在中国社会新发展语境下具有实质性意义，这样可以更准确地应对来自美国及整个西方世界的价值观和思维方式所带来的冲击。

本书研究思路与结构

纵观国内外学者对努斯鲍姆的"正义的能力路径"理论的研究现状，我们可以发现一种静态式的分析模式；批评和赞同并存，反映了当下学术界对其理论的多元看法。然而，随着努斯鲍姆本人对理论的不断深化和发展，尤其是在与其他学者的对话和反思中，我们看到了其能力理论的动态发展。在这一过程中，努斯鲍姆的理论不仅作为社会基本善理论的补充与延伸，更是将关注点从"善品本身"转移到"善品对人的作用"，强调一个合理的社会基本善应包含支持人类功能性活动的所有资源。这些资源的选择及其权重，应基于它们作为实现人类充分运作的手段的重要性。在此基础上，努斯鲍姆不仅在多元主义社会中强调伦理普遍主义的道德观，突出情感在人类社会生活中的重要作用，还提倡一种伦理上的世界主义政治理想，突出正义问题在政治经济中的重要地位。

与此同时，努斯鲍姆的正义的能力理论和罗尔斯的正义理论在当代道德政治哲学中占据重要地位。两者虽同为功利主义的批判者，但由于其所捍卫的指导原则不同，导致构成其正义理论的基础差异巨大。罗尔斯的正义理论延续了社会契约的传统，强调通过"原初位置"上的公民共同确定自由和平等的原则。由于人与人之间的差异是由社会和自然条件共同造成的，罗尔斯允许存在最有利于最不利者的差别，并对天赋较低者给予一定的补偿。这种契约式和政治式的正义观的优缺点在罗尔斯的理论中体现得更加清晰。契约式基础要求在讨论与正义有关的问题之前，必须满足某些条件，并将这些原则附加在根据共识产生的协议之上。因此，框架和基于框架所建立的假设在很大程度上影响了原则的性质和可扩展性。此外，这种路径的政治特征使我们认识到，罗尔斯的理论主要关注现代自由主义国家，旨在构建一个满足特定社会需求的理论。

罗尔斯的正义理论建立在特定个体之间的契约基础之上，这使得解决努斯鲍姆所强调的正义的三大难题成为一项不易完成的任务。努斯鲍姆明确指出，即便将古典社会契约理论发展至其最佳形态，它仍无法克服罗尔斯正义理论所面临的三大挑战。她进一步明确表示："研究结论表明，我们并非旨在否定罗尔斯的正义理论或其他契约论形式，相反，我们应当探索不同的理论形式，以加深对正义观念的理解，并对这些理论进行扩展和完善。"① 尽管努斯鲍姆的态度较为温和，但如果无法有效适应和处理这些

---

① Nussbaum, Martha. (2006). *Frontiers of Justice: Disability, Nationality, Species Membership*. Cambridge, Massachusetts: London, England. The Belknap Press of Harvard University Press, p. 25.

挑战，我们便有充分的理由，在一定程度上偏离罗尔斯的方法，转而探寻另一种解决策略。

努斯鲍姆在当代哲学领域致力于探讨"人性的多样性与复杂性"，并以此为基础，旨在构建一个根植于人的尊严的道德理论框架。她深受斯多葛学派影响，继承并发展了其"情感本质上具有认知性"的观点，强调情感是我们人性中不可或缺的构成性要素，我们不能单纯地将情感从人类生活的各种形式中分离出来。在追求自身行为与状态目标的过程中，人类的价值与人类的尊严得以体现，因此，不同于罗尔斯从正义环境（circumstances of justice）出发，努斯鲍姆的能力路径是以亚里士多德式的内在的本质主义为直觉性起点，其中人类被描绘成包含了丰富的需要和潜能，社会形成的基础决定了人的类型，以此来建构其核心能力列表。考虑到人主动地离开自然的状态，其主要原因不是因为与他人达成交易而对双方更有利，而是因为人类无法想象没有共同目标与共享生活的生存是一种值得过的、有尊严的好的生活，我们与他人生活在一起，并对他人怀有善意和正义，这是所有人出于政治目的所共同认同的公众观念的一部分。

能力路径是一个以结果为导向的理论，而不是一个以程序为导向的理论。程序理论者需要以一种紧密且相对确定的方式来构建契约情境，这样它就会产生一组确定性的结果，因此，"程序正义需要以一种相当形式化的方式来设定全体成员的初始环境，相较而言，能力正义直接朝向正义的结果，通过观察结果，我们可以不断地反思此结果是否与一种符合人类尊严的生活相容，这种结构使我们能够看到各种各样有关正义的问题和情况"①。能力理论强调正义的实现不仅仅依赖于程序的公正，更重要的是关注结果的公平性和实质性，尤其是在应对全球化、社会不平等、性别差异等复杂现象时，能力理论提供了一种更为深入和包容的正义分析框架。

由此可见，程序正义的实现过程需要寻求一种重叠共识，也就是说，这种重叠共识将足以通过公共推理来建构一个公正的宪政民主体制。原则

---

① Nussbaum, Martha. (2006). *Frontiers of Justice: Disability, Nationality, Species Membership.* Cambridge, Massachusetts: London, England. The Belknap Press of Harvard University Press, p. 87.

被谁而建，原则为谁而建，是罗尔斯正义理论的重要组成部分，按照罗尔斯的说法，这表明规则的制定者并不完全等同于规则所朝向的那群人，我们应该以同样的标准化的方式来对待每一不同的问题，如果我们想要容纳特殊性问题，这将需要在较晚的阶段，作为一种衍生性问题来处理。努斯鲍姆以其独特的方式为我们提供了这两个问题的答案，她不仅仅向我们证明了在理论的建构之初应该考虑这种特殊情况的重要性，还批判罗尔斯对这两个问题的回答是基于其理论结构中的契约要素。因此，努斯鲍姆批评罗尔斯的正义理论中的契约性导致了其理论的局限性，由此我们可以看到，罗尔斯对这些问题的回答是被限制的、缺乏灵活性，以及没有考虑到社会中的特殊情形，更重要的是，它帮助我们看到，对于任何问题的解决方法都需要采取一个完全不同的研究路径。

努斯鲍姆的能力理论与罗尔斯的正义理论在哲学基础和应用范围上存在根深蒂固的差异，尽管如此，两者之间仍有关键的趋同领域，这些趋同点揭示了两种理论在核心价值观上的共通性。第一个趋同的源泉是康德式的起点：强调尊严和尊重的重要性。罗尔斯从"每个人都有一种基于正义的不可侵犯性，即使是作为整体的社会福利也无法凌驾于正义之上"① 的主张出发；努斯鲍姆在此基础上进一步提出："尊严要求每个人都应该追求能力，把每一种能力都当作目的，而不是仅仅作为他人目的的手段。"② 因此，对于努斯鲍姆来说，"一个人的幸福不能补偿另一个人的痛苦"③。但是，努斯鲍姆的概念并不像罗尔斯所主张的那样局限于公民，因此，努斯鲍姆根据能力扩展并捕捉了这种对平等和尊重的关注，但没有限制其范围。

第二个趋同的源泉是政治自由主义立场。努斯鲍姆在政治自由主义领域的贡献体现在她独特地融合并发展了罗尔斯的理论元素，同时提出了自

① Rawls, John. (2009). *A Theory of Justice*. Cambridge, MA：Harvard University Press, p. 3.

② Nussbaum, Martha. (2006). *Frontiers of Justice：Disability, Nationality, Species Membership*. Cambridge, Massachusetts：London, England. The Belknap Press of Harvard University Press, p. 70.

③ Nussbaum, Martha. (2006). *Frontiers of Justice：Disability, Nationality, Species Membership*. Cambridge, Massachusetts：London, England. The Belknap Press of Harvard University Press, p. 80.

己的"核心能力列表",这一理论创新在继承了政治自由主义传统的同时,也展现了其原创性和独到之处。努斯鲍姆虽然在一定程度上背离了罗尔斯的契约式理论框架,但她保留了罗尔斯"基本善列表"中的某些关键性元素,并以此为基础构建了自己的"核心能力列表"。这份列表的独特之处在于,它跨越了个体对"善"的观念的多元化理解,提出了一套普遍必要且有价值的核心能力列表,为不同文化和价值观念下的人们提供了共同的参照标准。

更重要的是,努斯鲍姆肯定并提出她的方法作为某种类型的政治自由主义,作为政治自由主义家族的一部分,在其他问题上不支持一个整全性的学说,出于这个原因,努斯鲍姆的方法仅仅提供了一个不完整的和最低限度的关于善的说明。努斯鲍姆的方法不仅是政治自由主义的一个分支,而且还代表了一种尝试,试图在保留政治自由主义框架的大体结构的同时,填补罗尔斯理论中的一些基础空白。她通过引入"核心能力列表"来为"善的生活"提供一个更加丰富和具体的框架,这一点在政治自由主义的讨论中尤为重要。考虑到构建性的能力之一是实践理性,由此我们能够规划自己的生活,这让我们了解努斯鲍姆将核心能力列表表示为功能性活动的原因,其中任何部分通过公共审议,这份能力列表可以灵活调整,既反映了对个体自主的尊重,也体现了对社会多元价值观的认可。

然而,努斯鲍姆的理论也存在一定的紧张关系,特别是在她对能力的详细阐述和对政治自由主义承诺之间。这种紧张源于在维持政治自由主义所需的灵活性和多元接受度与提出一份能够普遍适用的"核心能力列表"之间的平衡。尽管这份列表可能会随时间的发展而成为广泛接受的重叠共识,但它的核心作用及其在政治自由理论中的位置仍需进一步探讨和明确。这要求我们对努斯鲍姆理论中的协议性质、核心能力列表的特征,以及这些因素如何影响理论的灵活性和多元性进行更深入的思考和分析。

以罗尔斯为代表的自由平等主义理论与以努斯鲍姆为代表的能力路径共同承诺一条原则,即个人应该有相当大的空间自由来确定自己的人生计划和善的观念,以及平等的道德思量的理念。努斯鲍姆的正义的能力理论,正如她曾在《正义的前沿》中写道的:"契约主义理论,尤其是其道德化的康德式的理论，是能力路径的亲密盟友。"① 因此，努斯鲍姆的能力理论仅仅是对罗尔斯式契约主义的一种补充，而不是一种竞争与对立，对于人的尊严与能力的强调都是为了使人的生活水平能够达到界限之上，对于界限之上的正义问题仍需要一种分配正义有待完美地解决，而罗尔斯式的平等的自由主义理论恰恰是用来解决界限之上的分配正义问题。

鉴于能力路径具有一种开放式的道德结构，它可以包含以下三个框架的内容。从功利主义来看，当功能是基本的评价要素时，能力路径是结果主义的，其目的是确保制度与使个人过上一种有尊严的好的生活相一致，这是由努斯鲍姆的核心能力列表的要求所决定的。此路径无须预设社会契约的各方是自由、平等和独立的，也无须预设与社会结构设计有关的决策中必须包括理性，这种方法不仅能够以一种更加多元化的方式抓住社会中存在的缺陷，而且正义存在于人类存在的任何地方。正义只是从人类是政治动物和社会动物这一事实中产生，因此，正义不仅对所有人都是有益的，而且其本身也是有益的，因为"我们被想象成关怀他者，而关怀他者是关怀自身的一部分"。② 从义务论的角度看，能力本身具有内在价值，而非工具性价值，核心能力列表中的每一种能力都具有不可通约性与异质性，能力可以独立于功能的实现而成为价值要素。从美德伦理的角度来看，能力路径可以利用美德来指定一组不可衡量的能力，或者，通过将能力定义为行动者之间的内在联系，以及在社会制度化规则之外对共享价值的承诺，因此，我们应该看到作为实质性机会的自由与程序上辩护的自由之间的区别，这种区别恰恰反映了罗尔斯与努斯鲍姆之间相互融合与补充的部分。

本书基于努斯鲍姆的正义的能力理论研究，主要分为以下五个部分。

本书的第一部分主要论述努斯鲍姆的正义的能力理论的形成基础。努斯鲍姆一方面看到经济学功利主义的"成本—效益"模型的局限性；另一

---

① Nussbaum, Martha. (2006). *Frontiers of Justice: Disability, Nationality, Species Membership.* Cambridge, Massachusetts: London, England. The Belknap Press of Harvard University Press, p. 95.

② Nussbaum, Martha. (2006). *Frontiers of Justice: Disability, Nationality, Species Membership.* Cambridge, Massachusetts: London, England. The Belknap Press of Harvard University Press, p. 158.

方面，努斯鲍姆赞成康德式的"人是目的而非手段"的观念。因此，努斯鲍姆在诗性正义理论中强调"情感"与"畅想"是通往正义社会的桥梁，预设"明智的旁观者"作为其诗性正义的裁判。结合阿玛蒂亚·森在比较生活质量的基础上提出的"能力路径"的观点，强调人的基本的功能性能力的平等以及切实性地执行这些能力，以试图超越平等的资源主义和福利主义分析路径。努斯鲍姆意识到能力的实现依赖于世界的全面发展与已被转化的实际功能性活动，进而，将能力的概念至于优先考虑的位置，使得她超越诗性正义，从而走向能力正义。其出发点为关于一种值得过的、有尊严的好的生活，努斯鲍姆将能力路径应用于正义领域，通过提出"核心能力列表"，发展出一种正义的能力理论。

本书的第二部分主要论述努斯鲍姆对罗尔斯正义论的批判，以及努斯鲍姆将其正义论延伸至三大领域：残障人士、跨国正义、非人类动物。传统的社会契约论在理论之初就会预设全体资格成员在能力上都大致平等，并且具备一定的生产性经济活动的能力。但是，努斯鲍姆认为这种休谟式的正义环境的构建严重忽略了身体残疾与认知障碍的边缘群体，使得这些边缘群体并未被平等地视为公共领域的一部分，当这种现象发展为危害社会公平与正义的时候，这一现象在整体上会变得更加严峻。另外，一种恰当的与完美的正义理论不仅能够处理国内的不平等问题，还需要解决国际的不平等问题。因此，努斯鲍姆将其理论从残障人士问题推向了跨国正义问题。面对国际新秩序与公民个体化身份对世界公民在全球化进程中的生存机遇产生影响，不同于罗尔斯把全球正义问题推迟至衍生阶段去考虑，努斯鲍姆认为在构建全球正义的整体框架之初就应该将这些特殊的新情况纳入考虑范围之内。最后，当我们在论述以及讨论我们的生存世界时，我们通常指的是一般性的人类世界，以至于在不经意间使我们忽略了世界生命形式的多样化与异质化，因此，努斯鲍姆将正义的能力理论从人类领域推向了非人类动物的领域，她强调尊严具有内在性价值，所有物种之间都具备与该物种相对应的尊严，不仅人类具有尊严，动物自身也同样具有尊严，所有具有感知能力的物种都平等地享有权利过一种有尊严的生活，我们可以通过引导核心能力列表应用于处理动物及其相关问题的法律法规。

本书的第三部分主要对努斯鲍姆的正义的能力理论及其应用进行批判性的思考。罗尔斯的正义理论处于不断的变化与修正之中，罗尔斯在前期建构的先验式程序主义的正义理论具有优势，在其后期的著作中也对不足之处作了相应补充与说明，通过《作为公平的正义》与《政治自由主义》来进一步阐释其正义理论，将正义的范围逐步扩展到残疾人领域。之后，罗尔斯通过《万民法》将正义理论应用于国际领域。此外，随着罗尔斯的正义论的不断完善，对于努斯鲍姆的正义的能力理论的批判也随之增加，主要集中在对于其核心能力列表的批判，其中包括能力理论的起点问题、能力与权利的关系问题、核心能力的选择与能力列表的形成问题，以及核心能力列表应用于非人类动物之上的问题。

本书的第四部分主要阐述努斯鲍姆对其正义的能力理论的辩护。面对来自不同领域的学者对其理论的批判，努斯鲍姆分别从立场的转变性、尊严的政治性、权利的包容性、物种间的正义性、核心能力列表的不完全性五个角度来回应。努斯鲍姆首先强调其能力理论是一种部分的政治自由主义的正义理论，通过进一步明确其理论的动态平衡性，从亚里士多德式的内在本质主义立场转向政治自由主义立场。通过强调"尊严"与"权利"的概念，努斯鲍姆认为在人们关于"好的生活"的不一致观念之前，存在人们关于"人类生活"的一致性观念，以此寻求一种政治上的重叠共识。此外，通过对"惊奇"能力的强调来调和人与动物之间的冲突问题，从而实现其世界主义的政治立场与普遍主义的道德立场。

最后，通过梳理努斯鲍姆的正义的能力理论以及对其理论的批判性思考，我们不难发现努斯鲍姆以结果为导向的能力正义在强化与完善罗尔斯正义论中的三个薄弱领域确实起到一定的积极作用，但是，对于残障人士与跨国正义问题，罗尔斯在其后期的著作中有相应的回应与推进；对于非人类动物问题，努斯鲍姆通过对"感知力"与"惊奇能力"的强调，展现了其相较于罗尔斯理论的优势性，在其最新著作《为动物伸张正义：我们的集体责任》（2023）中，我们也看到了其理论的延伸性和前沿性。因此，努斯鲍姆的正义的能力理论真正意义上只解决了罗尔斯所遗留的关于非人类动物问题，但这仍不足以从根本上对罗尔斯的正义论构成威胁。此外，通过对努斯鲍姆的正义的能力理论的批判性思考，我们可以看到她的理论存在的优势与劣势，与此同时，我们也可以看到，当代能力主义者也对其理论进行了相应的批评与完善。

第一章

努斯鲍姆：从能力路径到正义的能力理论

努斯鲍姆继承了亚里士多德式的人的观念，并对经济学功利主义进行了批判。她认识到经济学分析范式过于关注理性，忽视了人类特有情感的重要性。因此，她强调通过阅读文学作品来培养叙事性想象力的能力。通过文学阅读，我们可以提升公民移情和同情的能力，致力于认知情感主义的发展。同时，通过预设"明智的旁观者"，我们对主观情感采取审慎的中立态度，发挥理性情感的力量。然而，我们也需要注意到文学作品的双重意义和情感的脆弱性。

由此延伸至本章第二节阿玛蒂亚·森通过批判平等的资源主义和福利主义的分析路径，以及对功能性活动和可行性能力的区分，在比较发展中国家生活质量的基础之上提出了"能力路径"的研究方法，这也是首次将"能力"问题与"正义"问题结合起来。但是，基于政治经济学的理论基础，阿玛蒂亚·森主要从经济学的角度研究正义问题。相比之下，努斯鲍姆更侧重于从政治哲学的角度研究正义问题，并以亚里士多德式的人的观念为基础。此外，森也意识到，能力的全面实现依赖于全世界已经被转化的实际功能性活动，所以重点关注个体化的选择和功能性活动，通过采取一种"功能—能力集"的评估性标准，将能力概念用作生活质量的比较研究。相比之下，努斯鲍姆进一步将能力概念用作正义问题的规范性研究，通过描述"核心能力列表"来界定最低程度的界限水平，并实现了从关注功能性活动到关注能力概念本身的转变。

不同于阿玛蒂亚·森从古典政治经济学的角度提出的能力概念，努斯鲍姆的正义的能力理论是以亚里士多德式的人的观念为出发点，以一种值得过的、有尊严的生活为目标。第三节基于阿玛蒂亚·森关于功能性活动与（可行性）能力（capability）的区分，论述努斯鲍姆致力于寻找研究好的生活的最有效路径。为了全体物种都能实现其功能性活动，从而获得真正的自由或机会，努斯鲍姆在重点关注于物种权利不对称的基础上提出了"多元化能力"（capabilities）的概念，通过将多元化能力分为基础多元化能力、内在多元化能力与综合多元化能力，并以此形成了她独特的核心能力列表。

本章节系统地分析了努斯鲍姆与阿玛蒂亚·森在能力理论上的独到见解及其在现代政治哲学中的应用。努斯鲍姆借鉴亚里士多德关于人的观点，批判传统经济学中的功利主义，并强调通过文学提升公民的情感认知能力，以此支持更平衡的情感与理性的互动。相对而言，森从政治经济学的视角出发，通过功能性活动与可行性能力的分析，提出能力路径，旨在深入探讨个体的生活质量与正义实现。两位学者虽观点各异，但均强调能力的重要性，并试图从不同的哲学传统与实际操作层面，为解决正义问题提供切实可行的理论框架。这一讨论不仅丰富了正义的多维视角，也为后续研究提供了宝贵的理论与方法指导。

第一节　诗性正义：同情与爱的情感和移情与想象的畅想

一　诗性正义的理论背景

作为当代美德伦理学的代表人物之一，努斯鲍姆的诗性正义观点建立在对古希腊思想的继承和对经济学功利主义发展模型的批判的基础上。努斯鲍姆研究了伊壁鸠鲁主义、斯多葛主义和怀疑主义三大希腊化时期的学派。伊壁鸠鲁主义强调通过消除痛苦和精神焦虑来实现幸福；斯多葛主义认为幸福仅通过美德实现，智者不会体验激烈情感；怀疑主义则追求通过缺乏信念来达到宁静。

苏格拉底和亚里士多德的思想都强调了个人在追求幸福生活过程中的

主动性和自我实现的重要性。在雅典法庭上，古希腊哲学家苏格拉底曾对陪审团说过："未经审视过的人生是不值得过的。"亚里士多德进一步询问："如何过一种好的生活？"亚里士多德在他的伦理学作品中探讨了幸福（eudaimonia）的概念，认为幸福是人生最终目标，是自足的最高善，这种善不受外部因素或内部因素的影响，也不受本能、需求、兴趣等因素的控制，而是同时存在于我们与世界之间的某种东西，即"心境"（mood）。在古希腊哲学中，与心境相对应的词是"情感"（pathos）。当我们将这些观点与"心境"和"情感"的概念联系起来时，可以看出古希腊哲学家如何将个人情感状态与道德和理性生活联系起来，理解和调节自己的情感状态，以及与他人情感的共鸣，是实现美德生活和幸福的重要方面。

自亚里士多德的《修辞学》问世以来，其对"情感"的定义一直是后续修辞学理论的基石。亚里士多德认为，"情感是一种与聆听者的境况相关的信服方式，它与交谈者使用的手段相契合。除了情感，还包括交谈者的风气、特征、涉及的事实问题和实践智慧等"[1]。特别是，亚里士多德强调了"实践智慧"（phronesis）在道德探索和评估中的作用，表明它是理解和应用道德原则的关键。亚里士多德对情感的看法揭示了一个深刻的洞察，"但情绪是导致人类行为改变以及与其判断相关的观念的所有感情，并伴随着相应的快乐和痛苦"[2]。这一点在修辞学中尤为重要，因为演讲者通过激发听众的情感，可以有效地说服和影响听众的看法和行为。所有言语的目的在于改变心境，强调了心境在修辞学中的核心地位。心境是身体和意识的结合体，情绪存在于场所之中。这说明修辞的目标不仅仅是传递信息或论证观点，更重要的是通过情感的调动，影响听众的内在心境，从而实现说服的目的。

斯多葛学派认为情感不仅仅是无理性的或纯粹的情绪反应，在本质上具有认知性，存于对世界的认知性判断之中。这种判断包括对刺激物的认知，也包括对刺激物的决定，这两个阶段是同一种认知能力的功能性活

---

① Aristotle. (1926). *The Nicomachean Ethics*. Harvard University Press, p. 1356a.

② Aristotle. (1926). *The Nicomachean Ethics*. Harvard University Press, p. 1378a.

动。动物主要是对直接感官刺激做出本能反应，而人类的反应则涉及更复杂的认知识别过程，需要在社会生活中进行深思熟虑的判断。这种判断不是简单地由欲望所驱动，而是基于对什么是正当或适当行为的理性考量。在现代哲学的语境中，对情感的认知性质的讨论常常涉及"去中心化意向性"的概念。这一观念强调，情感的指向性，即情感所指向的对象既不完全由外在世界的刺激所决定，也不完全源于内在心理状态的驱动，而是在个体与其环境的相互作用中形成。情感的内容和指向性并不是从固定的价值观中获得，而是在个体对事件的认知和解释过程中构建的。将事件和心境的概念结合起来，我们可以进一步理解斯多葛学派关于情感的认知性质的观点。事件不仅仅是被动地进入个体的心境，而是在这个过程中获得特定的色彩、品位、运动和语调，由此影响和塑造心境。

为了实现社会变革的愿景，我们应该培养一种注重尊严的公众文化和一种强调能力的个人正义美德。这样，公民在解决不公正和不平等现象时能够受到某种程度上的激励。正义需要培养公民的情感，正如努斯鲍姆所说："维护尊严需要一种以利他主义和救济苦难为核心的公共文化，而这种文化的核心是通过公共和私人努力进行的各种教育活动而得以实现。"①只要尊严的核心概念符合人类繁荣发展的观念，美德伦理学家就有充分的理由去支持这种正义理论。同时，我们也应该允许对人类繁荣的可能方式存在更广泛的理解。这些不同形式的繁荣观念将有助于我们更充分地理解特定的美德，例如勇敢、诚实、慷慨、节制等。繁荣的观念作为不同美德的实例化，让我们能够更深刻地理解这些美德的内涵。

美德伦理学家可以根据对幸福愿景的不同定义而列出不同的列表，以支持对人类繁荣与美德更为丰富的理解形式。就个人美德而言，一个人可以直接促进他人能力的发展；就公民美德而言，一个人可以支持一种培养能力的社会氛围。这两种不同形式的美德都非常重要。尽管努斯鲍姆主张重构体制结构，但正义仍然需要培养公民的公共情感。

---

① Nussbaum, Martha. (2011). *Creating Capabilities: the Human Development Approach.* Cambridge, Massachusetts: The Belknap Press of Harvard University Press, pp. 96 – 97.

在古希腊哲学家关注理性与情感的基础上，努斯鲍姆批判了以边沁为代表的功利主义者过分强调个人快乐源于利益的满足，并重视理性与事实的分析。然而，"一种理性选择理论包含 4 个基本要素：可公度性、聚合性、外源性偏好以及资源最大化"①。他们忽视了想象与情感的重要性，过度借鉴经济学中的成本—效益分析范式来评价公共生活。这种做法片面追求效用最大化，将人简化为工具而非目的，忽略了人的本质特征、个体间的多样性和异质性，忽视了个体化情感与丰富化需求。当面对边缘化群体的利益时，功利主义者往往引导人们放弃自主选择和个体化需求。

因此，努斯鲍姆在其"诗性正义"理念中频繁引用英国作家查尔斯·狄更斯的小说《艰难时世》。通过深入分析小说中的人物形象，展现其核心思想，努斯鲍姆既反映了她对经济学中功利主义的批判，又阐释了文学作品在她的正义理论中的重要地位。为了最大限度地减少主体情感对主体的影响，努斯鲍姆通过预设明智的旁观者作为正义的裁判，并基于畅想与情感构建其诗性正义的理论基础。同时，她也承认"文学想象只是公共理性的一部分"②，其中包含移情想象的畅想以及包含同情的情感，它们只是社会中的脆弱力量。因此，仅凭畅想和情感的力量不能完全取代客观制度结构中的道德推理，而只能作为一种补充力量来构建完善的正义制度。因此，我们仅仅依赖情感和畅想来构建正义制度是不充分的，还须引入非文学性和非情感性的元素，如法律推理、历史知识和惯例约束，以保障正义理论的可行性和稳定性。

21 世纪初，哲学家们普遍未能将自己的研究与社会问题联系起来，甚至其中一些伦理学家也只关注元伦理学的研究，忽视了理论对现实的应用。然而，如威廉·詹姆斯（William James）和约翰·杜威（John Dewey）等哲学家则对这种趋势持批评态度，他们主张哲学应回归到"现实世界的问题"。他们认为，学术哲学，包括对文学和艺术的哲学讨论，应成为公

---

① ［美］玛莎·努斯鲍姆：《诗性正义：文学想象与公共生活》，丁晓东译，北京大学出版社 2010 年版，第 42 页。

② ［美］玛莎·努斯鲍姆：《诗性正义：文学想象与公共生活》，丁晓东译，北京大学出版社 2010 年版，第 7 页.

共话语的一部分；他们通过探索、限定、重组和利用生物体在自然和社会环境中的可能性和局限性，使生物体增强其参与自然和社会环境的能力，以适应不断变化的自身和世界。相比之下，之前的学术哲学几乎没有与公众生活接触，努斯鲍姆对此表示遗憾。但她也欣慰地看到，当前情况正在发生积极的变化。虽然哲学的目的是引导政治，而不是反过来，但这种转变使得更多的社会参与哲学成为可能，通过道德、政治理论以及在医学、商业、法律等领域的哲学实践，促进更多社会参与。

在努斯鲍姆看来，哲学作品展示了哲学家们对这些社会问题的强烈关注，哲学至少适合去改变和倡导这些问题。努斯鲍姆在诗性正义中关注的文学想象力可以为这一复兴作出重大贡献。她试图对功利主义和理性选择理论进行完善，但同时指出这些理论仍然受到四个限制性假设的支配："第一，所有的价值都是可公度的，只是数量不同；第二，价值观可以用总和来讨论，忽略了人与人之间的显著差异；第三，关于资源的主要考虑是如何使其最大化；第四，人们的偏好是外生的，也就是说，人们的偏好是政策决策所依据的既定原材料，而忽略了这些偏好已经是不同生活方式的表现这一事实。"[①] 努斯鲍姆以此为依据，批评功利主义者过度关注"事实"与"理性"，以及以"成本—效益"为分析模型的经济学策略来衡量人类幸福，从而忽视了人性中的非理性因素。她强调情感化的理性主体，认为人们不仅具有理性，还具有复杂的情感。通过培养人的同情能力与感受能力，能够提高我们的正义感，从而实现社会的公平与正义。

诗性正义的概念以情感为基础，构建了一种全面的人性化态度来对待世界。它独特的认知主义情感视角强调在文学作品中培养同情能力。在社会发展的历史进程中，不同阶层和群体之间的利益分配不公问题显而易见，法律体制的缺陷和漏洞迫切需要一个良好的道德体系来实现社会正义的理想，以促进彼此的自由选择和缓解阶级矛盾。因此，诗性正义的概念在寻找理性漏洞的过程中得以推进和展开，其中包含对感性情感的关注。

----

① ［美］玛莎·努斯鲍姆：《诗性正义：文学想象与公共生活》，丁晓东译，北京大学出版社 2010 年版，第 42—43 页。

我们需要做的更多的是培养稳定和人性化的情感，而不是用想象力和情感能力来取代客观的制度结构。诗性正义以其独特的视角，推动我们不断挖掘想象力和情感能力的更多功能，以寻找适应当前社会正义发展的新标准。

二　叙事性想象力：文学作品的力量

努斯鲍姆认为文学在培养道德能力方面起着重要作用，不仅在教育、选择、情感、道德和政治生活中扮演着重要角色，还能提高读者的知觉并促使其反思自身。通过关注他人困境，协调他人伦理反应的能力，文学提高了读者对他人的敏感度。通过在他人身上看到自己，在自己身上看到他人，读者在民主社会中得到了训练。努斯鲍姆在《告别功利》中强调："通过移情想象般的畅想进入遥远的他者世界的能力。"[1] 通过移情想象和加强感同身受的能力，我们可以培养公民道德化的同情心，实现诗意正义的目标。具体来说，感同身受的能力指的是"具有诗性情感的主体理解他者经历之能力，也是想象他者在其处境中可能产生情感、希冀以及欲望之能力"[2]。由于受到苏格拉底式对话法的影响，努斯鲍姆指出："鉴于我们总是以自身的经验和价值观来评价他人的行为和处境，当我们对文学作品中的角色表示认同时，我们不仅表达了对其角色的认同感，还表达了对其情感和处境的认同。"[3] 因此，努斯鲍姆为文学想象辩护的做法似乎属于一种道德立场的重要组成部分，这种立场要求我们关心那些与我们生活相距遥远的人的利益。通过对不同角色的移情想象以及对他者的情感等方式来培养我们的叙事性想象的能力，这不仅能够拓宽公民以同情心为核心的道德情感的适用范围，还能够提升公民感同身受的能力。如此一来，我们在做出关于道德选择与人文关怀的理性判断时，我们能够发挥情感与畅想的完善性作用，使之能够得到更为公平与公正的结果。

---

① Nussbaum, Martha. (2010). *Not for Profit: Why Democracy Needs the Humanities.* Princeton, N. J.: Princeton University Press, p. 123.

② Nussbaum, Martha. (1997). *Cultivating Humanity: A Classical Defense of Reform in Liberal Education.* Cambridge, Massachusetts: Harvard University Press, p. 10.

③ Nussbaum, Martha. (1997). *Cultivating Humanity: A Classical Defense of Reform in Liberal Education.* Cambridge, Massachusetts: Harvard University Press, p. 11.

努斯鲍姆强调人的感性力量以及文学作品在培养人情感上的重要性，特别是文学小说。文学作品源于现实并高于现实的特点表明了文学想象既具有写实性也具有创造性。"文学在其结构上与表达方式上展现了一种与政治经济学所不同的生命感受，在一定程度上，文学颠覆了科学理性标准的期望。"[1] 以此弥补理性主体的局限性。通过公共推理与批判性反思，我们能够成为感性在场的理性主体，为社会的平等与正义提供内在驱动力。"理性将通过文学想象形成一种看待事物的宽容态度，这样的理性就是有益的，否则理性就是冰凉的与冷酷的。"[2]

移情（empathy）与同情（sympathy）是努斯鲍姆强调的两个重要特征，对于一个好的公民来说是必不可少的。小说对于不同于读者生活的具体描写，却能引发读者的共鸣。尽管读者与小说中的角色处于不同的时间和地点，但读者能够与小说人物产生情感上的联系，形成识别和同情的纽带。努斯鲍姆谈到了在一般与具体之间的反复演绎，通过面向读者的方式构建了小说的结构。通过这种阅读活动，小说激发了读者的道德推理模式。对努斯鲍姆而言，"小说这种文学作品的题材，特别强调个体作为一种独立的能动性主体，能够自主地选择自己所偏好生活方式的能力"[3]。小说的类型主要指的是现实主义小说，特别是 19 世纪的英美小说，在人性的培养中发挥了道德教化的重要作用。这些小说强烈关注那些遭遇痛苦与厄运的人，通过阅读这些现实主义小说，读者能够培养同情心（compassion）的能力，为人类幸福生活做出特殊的贡献。

叙事性想象力（narrative imagination）是指通过故事讲述来培养对他人经历的同理心和理解，这可能包括通过文学、历史和其他叙事形式来体验和分析不同的生活经历和文化背景。努斯鲍姆强调这种能力在当今多元化

① Nussbaum, Martha. （1995）. *Poetic Justice: The Literary Imagination and Public Life.* Boston, Massachusetts: Beacon Press, p. 12. 中译本参见［美］玛莎·努斯鲍姆《诗性正义：文学想象与公共生活》，丁晓东译，北京大学出版社 2010 年版。

② Nussbaum, Martha. （1995）. *Poetic Justice: The Literary Imagination and Public Life.* Boston, Massachusetts: Beacon Press, p. 71.

③ Nussbaum, Martha. （1995）. *Poetic Justice: The Literary Imagination and Public Life.* Boston, Massachusetts: Beacon Press, p. 50.

和相互依赖的世界中的重要性，特别是在促进跨文化理解和社会正义方面。文学作品通过叙事性想象力来构建人类生活的图景，这种图景与理性主义下的事实有所不同。叙事式路径强调想象力和情感的政治重要性，通过描写不同人的生活形式，我们能够通过想象以最生动与准确的方式体悟他者的经历。显然，"叙述式路径本身并不是一种政治辩护方法，而是公民教育的途径"①，这并不是一种真正的道德推理方法，但它提供了一个非常重要的启发式功能，可以用作信息收集、共享和分发的工具，以便更好地在道德上捍卫努斯鲍姆的理论。

努斯鲍姆的教育理念深受苏格拉底批判性审视方法的影响，强调通过对话和质疑促进深层次的思考和自我反思。她主张教育不仅是知识的传授，更是个体内在能力的培养，包括批判性思维、情感理解和道德判断能力的发展。此外，她还倡导世界公民身份的观念，认为教育应该培养学生对全球问题的关注和理解，以及对不同文化和价值观的尊重和包容。叙事性想象力是建构诗性正义的核心，它使我们能够透过一个事物看到另一个事物的能力，能够对我们所感知到的东西赋予一种感同身受的情感，并在此基础上更好地理解感知之物。在教育中引入叙事想象力，努斯鲍姆强调文学和艺术在培养情感智慧和同理心方面的重要性。通过阅读文学作品，学生能够体验不同的生活方式和观点，从而培养对他人经历的理解和共情。通过培养我们的同情心，叙事性想象力能够促进我们准确地意识到共同的脆弱性。"如同塞涅卡那样，我们应该重点转向对宽恕和叙事的关注，对于那些已经发生了，但是并未受到严厉惩罚的事情，我们应该试图去给予回应，通过一种叙事性的理解力，我们能够深入到另一种事件的动机和自身的复杂性之中。"②

事实上，我们人类完全有能力通过移情想象般的畅想的方式设身处地

---

① Nussbaum, M. (2004). "On Hearing Women's Voices: A Reply to Susan Okin", *Philosophy & Public Affairs*, 32（2）, p. 202.

② ［美］道格拉斯·索希奥:《哲学导论——智慧的典范》，王成兵等译，北京师范大学出版社2014年版，第635页。英文原文参见Nussbaum, Martha. (2009). *The Therapy of Desire: Theory and Practice in Hellenistic Ethics*: with a New Introduction by the Author (second ed.). Woodstock Princeton, New Jersey: Princeton University Press, p. 510。

地以他者的视角看待不同的问题，并在此基础上反思自己既有的偏见，以弥补与克服人性的弱点，趋向至善。通过艺术想象的方式，我们能够提升自身的共情能力。"艺术的使命不在于制造某种敌意，而在于尽可能的以一种爱的方式来呈现批判，让我们以一种人是目的而非手段的观点，懂得社会平等与公正的价值之所在。"① 因此，叙事般的移情或文学想象，包括视角的转变以及移情般地进入他人的内心生活、经历和条件的能力，对于培养世界公民至关重要。努斯鲍姆认为，通过阅读大量文学作品，我们可以培养畅想（fancy）的能力。畅想是指将个体的情感和内心活动投射到对自我的认知形式上，使其在逻辑上独立于周围的人。通过培养畅想能力，我们能够以感同身受的立场去了解每个个体内心的丰富性与独特性，从而拓宽我们的经验界限。在实现畅想能力的过程中，移情是一种重要的实现方式。移情是指对另一个人的经历进行想象性重建，而不需要对这种经历进行特别的评价。通过移情想象的方法，我们能够同等地体悟到他人所处的情境，这是一种与同情心高度相关的心理能力。尽管移情本身容易出错，但在道德上是中立的。同情则是人设身处地体会他人情感的能力以及人的一种情感需要的能力。

努斯鲍姆多次提到英国作家查尔斯·狄更斯（Charles Dickens）的《艰难时世》（*Hard Times*）。这是一部深刻探讨 19 世纪工业革命时期英国社会的小说。这部作品首次连载于 1854 年，是狄更斯批判性和现实主义风格的代表作之一。在《艰难时世》中，狄更斯以其独特的现实主义手法，深刻描绘了工业社会的生活状况和社会问题，批判了当时社会的各种弊病，特别是对工业化进程中的贫困、不平等和教育体系的深刻揭示。查尔斯·狄更斯在其作品中，通过生动且形象的讽刺手法，深刻描绘了资产阶级代表人物葛雷梗（Thomas Gradgrind）和庞得贝（Josiah Bounderby）。他巧妙地使用这两个角色作为工具，揭示出一个深刻的哲学观点："人从生到死的整个过程中的每一个不同阶段，都存在着一种隔着柜台的现金买卖

---

① 范昀：《用爱的力量赢得正义：评玛莎·努斯鲍姆〈政治情感〉》，《书城》2015 年第 9 期。

的关系。"① 狄更斯以其锋利的笔锋，不仅生动地展现了葛雷梗的家庭生活与社会活动，还细致刻画了庞得贝与工人之间的尖锐矛盾。通过这种描绘，狄更斯深刻揭示了当时流行的功利主义哲学的反动性及其危害性实质。

努斯鲍姆希望通过《艰难时世》这部作品批判功利主义，其核心在于强调对人性的更深刻认识。狄更斯小说的优点在于，它展示了功利主义思想对可感知世界的丰富性视而不见，而使人们忽视了内心深处的希望、爱和恐惧。这种思想无视了真正的人类生活状态，并试图以简化的方式赋予其人类的意义。狄更斯的小说强调了人类生活的极端复杂性，并指出处理这种复杂性需要适合的思维能力和语言资源。在这方面，狄更斯的作品不仅是对当时社会现实的直观反映，更是对深层哲学思想的探讨和批判。他的小说揭示了 19 世纪工业化背景下的社会矛盾，同时对功利主义哲学进行了深刻的反思，这对理解当时以及现代社会的哲学和文化背景具有重要意义。

在文学作品的研究中，我们应该认识到它们固有的双面性。努斯鲍姆的研究主要集中在特定类型的文学作品上，特别是主流的现实主义小说以及那些聚焦于社会政治领域的小说中。她指出，通过阅读这些文学作品，读者能够有意识地进行情感转移，以感知并体验他人的情感和状态。这种情感共鸣，虽然近似于动物性的直觉反应，却反映出人类特有的二元思维方式。进一步地，努斯鲍姆认为，移情仅是同情心的一个方面，它不应被视为同情心的对立面。如果同情心能够包含而非排斥移情，那么同情心作为一种美德就会更具意义和全面性。在阅读小说时产生的移情不仅是一种重要的心理过程，而且是建立情感共鸣的桥梁，使读者能够深入地体验并理解文学作品中人物的情感和经历。在这一过程中，文学作品的双面性显露无遗。一方面，它们通过现实主义的描绘和社会政治议题的探讨，触动读者的情感与认知；另一方面，它们通过塑造共情的心理过程，强化了个体在社会和政治领域中的情感认同和道德判断能力。因此，文学作品在社会和政治领域中扮演着不可忽视的角色，既是感知他人情感状态的媒介，也是培养和加深同情心的重要途径。

---

① ［英］狄更斯：《艰难时世》，全增瑕、胡文淑译，上海译文出版社 2008 年版，第 15 页。

通过阅读小说，读者不仅能够拓展自身的视野，而且能够培养共情能力，从而在社会交往和政治参与中发挥更加有效和有意义的作用。在这一过程中，有两个关键条件是实现共情过程必不可少的。首先，早期教育对于培养读者的共情能力起着决定性作用。适当的教育可以帮助读者学习情感理解和表达的技能，进而培养对他人情感的敏感性和理解力。教育还能引导读者思考和探索不同的观点和价值观，进而拓宽视野，培养开放和包容的心态。另外，选择合适类型的书籍对于共情能力的培养同样至关重要。不同类型的文学作品对共情能力的培养产生不同的影响。例如，一些深入探讨人性和社会问题的文学作品，能够引起读者对社会不公和人类苦难的关注，激发同情心和社会责任感。这类作品通常采用现实主义的风格，通过对真实社会场景和人物形象的细致描绘，激发读者的共情反应。而另一些以奇幻和想象为主的虚构文学作品，则能够引导读者超越现实的限制，体验和思考更为广泛的人生可能性，从而培养对他人内心世界的想象力和理解能力。综上所述，通过恰当的早期教育和选择适宜类型的文学作品，可以有效地培养和提升个体的共情能力。这不仅在个人层面上有益于情感的发展和人际关系的建立，而且在社会和政治层面上，对于形成更加和谐、理解和尊重多元观点的社会环境具有重要意义。

三　明智的旁观者：理性情感的力量

努斯鲍姆探讨了情感作为认知判断的角色，并对愤怒进行了规范性批判。她的观点结合了哲学、历史和道德理论的多个方面。首先，努斯鲍姆在探讨亚里士多德的观点时，提出了情感的认知性质。她认为情感不仅仅是非理性的反应，而是涉及认知和评价的复杂过程。例如，愤怒不仅是一种感觉，也是对被认为不公正的事情的认知反应。在这个过程中，努斯鲍姆强调了情感在道德和伦理决策中的重要性，同时也指出了情感的局限性，如情感可能受到社会和文化因素的影响。

其次，在《欲望的治疗》一书中，努斯鲍姆进一步探讨了古希腊和罗马时期的哲学家如何看待情感和欲望，她特别关注了斯多葛学派、伊壁鸠鲁学派和怀疑论学派对于情感和欲望的治疗方法。这些学派认为，通过理性和逻辑的使用，人们可以管理和转化自己的情感和欲望，从而达到心理健康和幸福的状态。努斯鲍姆认为，这些学派提供了有价值的见解，尤其是斯多葛学派，它强调理性和诚实推理作为健康心智的目标。然而，努斯鲍姆也对这些学派提出了批评。她指出，他们倾向于政治上的安静主义，忽视了社会和制度层面的改革。她认为，虽然个人层面的治疗是重要的，但也需要关注社会和政治制度对个人情感和欲望的影响。因此，哲学不仅应该是个人问题的治疗，也应该是社会问题的治疗。

最后，努斯鲍姆的哲学思想体现了一种鲜明的反完美主义立场，这一立场不仅丰富了道德哲学和政治哲学的讨论，也为理解人类多样性和复杂性提供了重要视角。努斯鲍姆认为，追求一种普遍适用的、完美无瑕的生活方式是不切实际的，因为人类社会的多样性和个体差异意味着存在多种不同但同样有价值的良好生活方式。这种观点挑战了传统上对单一、理想化生活模式的追求，强调了对个体差异和社会多样性的尊重。努斯鲍姆进一步强调，哲学的目的不仅仅局限于解决个人层面的困扰和问题，它还可以为解决社会问题提供重要的思考和方法。通过这种方式，她将哲学的应用范围拓展到了社会治疗的领域，提出哲学不仅是个人自我反省和道德探索的工具，也是社会改进和治疗的手段。

努斯鲍姆对人类情感与理性关系的看法提供了一种深刻的哲学视角，她主张情感不仅是人类经验的基本组成部分，而且具有理性的维度。她认为，情感如悲伤、恐惧、愤怒、同情等都植根于对个体福祉的关切，这些情感的产生基于对实际或潜在损失的认知评估。例如，"悲伤是理性的，因为至少有一些失去的事实对个体的福祉至关重要。恐惧是理性的，因为至少某些未来可能发生的事件以一种你无法安全控制的方式威胁着个体的福祉。愤怒是理性的，因为至少在某些情况下，某些人会故意破坏某些东西，或者某些人会被认为对个体的幸福至关重要。同情是理性的，因为至少有一些损害发生在值得重点关注的他人身上"[①]。然而，如果一个人对某

[①]　Nussbaum, M. (2008). "Hiding from Humanity: Replies to Charlton, Haldane, Archard, and Brooks", *Journal of Applied Philosophy*, 25 (4), p. 336.

一情境的理解是错误的，或者对某事物的价值判断失当，那么由此产生的情感可能是非理性的。这种观点强调了在评估情感及其在人类行为和决策中作用时，需要考虑情感背后的认知和价值判断。在其中，正义感也是人类情感的一部分，不仅是对不公平现象的情感反应，也包含了对这些现象背后不公正的认知识别和道德评估。通过培养个体对正义的敏感性和对不公正现象的反应能力，可以促进社会整体的道德和正义水平的提升。

人的内在情感是在与外界的交互作用中得以充分发展的。情感为我们提供了一种关注问题的能力，而非解决问题的能力。在这个过程中，我们应该发挥情感的导向性作用。"判断一个正义社会是否稳定的关键性因素取决于全体公民所持有的特有情感以及被教导的正确观念，在其中，理性的作用是支持对现存的基本上的分配制度进行广泛的改革。"① 但是，我们也不能忽视情感的脆弱性。当我们将自身设定为追求关系性善的时候，我们将自己置于一种脆弱的境地。然而，我们也应该认识到这些善是我们追求幸福繁荣生活的必要条件。如果我们放弃了这些关系性的善，就等于放弃了真正的人生。

此外，在特定的极端条件下，人性的善良和同情心往往在舆论和权威面前显得不堪一击，可能会受到摧残甚至完全沦丧。正如法国哲学家帕斯卡（Blaise Pascal）所提出的"人是一株会思考的芦苇"，这一比喻深刻揭示了人性的脆弱性和自恋心态的根源。帕斯卡认为人类虽然脆弱，却拥有强大的思考能力，人的伟大在于其精神和理性的能力，这使得人类能够超越自身的脆弱和有限。在婴儿阶段，人们出于对脆弱性和安全性的考虑而产生自恋心，这种心态在奥地利心理学家弗洛伊德（Sigmund Freud）的"自恋主义人格"理论中被进一步阐释为本我的体现，人们天生倾向于自我中心和自我关注，这是人性的一部分。弗洛伊德认为，人的行为和思想深受原始本能和无意识欲望的驱动，这些往往与社会规范和道德标准发生冲突。然而，与帕斯卡和弗洛伊德的观点形成鲜明对比的是，努斯鲍姆对

---

① Nussbaum, Martha. (2006). *Frontiers of Justice：Disability, Nationality, Species Membership.* Cambridge, Massachusetts：London, England. The Belknap Press of Harvard University Press, p. 291.

人性持有一种更为积极和乐观的态度。她认为，人类的情感和理性能力使他们能够克服困难，发展同情心和道德判断。努斯鲍姆强调人性中的潜能和成长可能性，认为人可以通过教育和个人努力来改善自身和社会。

综上所述，这些观点共同勾勒出一个关于人性的多维图景，其中包含了脆弱性、自恋倾向、思考力和成长潜力。每一种观点都从其理论基础出发，为理解人的行为和心理状态提供了独到的解释，从而深化了我们对人性本质的认识，提示我们在面对极端条件时，应如何更好地理解和引导人性的表现。

努斯鲍姆的观点精妙地结合了情感与理性，她认为情感不仅是盲目的力量，而且是具有指向性与意向性的复杂体系。她提出："情感包含认知性评价、价值承载的不同形式以及指向不同的目标等等。"① 这一观点深入探讨了情感的多维性质。同时，努斯鲍姆强调正义感并非天生即有，而是在后天的经验社会中塑造而成的。在形成正义感之后，需要理性来约束与调节。这一观点与康德的"感性无知性则盲，知性无感性则空"的理念相呼应，强调理性与情感的互补性。

努斯鲍姆进一步阐述："任何人的情感都会指向某个对象，并且以一种意向性的意图来描述此客体，设身处地体会他人情感的能力以及人的一种情感需要。"② 从本质上来说，虽然人与人之间的密切关系决定了人的情感在做出判断时会带有一定程度的偏见，情绪可能是偏袒的与不均衡的，将情绪投入是一种非理性的活动，这通常被认为是内在不稳定的心理事件。我们对待不同的事件会有不同的情感意向，但是，努斯鲍姆认为情感是可以用来做审议指引，这是我们在价值判断中的必要因素。努斯鲍姆的观点在这里展示了情感与理性在价值判断中的平衡与互动。

阿莉森·贾格尔（Alison M. Jaggar）补充了这一观点，她指出："观察本身并不会否定叙述方法的效用，关键在于如何适当地控制带有偏见

---

① Nussbaum, Martha. (2013). *Political Emotions: Why Love Matters for Justice.* Cambridge, Massachusetts: The Belknap Press of Harvard University Press, p. 17.

② ［美］玛莎·努斯鲍姆：《诗性正义：文学想象与公共生活》，丁晓东译，北京大学出版社 2010 年版，第 94 页。

的报道。"① 这一观点提供了对知识生成过程中主观性和客观性之间关系的深刻理解，这与努斯鲍姆的理念相契合，强调在价值判断中关键在于，如何管理和控制这些偏见，而不是完全排除观察或叙述的有效性，主动规避情感中不良部分的重要性，同时保留其有益之处。这要求我们运用实践理性的能力，来做出对事物的正确的价值判断。当我们在强调人类情感的同时，也并不能忽视甚至排斥科学理性的规范化作用。没有情感的理性会被认为是不完整的，没有理性的情感会被认为是盲目的。

为了实现其诗性正义中情感理性部分的构想，努斯鲍姆借鉴了亚当·斯密古典政治经济学的核心概念，特别是在《道德情操论》中关于"公正的旁观者"隐喻的使用，构建其诗性裁判的预设。亚当·斯密，作为英国古典政治经济学的重要人物，为了弥补"看不见的手"（invisible hand）所带来的社会矛盾与不公正的现象，在同情观念的基础上提出了"公正的旁观者"（impartial spectator）的隐喻来克制"自利"的本性，以此构建其德性主义的基本立场。在评判个人行为和社会现象时，通过培养能够理解和共鸣他人情感的能力，以及将这种理解应用于道德和社会裁判中，个体和社会可以更好地实现正义。

受到休谟与亚当·斯密的影响，努斯鲍姆认为在公共生活中，政府部门在制定公共政策时不仅需要考虑政治经济等因素，还必须考虑道德伦理上的因素。因此，她提出了"明智的旁观者"（judicious spectator）的隐喻，这是一种普遍道德原则的体现。明智的旁观者是诗性智慧的具有者，应该具备相当程度的畅想感，是公共情感的模型。她强调"哲学要求公共讨论，而不是通常的权利的竞争"②明智的旁观者要求我们不仅把自己想象成他人，还必须把我们与他人都想象成此时此刻处于同一时间点的。阅读是明智旁观者关系的人为性构建，我们以读者的身份，通过虚拟建构的方式，限定同情与想象情感的使用界限，使我们以一种愉快的自然方式做

① Jaggar, Alison M. (2006). "Reasoning About Well-Being: Nussbaum's Methods of Justifying the Capabilities", *The Journal of Political Philosophy*, 14 (3), pp. 301 – 322.

② Nussbaum, Martha. (2000). *Women and Human Development: the Capabilities Approach*. Cambridge New York: Cambridge University Press, p. 300.

出一种关于善的判断。差异化读者所持有的独特情感是建立在亚里士多德关于善的观念的基础之上。通过诉诸明智的旁观者作为其诗性正义的裁判，我们应该充分发挥畅想与情感的力量，并以读者身份做出一种无偏见、公正的评估性判断，以此形成一种公共判断的新标准。因此，努斯鲍姆借此观点强调，具有诗性智慧的裁判应该具有包容人性的能力以及培养技术的能力，以一种超然的审慎态度来做出关于社会公平与正义的正确判断。

总的来说，努斯鲍姆的哲学观点确实在情感与理性的辩证关系上提供了深刻的洞见，这一观点在哲学史上占有重要地位，特别是在探索如何实现社会公平与正义的过程中。努斯鲍姆并不拒绝理性的价值；相反，她承认理性在科学探究和社会决策中的核心作用。然而，她批判的是那种忽视人性复杂性和情感价值的纯理性主义，反对将理性视为与人的情感和外在善完全脱节、具有绝对自足性的存在。努斯鲍姆的观点体现了一种对古希腊哲学传统的现代诠释，尤其是她对亚里士多德思想的继承和发展。亚里士多德认为，情感（pathos）和理性（logos）是人类行动和决策中不可或缺的组成部分，而努斯鲍姆在这一框架内进一步强调了情感在认知过程中的作用，认为情感不仅仅是理性的附属，也是认知和道德判断的重要维度。通过强调情感和理性的互补性，努斯鲍姆提出了一种更为全面和平衡的认识论和伦理学视角，认为只有在理性与情感协同工作时，人类社会才能更公正、更具包容性。

第二节　能力路径：一种普遍型的正义研究框架

一　能力平等：平衡福利主义与资源主义路径

印度裔诺贝尔经济学奖获得者阿玛蒂亚·森（Amartya Sen）于1975年在斯坦福大学举办的一场关于"什么是平等？"的讲座中，创新性地将"能力"与"正义"结合起来论述。基于其"多重身份"和"自由即发展"观点，阿玛蒂亚·森关注能力与正义问题在经济领域的发展状况及其面临的问题，尤其是主要政治经济领域当中生活质量的比较性评估问题，并将能力路径概念化为一种普遍的评估性系统，用于对生活质量的广泛性评估。对于传统的经济标准，如国民生产总值（GNP）、效用、贫困基准线（PDL）、狭义的帕累托最优等，阿玛蒂亚·森认为这些不足以评估发展中国家人民的生活质量，这些经济标准没有考虑到收入或效用的分配问题，也无法构成衡量幸福或生活质量的充分性标准。相比之下，相比之下，"在设计之初，能力路径旨在弥补经济学功利主义方法的缺陷而设计，为所有国家政府应尊重和执行的基本宪法原则提供哲学基础，以对人的尊严的最低限度要求的尊重"①。

阿玛蒂亚·森打破了传统福利经济学和功利主义伦理学中以不平等评估和以收入为基础的福利理论占主导地位的不足。他强调个人对资源的需求是不尽相同且处于动态的变化之中，同时也指出个人将资源条件转化为功能性活动的能力也是处于动态的变化之中。因此，单纯以社会基本善作为衡量福祉的指标是不足够的，不同的基本善会产生特定类型的价值取向，而不仅仅是某种价值类型的数量。实际上，即使两个具有相似资源数量的人，他们在社会正义方面的可能性结果也存在差异。因此，我们应该将关注点从基本善或资源转移到这些基本善能够为人类做什么或对人类有何作用。

在深入分析批判资源主义和福利主义的分析路径之后，阿玛蒂亚·森提出了"能力路径"（Capability Approach）这一创新的理论框架，旨在提供一种更加全面和灵活的方法来评估和促进个人和社会的福利。这一理论构建在资源主义和福利主义的基础之上，但同时也试图超越这两个传统范式的限制和不足。资源主义，以约翰·罗尔斯和罗纳德·德沃金（Donald Dworkin）为代表，关注的是公平分配社会资源的原则。资源主义的核心在于制定一套标准和原则，以指导社会资源的分配、以保证每个人都有公平的机会和条件去实现个人目标。而福利主义，以理查德·阿内森（Richard

---

① Nussbaum, Martha. and Amartya Sen.（1993）. *The Quality of Life*. Oxford：Clarendon Press, pp. 242－269.

Arneson）所倡导的"福利机遇的平等"为代表，着重于个人福祉的最大化，强调社会正义的评价标准应该基于个人福祉的水平，即社会应该尽可能地提高每个人的福利。

阿玛蒂亚·森通过"人际相异性"的视角，提出了关于"人的基本功能性能力"的平等理论，深入探讨了实现个体福祉和社会公正的新途径。这一理论不仅强调了人的基本功能能力的平等，更重要的是强调了在实际生活中实现这些能力的重要性。这一理论超越了传统经济学中单纯依赖资源或福利作为评价标准的传统思路，为理解和改善人类福祉提供了一种新的视角和方法。

阿玛蒂亚·森对福利主义，尤其是其功利主义分支提出了深刻的批判。首先，他批判福利主义者过分依赖于效用特征来评价个人的福祉状态，这种做法将"效用"作为价值的唯一来源，忽视了效用的多元性。在森看来，单纯基于个人欲望的满足程度来衡量福利状态具有一定的局限性。此外，森重点批判了福利主义的重要形式——功利主义。功利主义认为最正确的行为是使"效用"最大化的行为活动，功利指的是"任何客体倾向于给利益相关者带来幸福或优势，或者，倾向于防止利益相关者遭受痛苦或劣势"①。边沁（Jeremy Bentham）将"效用"定义为一个行为所带来的全部快乐减去所产生的所有痛苦的总和。而后，约翰·斯图亚特·密尔（John Stuart Mill）进一步发展了这一理论，"功利主义的基础是追求幸福和避免痛苦是生活中唯一值得追求的东西，并结合所谓的至福原则（the Greatest Happiness Principle）来评估行为的理论"②。

密尔在边沁的功利主义传统的影响下，将追求幸福最大化作为人生的合理性目标。在《论自由》和《功利主义》等作品中，密尔明确提出追求最大幸福原则，即通过促进最大数量的人的幸福来判断行为的正当性。但值得注意的是，密尔所提倡的快乐主义与现代感官式的快乐主义是完全不同的。密尔认为，快乐不仅仅是感官享受或短暂的满足，他引入了快乐的

---

① ［英］边沁：《道德与立法原理导论》，时殷弘译，商务印书馆2000年版，第58页。

② Mill, J. S. （1906）. *Utilitarianism.* Chicago, IL: University of Chicago Press, p. 210.

"质"的概念，强调高级快乐（如从事智力活动、艺术欣赏、道德情操所获得的快乐）相比于低级快乐（如满足感官欲望所带来的快乐）具有更高的价值。由于人际差异性，密尔认为诗歌和戏剧不会产生等量化的快乐效果。考虑到每个人对快乐和幸福的感受和满足程度不同，快乐不能仅仅理解为满足低级感官欲望，幸福是一种更高层次的精神满足，因为这种更高层次的快乐来自并促进个体和自我发展。

由此可见，功利主义的道德理论将福利视为唯一具有内在价值的评判标准，并将其他事物的存在价值归结为其工具性。它的核心目标是最大化人类福利，这成为个人和政府的首要目标。功利主义通过采用"成本—效益"的分析策略，从理性的角度出发，运用经济学统计的方法将幸福和痛苦量化为等额单位，不同类型的单位之间可以相互通约。通过比较快乐的数值总和与痛苦的数值总和，来衡量政府的行为效用，并指导社会法律的修正。因此，任何功利主义的道德结构都包含后果功利主义的观点。

后果主义作为一种伦理学观点，强调行为的结果是评价其道德价值的核心标准。在这一框架下，福利主义和帕累托最优（Pareto Optimality）原则是其两种重要的表现形式。福利主义关注的是行为对整体社会福利的贡献，而帕累托最优原则则是经济学中一种用以评价资源配置合理性的重要标准。具体而言，帕累托最优原则认为，当且仅当任何一个人能够在不使他者的境况变坏的情况下，同时也能够使得自身的境况变得更好，那么我们说这样的社会里的所有资源配置就达到了最优，实现了帕累托改进。这一原则在经济学中尤为重要，因为它提供了一种理想的资源分配目标，并被广泛应用于福利经济学和社会选择理论中。在实践中，经济学家和政策制定者通过使用帕累托最优原则作为评价标准，力求通过合理的资源分配或适当的补偿机制，改善每个人的生活条件，从而提高社会总体福利。然而，需要指出的是，帕累托最优在实际应用中面临着局限性。在多数情况下，完全达到帕累托最优的状态是不现实的，因为社会资源的分配往往涉及复杂的权衡和妥协。因此，在实际政策制定中，经济学家和决策者更多的是在寻求一种既能促进社会整体福利，又能在可能的范围内实现资源分配公平的平衡点。

因此，我们可以看到功利主义以"效用"作为衡量人们幸福满足程度的标准是有局限性的。功利主义者追求边际效用的平等，简单地将效用相加而不考虑分配问题，会忽视一些非效用因素。此外，由于人际差异性，以"效用"作为标准会面临适应性和心理调节问题，"效用"无法区分快乐和痛苦的不同来源，或不同种类的欲望。相比功利主义的分析模型，能力路径允许个人更能够控制自己的幸福，因为个人可以自由地选择他们有理由重视的功能性活动。

阿玛蒂亚·森试图超越资源主义研究方法，主要从两个方面来批判资源主义者的局限性。一方面，尽管罗尔斯和德沃金都是从道德的角度来评估社会资源和善品的分配，但是，二者所理解的资源的内容和范围不尽相同。罗尔斯聚焦于社会的基本善，将其作为衡量政治平等的标准，例如自由、机会、收入、财富、闲暇时间和自尊的社会基础；德沃金指的是一般性资源，其中包括人们的内部资源与外部资源。相较之下，能力理论者认为正义应该以"能力"而不是"资源"来概念化，也就是说，人们选择采取何种行为的实质性机会是至关重要的，这些状态和行为（beingsand doings），森称之为"功能性活动"（functioning），这些共同构成了生命的价值，因此，森的能力路径使人们的关注重点从"手段"转移至"目的"之上。

另一方面，尽管资源主义者和能力理论者都致力于提供必要的资源，但是，他们各自的出发点和最终关注点完全不同。以能力为导向的路径可以视为一种规范性、可辩护的起点。为了让一个人能够在有价值的行为和状态之间做出选择，我们应该提供一定数量的资源，使其在最低限度上能够行使其功能。相较而言，以资源为导向的路径认为一个人贫穷是因为他缺乏基本的必需资源，因此，应该按照平等的分配原则，向他和其他所有处于类似困境的人提供一定数量的资源。由此可见，"基本善指数可能是确定优势的好方法，但是，由于人类之间存在广泛而真实的差异，一种以平等地分配基本善来确定平等的方法是不充分的，并会导致一种有偏见的道德"①，以罗

---

① Sen, Amartya.（1980）. *Equality of What? Tanner Lectures in Human Values*, S. McGurrin (ed.), Cambridge：Cambridge University Press. p. 216.

尔斯和德沃金等人为代表的平等的资源主义分析路径的缺陷就在于：忽视了人与人之间的差异性与多元化。

根据森的观点，"几乎所有经得住时间考验的社会安排伦理学方法都寻求某种平等"①，然而，在讨论社会中的平等性问题时，我们应该重点关注人际差异性。将福祉还原为单一的善品或价值的理论，忽略了我们生活中由各种行为和价值观组成的复杂方式。能力路径在至少两个重要方面与之不同。首先，在衡量生活质量或认同权利时，该研究路径不仅仅依赖于某种程度的满足、幸福或善品的数量。其次，该研究路径将这些价值转化为有价值的功能或固有的多样性活动，并通过评估这些功能是什么以及它们对人们生活方式的贡献来评估人类福祉。考虑到人际差异性不仅导致不同个体对资源需求的差异，还导致个体将资源转化为功能性活动的能力也处于动态式发展，资源主义的研究路径在处理此问题时显现出其缺陷性。即使两个人拥有相同数量的基本善，能力较低者相对于能力较高者始终处于一种不平等的劣势地位。

以罗尔斯和德沃金为代表的资源主义研究路径，仅关注获得自由的手段，即基本善，忽视了自由本身。"当我们对任意两个非先验的对象进行比较时，先验主义方法总是无能为力的。"② 我们应该将关注重点从社会基本善本身转移到这些基本善对不同人的实际效果上。因此，森所强调的并不是平等性的分配资源，而是考虑人际差异性，关注这些资源的配置对不同人产生的实际效果。在多元化的社会中，我们应该考虑两种不同类别的多元性：构成性多元性和竞争性多元性。森承认"自由的工具性作用包括许多相异但相互关联的组成要素，如经济上的设施、政治上的自由、社会上的机会、具有透明度的保障制度以及保护性的安全。这些工具性的权利、机会和手段在发展过程中相互关联、相互影响，并朝着不同的方向和趋势发展"③。基于规范经济学与传统伦理学的不充分性，阿玛蒂亚·森拒

① Sen, Amartya. (1992). *Inequality Reexamined.* Cambridge, Mass.: Harvard University Press, p. ix.

② ［印］阿玛蒂亚·森：《正义的理念》，王磊等译，中国人民大学出版社2012年版，第14页。

③ Sen, Amartya. (1999). *Development as Freedom.* New York: Knopf, p. 53.

绝了包括罗尔斯正义论对基本善的关注、诺齐克的自由意志主义立场和德沃金对资源的强调等在内的理论。

罗尔斯和森在正义观上的方法论存在一些基本的不同。首先，罗尔斯关注的是自由民主社会中的分配正义，而能力理论则是从国际政治经济学的发展研究中产生的，这两种理论都旨在解决多元化问题，但方式不同。罗尔斯式理论是民主社会中的一种公共共识理论，在民主社会中，公民享有政治自由和平等，尽管他们对善有着截然不同的个人观念。然而，能力路径声称，事实上，世界上几乎每一个人都有某种善的观念。因此，每个人都可以通过与来自不同文化和生活阶层的人交谈和讨论而拥有一种非对立式的美德。因此，罗尔斯表明了公众审议的程序约束被赋予了很大的规范性差异，但是，森，尤其是努斯鲍姆，主张一定的规范性平等。

罗尔斯的方法在处理正义问题时更关注任何社会的体制结构。能力不仅受到适当的体制结构影响，还通过文化、社会实践和个人行为彰显其实质性自由的本质，正义最终应该与人们的生活方式有关，而不仅仅与围绕体制的性质有关。资源理论者认为，正义原则的目的是确保人们有效地获得满足其客观利益所需的手段。然而，能力理论家声称，由于资源仅仅是使人们能够满足其客观利益的最终目的的手段，因此，用目的或能力而不是手段或资源来衡量社会的正义似乎是更有意义的，"我们应该关注一个人实际上拥有的自由程度，而不仅仅是制度与规则"①。换句话说，重要的是，个人通过掌握主要善品而获得的积极自由。从这个意义上来说，森指责罗尔斯捍卫了一种不恰当的优势衡量标准，这种标准只关注"通向自由的手段"，而我们需要超越自由的范围。"罗尔斯总是会将实现自由的手段纳入其优先考虑范围，而非对自由程度的评估。"② 对森来说，对资源的强调意味着要偏离"人们如何使用这些善品"的核心问题。事实上，在森看来，在罗尔斯的框架中存在一种拜物教的元素，"把基本善看成是一种优势的具体体现，而不是利用这种优势，并以此作为人与基本善之

---

① ［印］阿玛蒂亚·森：《正义的理念》，王磊等译，中国人民大学出版社2012年版，第8页。
② ［印］阿玛蒂亚·森：《论经济不平等/不平等之再考察》，王利文等译，社会科学文献出版社2006年版，第231页。

间的关系"①。如果我们想要像罗尔斯那样强调人的主体性，我们需要关注的不是人们所拥有的善品，而是他们的（可行性）能力。从这个角度看，森所追求的是自己所强调的"基本能力平等"。

传统功利主义经济学关注的是效用、资源和收入，而罗尔斯的正义论则作为评价个体优势和社会安排的原则非常有价值。然而，作为评定自由和福祉的标准，罗尔斯的理论显然是不充分的，因为它忽视了人类的多样性，并且更关注获得自由的手段而非将自由视为目的。相比之下，能力路径更加强调自由本身，强调人们能够获得有价值的功能性活动的自由，这是实质性自由的一种表现形式。因此，阿玛蒂亚·森在对人们的生活质量进行评估性研究时强调了"自由"和"成就"这两个核心概念。

森的能力理论认为，"自由"指的是在现实生活中人们所重视的各种功能性活动的实际机会，而"成就"则是指人们通过个人努力和政府保障的社会条件已经实现的目标。能力路径解决了实现实质性自由过程中的障碍，例如参与政治和其他非经济功能性活动的能力。通过这一路径，我们可以发现人类实际上拥有多种不同但相关的能力，一旦实现，我们就能获得满足感。森指出："生活是由各种行为和状态的不同组合构成的，并且根据有价值的功能性活动的能力来评估生活质量。"② 自由是一种普遍且重要的社会基本善，而能力可以被视为人类自由中更具普遍性的基本善的实例。在当前社会条件下，能力的概念用于批判社会中不平等和不合理的资源分配，而这些分配对于具有真正能力的人来说是必要的。人类的发展必须理解为产生于人类的自由行动和各种功能性活动之中，以实现人类繁荣的实质性自由。因此，能力路径是一种规范性的研究路径。

综上所述，阿玛蒂亚·森的研究路径从一个核心概念出发——能力，即个体实现自己价值取向所需的实质性机会和能力。通过对不同国家、地区、性别及种族之间人类发展状况的广泛经验性评估，森强调了个体根据

---

① Sen, Amartya. (1980). *Equality of What? Tanner Lectures in Human Values*, S. McGurrin (ed.) Cambridge: Cambridge University Press. p. 366.

② ［印］阿玛蒂亚·森：《生活质量》，［美］玛莎·努斯鲍姆主编，龚群等译，社会科学文献出版社 2008 年版，第 37 页。

自身价值选择追求所向往生活的重要性。森提出的能力路径并不关注人们拥有的社会基本善的数量，也不像福利主义者那样关注于效用或者幸福的满足程度。相反，对于森来说，能力的概念更多地关注人的行为与存在，关注人们在实际的生活当中能否获得实质性的自由，以及在现实生活中实现这些自由的可能性。此外，在森看来，能力路径并不以任何的完备性学说为前提，以此更容易在公民中达成一种共识。因此，相较于平等的自然主义与福利主义的分析路径，这种方法的优势在于其包容性和敏感性，能力理论能够敏感地捕捉到其他理论可能忽视的维度，同时也能对其他理论所涉及领域的不同的研究路径展现开放性和包容性。

二　个体性选择：区分功能性活动与可行性能力

阿玛蒂亚·森提出的能力路径在当代政治哲学中具有重要地位，特别是在平等性的研究方面。能力路径以能力的概念作为其理论出发点，无须预设一种特定的共识目标。人们可以根据自己在不同社会生活环境中的不同价值取向，做出自主性的选择。森指出："能力所反映出的是不同的人在不同的生活领域，或者是在不同的功能性活动之间进行自由选择的行为与状态，它的价值不必来自要求一种特定生活方式的具体的整全性学说。"①

为了实现个体自由的选择，森坚持区分能力路径的两个核心概念：功能性活动（functioning）和可行性能力（Capability）。功能性活动的概念源自亚里士多德的"功能"（ergon）和"幸福"（eudaimonia）理论。通过关注个人实际行为的广度，功能性活动可以在一定程度上弥补一个人的生存状态，根据人的实施行为与状态（doings and beings）来评价一个人的福祉。功能性活动通常分为潜能性功能性活动与现实性功能性活动两种类型。潜能性功能性活动涉及满足基本需求和获得基本物品。而现实性功能性活动又可分为基本和复杂两种类型，在实施过程中可以产生其他功能性活动或可行性能力。可行性能力又可分为工具性可行性能力和实质性可行

---

① Sen, Amartya. (1992). *Inequality Reexamined.* Cambridge, Mass.: Harvard University Press. pp. 75–84.

性能力两种类型，其中关键因素包括机会和一般能力（ability）。一个人的可行性能力取决于他拥有的机会和实现期望结果的能力。森指出："一个人的可行性能力指的是他拥有能够实现多种功能性活动的可选组合，因此，可行性能力是一种实质性的自由。"[①] 因此，功能—能力集包含一个人可以实现的所有功能性活动。我们不仅要关注选择的能力，还要关注是否存在切实可行的机会和善品供选择。

能力路径中的功能性活动具有价值，其价值不仅源自个体主观的功能性活动，还源自外部验证的客观的功能性活动。主观性的功能性活动基于感觉或个人偏好，个体当前的快乐程度是其主观状态；而客观性的功能性活动则不依赖于感觉或偏好，例如生理健康和读写能力。此外，客观性还可以理解为无偏性，对于来自世界各地的不同观点，评估其地方狭隘主义和适应性偏好的客观性是必要的伦理调查（ethical enquiry）。森指出："来自社会外部的遥远声音可以帮助避免受既定惯例和有限信息框架影响，而形成的区域理性可能存在的狭隘性。"[②] 功能性活动通常与身体健康有关，而可行性能力是实现功能性活动的能力，这应该成为公共政策的目标。

假设两个人拥有相似的功能性活动，但在可行性能力方面却不同。人物 A 生活困窘，每天都无法获得足够的食物；人物 B 生活宽裕，不用为食物担忧，但为了保持身材而选择少吃甚至不吃。尽管人物 A 和人物 B 拥有相似的功能性活动，即只能摄入少量食物甚至不吃食物，他们的可行性能力却不同。此时，我们引入人物 C，假设两个人拥有相似的可行性能力，在功能性活动方面却不同。人物 C 也生活宽裕，不用为食物担忧，但为了保持身体健康而按时进餐。尽管人物 B 和人物 C 拥有相似的可行能力，即都有充足的食物，他们的功能性活动却不同。

通过这三个具体的人物案例，我们可以深入探讨功能性活动与可行性能力之间的区别及其对个体生活质量的影响。人物 A 与人物 B 虽然在功能性活动上表现出相似性——食物摄入的限制，但由于经济条件和个人选择

---

① Sen, Amartya. (1999). *Development as Freedom*. New York：Knopf, p. 75.

② Sen, A. (2006). "What Do We Want from a Theory of Justice?", *The Journal of Philosophy*, 103 (5), p. 237.

的差异，他们的可行能力大不相同。人物 A 的生活困境限制了其选择，而人物 B 的选择则基于个人偏好。另外，人物 B 与人物 C 在可行性能力上相似，都不缺乏食物，但人物 C 选择的是一种更健康的生活方式，显示出功能性活动的差异。

这些案例反映出功能性活动和可行能力的不一致性可能导致不同的生活质量和社会正义问题。即便在物质条件相似的情况下，个体的选择和外在条件也能显著影响其实际的生活状态和幸福感。因此，通过这些具体实例，强调在评估和提升生活质量时，应同时关注个体的功能性活动和可行性能力，以确保每个人不仅有权利选择更好的生活方式，而且实际上能够做出这些选择。这一视角对于发展更为公正的社会政策和实践具有重要启示，强调了正义不仅是理论上的平等，更是实践中对个体差异和具体情境的深入理解和有效应对。

因此，一个人享有功能性活动是指，他能够按照特定的顺序排列自己的欲望或偏好，并实现这些欲望和偏好。而可行性能力则是追求各种实际可能的功能性活动的实质性自由。此时，我们再引入人物 D 和人物 E，假设两个人拥有相同的基本善，即都拥有一辆私家车，他们将基本善转化为功能性活动的可行性能力却不同。人物 D 没有驾照，也不会开车，而人物 E 有驾照，会开车。因此，尽管他们都拥有一辆私家车，在能否开车上路这种功能性活动上展现的可行性能力却不同。能力路径考虑到资源分配的多样性和不可公度性，因为它承认不同数量和类型的资源将确保为不同个体提供功能的可能性。

此外，能力路径的分析框架揭示了资源与个体能力之间的复杂动态关系，强调了评估每个人可行性能力的重要性，这不仅要考虑资源的分配，还要考虑个体将资源转化为实际行动的能力。这种方法体现了一种更深层次的公平观，认为实现公正社会不仅仅是分配相同的资源，更重要的是赋予每个人实现其潜力的真正自由。从这个角度出发，推动政策和社会结构的设计，应更多关注扩大个体的能力，使他们能够有效利用现有资源，从而达到更全面的社会正义。这种思考为我们提供了一个更为全面和深入的正义实现机制，强调了在资源分配之外，个体能力的培养和发展的必要性。

一个良好的社会赋予公民充分的能力，并将可行性能力转化为功能性活动。考虑到人物 D 和人物 E 的情况，森强调了能力路径中的另一个重要概念，即"转换因素"。正如罗宾斯（Robeyns）所指出的，"每个人都有自己独特的转换因素，其中一些与个体的身体状况相关，而另一些与其所共享的物种特征相关，例如性别、阶级或种族特征"[①]。这些转换因素包括个体特征、社会因素、环境因素和社会标准，它们将影响一个人如何自由地实现其功能性活动。个体特征包括年龄、性别、身体状况等，社会因素包括公共卫生保健和公共教育的可用性，而社会标准也会影响功能水平，例如更高的着装标准可能需要更高的收入来在社会中过上更自由的生活。自然环境也会影响维持良好生活质量所需的生活水平，包括污染程度、气候条件和自然灾害等。

因此，考虑到社会生活的丰富性和多样性，我们的公共审议应该包括来自不同情境下的公正旁观者的见解。能力路径相对于其他正义理论提供了更准确的社会福祉衡量标准。一个公正而平等的社会应该被理解为每个人都有平等的机会发展自己的能力，以实现基于自身价值观设定的目标。这样可以确保所有公民在起点上的不公平不会对他们未来的发展产生实质性的消极影响。"通过公共理性来选择能力，特别是当从外部观点获得信息时，不太可能被导致麻烦的适应性偏好的各种条件所扭曲。"[②] 此外，森承认资源再分配在某种程度上缓解了社会中的不平等现象，但从本质上讲，契约论的传统在设计社会正义结构之前，就将一部分边缘群体排除在正义框架之外。因此，契约论的再分配，无法从根本上确保每个人都有平等的机会参与社会、教育、政治等活动。

为了更好地理解功能性活动与可行性能力的区别，我们需要进一步探讨能力路径中突出的两个核心概念："自由与主体性"[③]。这是森在一场关

① Robeyns, I. (2011). *The Capability Approach.* In E. N. Zalta (Ed.), The Stanford Encyclopedia of Philosophy, p. 10.

② Qizilbash, Mozaffar. (2007). "Social Choice and Individual Capabilities. Politics." *Philosophy & Economics*, 12 (4), p. 180.

③ Sen, Amartya. (1985). "Well-Being, Agency and Freedom: The Dewey Lectures 1984", *The Journal of Philosophy*, 82 (4), p. 169.

于杜威的讲座"福祉、主体性与自由"中提出的，将福祉定义为"个人健康（wellness）或个人福利（personal welfare），而主体性指的是个人有理由追求的目标和价值观的实现"①。人类福祉的核心特征是已实现的有价值的功能性活动，福祉和主体性都与自由和成就有关。自由是福祉本身的内在价值，而主体性则源于善的观念。换句话说，这种区别涉及不同类型的可行性能力和功能性活动，以及一个人的生活质量是好是坏的不同方式。森将功能性活动描述为："一个人可能重视的行动或状态。"② 他将自由观念与康德式的道德哲学联系起来，强调了允许个人自主行使权利和充分发挥能力的外部条件。"自由是以个人能力的形式来做一个人有理由重视的事情"③。森关注的自由是指，"允许行动和决定自由的过程，以及人们在个人和社会环境下所拥有的实际机会"④。

此外，我们还应该区分两种不同类型的自由：实质性自由和工具性自由。实质性自由允许个人参与政治决策、表达政治观点，并享有教育和医疗保健。它涵盖了一个人生活的基本领域，如食物、住所、教育、医疗和政治参与。一个缺乏实质自由的社会缺乏为其居民提供社会安全系统的福利项目、预防传染病的公共卫生项目以及提供基础教育和卫生保健的公共设施。森描述了不同类型的工具性自由，这有助于人们更自由地选择自己想要的生活方式。各种不同的工具性自由之间相互联系和相互补充。在主体性方面，森使用"主体"（agent）一词来指代"个人的行为和所带来的变化，其成就可以通过个人的价值观和目标来评判，不论我们是否使用外部标准来评估"⑤。森在能力路径中将主体性主要用于指代个人在实现基于个人价值的目标方面的能力，这些目标可能与个人的福祉相一致，也可能不一致。在能力路径中，森强调主体性的作用，这意味着个人在实现目标时具有一定的自由度，因为这种自由度允许在价值观念方面存在较大的多

① Crocker, David A. (2008). *Ethics of Global Development: Agency, Capability, and Deliberative Democracy.* Cambridge: Cambridge University Press, p. 151.

② Sen, Amartya. (1999). *Development as Freedom.* New York: Knopf, p. 75.

③ Sen, Amartya. (1999). *Development as Freedom.* New York: Knopf, p. 56.

④ Sen, Amartya. (1999). *Development as Freedom.* New York: Knopf, p. 17.

⑤ Sen, Amartya. (2009). *The idea of justice.* Cambridge, MA: Belknap Press, p. 19.

样性，这种多样性是通过集中关注所拥有的自由来实现的。这种关注还使能力路径能够保持对社会内在不公平的敏感性，同时将每个人视为目的而非手段。

综上所述，能力路径强调差异性与多样性，呼吁一种具有共同人性的普遍主义路径，从关注社会基本善转向能力的角度来构建社会正义理论。在正义的框架内，能力路径具有灵活性与开放性的特点，无须专门减轻对资源不平等的担忧，而是重点关注个人的自由行为与状态，以及社会如何确保个人有充分的机会。我们不仅要关注能力的选择，还要关注是否有切实可行的机会和基本善可供选择。功能性活动被简单地理解为对一个人有价值的活动，但功能性活动的概念实际上关注的是人们的行为和所拥有的善品。相比之下，可行性能力是人们在生活中所真正拥有的实质性机会，能够实现他们所想要做出的选择。因此，"在面对当今世界中存在的问题时，我们不是要拒绝哲学甚至是传统，而是要以包容性、精确性和可靠性的论证推进正义的发展"[①]。在理解一个人的行为和状态时，我们应将功能性活动与可行性能力置于能力路径的核心位置。能力路径尊重对人性的共享信念，其动机是将人类幸福与发展概念化，并以此来影响我们的价值观和方法论。因此，我们一方面知道人们应享有权利的实质内涵，另一方面也明白政府应在哪些方面提供充足的条件来保证我们实现功能性活动。

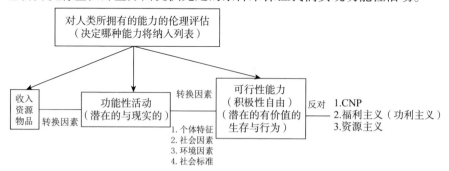

图 1-1 能力路径的理论基础

① Nussbaum, Martha. (2000). *Women and Human Development: the Capabilities Approach*. Cambridge New York: Cambridge University Press, p. 301.

三　从能力路径到能力理论

能力路径的发展源于努斯鲍姆和森对不同哲学思想的启发。他们认识到不能用一种绝对的标准来衡量不同生命体的差异，因此，他们都支持能力路径的研究方法。虽然他们都认同能力或实质性自由是评价正义问题的重要概念，但由于他们的不同研究目标和方法，他们在应用能力路径时存在一定的区别和差异。森将能力路径概念化为一种普遍的评估系统，可以广泛应用于评估生活质量。因此，森认为能力路径的形式化必须是广泛的，以保持其通用性。而努斯鲍姆则将能力理论发展为具有规范性和普遍主义倾向的正义理论，旨在提出一套可以作为世界各国政府宪法基础的一般原则。由于他们的不同研究目标，他们从不同的理论立场出发，采用不同的表达方式，推动了能力路径的不断发展和完善。

努斯鲍姆和森在构建能力路径的起点不同。努斯鲍姆的能力路径源于对亚里士多德伦理学的实践的理解，而森的能力路径则源于对亚当·斯密的古典政治经济学的敏感，特别是对福利经济学的批判。努斯鲍姆认为，森没有将能力路径根植于真正的人类功能性活动的理念，因此，她认为"虽然森认为政治上的平等最好从能力的角度来理解，但他没有讨论个人需要达到什么样的平等水平才能得到公正的对待"[①]。森提出的能力路径并没有建立在关于人类尊严的坚实基础上。努斯鲍姆通过亚里士多德式的理解，将能力路径作为基本社会正义理论的基础，增加了对能力界限和尊严概念的关注，并对公共理性受适应性偏好影响的担忧提出了解决方案。

在限制性环境中形成的适应性偏好（Adaptive Preferences），往往不真实地反映个人的愿望或利益，而是在环境压力和社会期望的影响下所产生。努斯鲍姆在探讨女性主义与性别平等的语境中，特别强调了识别并克服适应性偏好的重要性。针对这点，努斯鲍姆提出了一组旨在确保正义的核心能力列表，并认为这套列表在多元化的全球背景下应用时，能够在允

[①]　Nussbaum, M.（2003）. "*Capabilities as Fundamental Entitlements: Sen and Social Justice*", *Feminist Economics*, 9（2-3）, p. 36.

许不同程度解释的空间下，基本保障正义的实现。在她的著作《女性与人类发展：能力路径》中，努斯鲍姆对能力路径进行了详细阐述，她指出："能力路径起源于对人类尊严的观念与一种值得过的、有尊严的生活，其目标是要实现真正的人类功能性活动。"①

适应性偏好的形成往往是不平等的社会结构和压迫性环境的产物。在发展中国家，由于生活条件的艰苦，个人可能会被迫接受乃至内化那些抑制自我发展和幸福的社会规范。这一现象难以仅凭传统的贫困指标来衡量。特别是妇女，她们所面临的挑战不仅限于贫困，还包括接受教育的机会受限、控制自己环境的能力缺失以及身体完整性的侵犯等问题。例如，一些女性可能会接受较低的社会地位和有限的机会，因为她们认为这是"自然的"或"必然的"。努斯鲍姆的能力理论在识别和提供这些问题的解决方案方面，展现了其独到之处。为推进性别平等，努斯鲍姆倡导通过教育、政策制定和社会变革，挑战和改变这些限制性的社会文化偏好。能力理论要求政治结构确保每个人都能够达到一定的能力界限水平，从而保护其能力的实现。努斯鲍姆特别强调，通过提升女性的教育和经济机会，以及促进更加平等和包容的社会规范，有助于女性克服适应性偏好，实现真正的自主和幸福。这一理论不仅为性别平等提供了强有力的哲学基础，也为促进全球范围内的社会公正和人类发展提出了具体的行动指南，展现了努斯鲍姆对于提升人类福祉和实现社会正义深远的承诺与独特的见解。

努斯鲍姆的能力理论与森的能力路径在表述上有所不同。森从经济学和决策理论的视角研究能力路径，而努斯鲍姆更多地从哲学和法学的角度研究能力路径。努斯鲍姆同意森对优势的划分，"森超越了多元主义的基本层面，并在四个可以衡量优势的空间之间进行了区分：福祉和主体性，自由和成就。这使得森可以在至少四个方面获得衡量与比较的优势"②。但

---

① Nussbaum, Martha. (2000). *Women and Human Development: the Capabilities Approach*. Cambridge New York: Cambridge University Press, p. 31.

② Nussbaum, Martha. (2000). *Women and Human Development: the Capabilities Approach*. Cambridge New York: Cambridge University Press, pp. 189–191.

她认为引入这些专业术语并没有额外的好处，她认为"仅仅依赖于能力和功能的概念就足以完成所有这些工作"①。努斯鲍姆更关注为社会和全球正义问题提供一种连贯的方法，而不是明确地致力于各种解释。她避免引入带有明显哲学意义的术语，更倾向于使用"能力"和"功能"这些术语，而非"自由"和"幸福"等术语。她认为"能力是更好地理解和衡量人类发展和人权的方法"②。

能力从功能的价值中获得价值，而功能从实现能力的方式中获得价值。在这一点上，努斯鲍姆提出了用亚里士多德式的"尊严"概念来取代森提出的"主体性"概念。森一直专注于通过能力的角色来评估生活质量的界定范围，而努斯鲍姆试图超越比较能力的范围，并试图阐明能力如何为公民向政府提出要求的核心宪法原则提供理论基础。因此，"整项计划的目的是为一项基本宪法原则提供哲学基础，这些原则应以尊重人的尊严为基础，得到所有国家和政府的尊重与执行"③。如果一个正义理论能够有效、连贯地解决社会正义问题，那么它确实需要对核心能力进行规范性表述。因此，能力路径相对于其他幸福和发展理论的优势就是开放性与多元性，从而实现了能力路径从一种静态式的发展转变为一种动态式的平衡发展的状态。

在探讨努斯鲍姆和森关于能力路径的应用与研究时，我们可以看到他们各自以不同的目标导向和研究方法贡献于这一领域。对于森来说，"自由是一种普遍而全能的社会利益，而能力只是自由的一种具体表现形式"④。所有能力仅是自由众多类型中有价值的一个子集。与之相对，努斯鲍姆则认为，"森的路径是一种比较生活质量的评估路径，而她本人的研

---

① Nussbaum, Martha. (2000). *Women and Human Development: the Capabilities Approach*. Cambridge New York: Cambridge University Press, p. 14.

② Nussbaum, M. (2003). "Capabilities as Fundamental Entitlements: Sen and Social Justice", *Feminist Economics*, 9 (2 – 3), pp. 33 – 59.

③ Nussbaum, Martha. (2006). *Frontiers of Justice: Disability, Nationality, Species Membership*. Cambridge, Massachusetts: London, England. The Belknap Press of Harvard University Press, p. 70. 具体关于能力在宪法中的讨论参见 Nussbaum, M. (2007). "Constitutions and Capabilities: Perception Against Lofty Formalism", *Harvard Law Review*, 121 (1), pp. 4 – 97.

④ Sen, Amartya. (1999). *Development as Freedom*. New York: Knopf, p. 67.

究路径则聚焦于基本社会正义的理论"①。努斯鲍姆指出，能力路径涉及社会正义和生活质量比较这两个关键变量，分别对应能力路径的规范性和比较性应用。努斯鲍姆进一步强调，这两个视角共享五个基本要素："尊重每个人作为目的的原则、重视选择或自由而非仅仅关注成就、多元价值观、对根深蒂固的社会不公正和不平等的深切关注，以及向政府和公共政策提出紧迫任务。"② 努斯鲍姆通过身份认同与情感共享的方式深入探讨个体自由权利的本质，指出个体的自由和发展不是孤立的，而是与社会环境和人际关系密切相关。她的论述不仅强调自由权利的实现，还致力于揭示"自由的实质内容，并将核心能力列表作为政治权利和宪法制度的基础"③。政府和社会制度应支持和促进这些能力的发展。这意味着公共政策和法律框架应致力于创造条件，使每个人都能实现这些基本能力，而不仅仅是提供最低限度的权利保护。

此外，克罗克（David Crocker）指出："个体能够实现这些能力的前提是能凭借类似实践智慧的功能进行选择。"④ 个人的单一能力指的是对特定行为或状态的能力，而能力集（capability sets）则对应于所有可能的功能性活动向量的总和，个人可以从中自由选择。克罗克的这一观点与努斯鲍姆和森的能力理论相呼应。能力理论强调为个体提供实现潜能所需的基本条件，例如健康、教育和参与社会生活的机会。克罗克所强调的实践智慧则是个体利用这些条件实现潜能的关键因素。换句话说，克罗克的观点提醒我们，除了物质资源和外部机会，个体的内部能力——如理解、判断和决策能力——也是实现能力发展的重要组成部分。

然而，在实现个体自由选择的过程中，森指出："自由概念存在一定

① Nussbaum, Martha. （2011）. *Creating Capabilities：the Human Development Approach*. Cambridge, Massachusetts：The Belknap Press of Harvard University Press, p. 18.

② Nussbaum, Martha. （2011）. *Creating Capabilities：the Human Development Approach*. Cambridge, Massachusetts：The Belknap Press of Harvard University Press, p. 19.

③ Nussbaum, Martha. （2011）. *Creating Capabilities：the Human Development Approach*. Cambridge, Massachusetts：The Belknap Press of Harvard University Press, p. 50.

④ Crocker, David A. （2008）. *Ethics of Global Development：Agency, Capability, and Deliberative Democracy*. Cambridge：Cambridge University Press, p. 167.

的模糊性，在描述能力特征时也应反映出这种模糊性。"① 因此，在他的能力理论中拒绝确定一组特定的有价值的功能—能力集，"幸福观念与不平等观念存在一定的模糊性，因此寻求它们之间的完整次序是错误的。出于实际的考虑，无论我们使用次序的哪一部分，我们都试图澄清模糊性，而非保持沉默直至一切明晰"②。森的观点认可不同个体和社会可能有不同的价值观和目标，这些差异应在评估和政策制定过程中得到尊重。其次，这种立场鼓励不断的批判性思考和对现有理论和政策的适时调整。森强调，我们应该努力理解和阐释模糊性，而不是试图通过过于简化的理论框架来忽略或消除它。

相比之下，努斯鲍姆的能力路径的不完全性源于两个主要原因：多样性带来的实际社会问题，以及应对当前亟待解决的问题的需求。因此，努斯鲍姆试图发展一种能够适应以上两种挑战的能力理论，就像詹姆斯·赫克曼（James J. Heckman）一样，更多聚焦于经验数据和实证分析，旨在理解和改善影响个体能力发展的具体外在因素，特别强调个体生命周期中早期阶段对能力发展的重大影响，主张早期教育和干预措施在形成认知和非认知技能方面具有决定性作用。与赫克曼的研究重点相比，努斯鲍姆的关注点更多地集中在能力理论的哲学和道德基础上，特别是她强调每个人都应拥有实现自己潜能的机会和条件。

尽管森首次将能力与正义问题结合起来进行讨论，但"从发展经济学的视角来看，森认为能力路径的应用着重于对发展中国家生活质量的比较性研究"③。在森的视角下，能力路径成为一个评估和比较不同国家生活质量的有力工具。这种方法考虑了教育、健康、经济机会和政治自由等多方面因素，旨在理解个体在这些领域的选择和能力是否得到充分发展和支持。例如，他强调教育和健康不仅是发展的重要成果，同时也是促进发展的重要手

---

① ［印］阿玛蒂亚·森：《生活质量》，［美］玛莎·努斯鲍姆主编，龚群等译，社会科学文献出版社 2008 年版，第 39 页。

② Sen, Amartya. (1992). *Inequality Reexamined*. Cambridge, Mass.：Harvard University Press, p. 47.

③ Nussbaum, Martha. (2006). *Frontiers of Justice：Disability, Nationality, Species Membership*. Cambridge, Massachusetts：London, England. The Belknap Press of Harvard University Press, p. 70.

段。同时，努斯鲍姆的能力理论"为一项应得到所有国家政府尊重和执行的核心人类应享权利提供了哲学基础"①，每个人都应有机会实现一系列基本能力，将核心能力列表作为衡量一种有尊严的好生活所需的最低界限水平标准。因此，努斯鲍姆的主要任务是从仅仅将能力作为一种比较性使用转向为建立一个关于能力的规范性政治提议，这一理论框架不仅提供了评估和改善社会政策的依据，还促使我们思考如何构建一个更加公平和包容的社会。

总结而言，森的能力路径方法为我们提供了一个实证分析工具，以评估和比较不同国家在发展过程中的生活质量，强调了实际功能性活动的转化。与此同时，努斯鲍姆的能力理论则从哲学的高度，提出了关于正义的规范性观点，强调每个人都应得到实现基本生活能力的机会。这两种观点虽有差异，但都凸显了能力概念在推动社会发展和构建公正社会中的核心地位。通过这些讨论，我们不仅能更全面地理解不同国家间的发展差异，也能深入探讨如何通过政策实现人的全面发展，确保每个人都能过上有尊严和有意义的生活。这种理论的进展不仅促进了经济学和政治哲学的交叉融合，也为全球正义的实现提供了新的视角和动力。

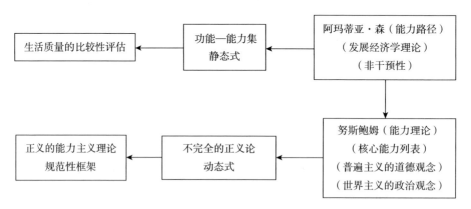

图 1-2　从能力路径到能力理论

---

① Nussbaum, Martha. (2006). *Frontiers of Justice*: *Disability*, *Nationality*, *Species Membership*. Cambridge, Massachusetts: London, England. The Belknap Press of Harvard University Press, p. 70.

第三节　正义的能力理论

一　过一种值得过的有尊严的生活

在对经济学功利主义的批判的基础上，努斯鲍姆提出了尊严概念，并以此推进了自己的理论。自亚当·斯密以来，经济学功利主义者一直认为，经济学应该完全独立于道德伦理学，以实现"最多数人的最大幸福"[1]为目标，将个人的行为效用作为社会道德价值的唯一标准，从而忽视了人的尊严问题。然而，功利主义者将幸福的满足程度转化为客观数值存在一些问题。首先，幸福的内涵包含多个层次和方面；其次，个体幸福的复杂性使得将每个人的幸福满足程度简单地转化为数值加权的做法变得困难。

罗伯特·诺齐克（Robert Nozick）在其著作《无政府状态、国家和乌托邦》中提出的"经验机器"（Experience Machine）思想实验，对功利主义的研究路径提出了深刻的批判。功利主义者通常关注的是最大化快乐或满足感，但诺齐克的实验揭示了这一路径可能忽视的主体性问题。在这一思想实验中，诺齐克构想了一种先进的虚拟现实技术，通过将人的大脑神经直接连接到机器上，使人获得似乎真实的快乐体验，虽然在物理上并未做任何事情。这种情形下，尽管人们能够体验到某种程度的快乐，但他们的体验完全被限制在人造的现实中，无法仅凭感官区分虚拟世界和现实世界。我们可以看到，"我们可能会抵制进入经验机器，因为它将我们限制在一个人造的现实中，一个比人类大脑所能想象的更深刻或更重要的现实"[2]。因此，虽然"经验机器"能够提供一种表面上的快乐，但它不能满足人们对于更深层次的、真实的和有意义的生活体验的需求。

诺齐克的思想实验不仅质疑了以经验主义和快乐主义为基础的伦理学观点，还强调了真实性和人类价值观的重要性。诺齐克通过这个实验批判了纯粹的快乐主义，即认为快乐是生活中唯一重要的东西。他认为，即便

---

① Mill, J. S. (1906). *Utilitarianism.* Chicago, IL: University of Chicago Press, p. 210.

② Nozick, Robert. (1974). *Anarchy, State, and Utopia.* New York: Basic Books, p. 45.

是极为愉悦的体验，如果它们是虚假的或人为制造的，也难以得到人们的认可。这一点表明，在人类的追求中，真实性、自主性和个人成就同样具有重要价值。因此，我们可以得出结论，人生的真正意义不仅仅在于感官上的享受。作为具有主体性的个体，我们应当拥有更广泛的选择权和更积极的行动能力。诺齐克的思想实验强调了一个深刻的哲学命题：在追求幸福的过程中，真实性和自主性是不可或缺的要素。这一观点为我们理解幸福、真实性和人类价值观提供了新的视角，对功利主义的研究路径提出了重要的挑战和反思。

在继承亚里士多德关于人是一种政治性动物的观点基础上，努斯鲍姆反对斯多葛学派以及其后的格劳秀斯、康德对人理性的强调。她认为我们应该将物种之间的脆弱性纳入我们的正义范围考虑之内。努斯鲍姆引用古希腊哲学家的观点写道："我们也不能忽视柏拉图所提出的理念，他认为人的存在表现为一种自给自足与纯粹理智的存在，不会受到感情上的牵绊与纠缠。"① 与此同时，我们也不能忽视柏拉图式的人的观念，"存在一种价值领域是完全不受境遇威胁的，这就是道德价值领域。无论沧海桑田，关于善的道德价值始终不会改变"②。然而，在追寻一种好的生活的过程中，我们应该不仅考虑理性的方面，还应该从我们的经验生活中提取人的感性方面。

人是一种不完备的存在，在理性行为中也会存在非理性的因素。我们既不能完全被外在性关系被动地推动，也不能完全依靠内在性关系自发地推动。幸福的生活不仅需要品质高尚的状态和理智的沉思，还需要我们参与各种不同的活动和建立良好的关系性的善。一个值得过的好生活是由不同类型的关系性善、外在善以及各种各样的公民的政治经济活动共同构成的。同时，我们的灵魂中也存在非理性因素。情感是我们关于过一种好生活的思想来源之一，它能在我们的繁荣生活被灾难摧毁时告诉我们这种灾

---

① ［美］玛莎·努斯鲍姆：《善的脆弱性——古希腊悲剧和哲学中的运气和伦理》，徐向东、陆萌译，译林出版社 2007 年版，第 7 页。
② ［美］玛莎·努斯鲍姆：《善的脆弱性——古希腊悲剧和哲学中的运气和伦理》，徐向东、陆萌译，译林出版社 2007 年版，第 6 页。

难所具有的特殊意义。运气在我们过一种伦理上完整的生活方面起到至关重要的作用。我们常常在命运多舛与自身价值感之间徘徊，特别容易受到偶然性事件的影响。好的生活与我们无法控制的外在事件密不可分。我们通过牺牲生活中的丰富性，采取理性的行为，使各种冲突最小化，降低我们生活中的脆弱性。

努斯鲍姆将尊严作为其能力理论的出发点，这一概念不仅包含了能力路径中的关键因素，还构成了能力路径拓展的理论基础。"在人类正常的生活活动中，过一种值得过得好的生活不仅包含对情感的需要，还包含对尊严的需求。"① 尊严被视为人们过一种完全的人而不是近似于人的生活的先决条件，其具体表现形式就是其核心能力列表。"我们对人类尊严的直觉性理解使得我们能够得出核心能力列表，并在此基础上推导出相应的结论，即每个人都应该有权利追求列表上的所有能力，将每个人都当作目的，而不仅仅作为他人目的的手段。"②

因此，核心列表上的能力并非都源自于人类的尊严，而是人类过一种有尊严生活的具体体现。换句话说，"尊严并不是一种独立于能力之外的价值，对能力的政治原则的阐明也就是对人类尊严生活的描述"③。尊严表现为一种与生俱来的尊重感，努斯鲍姆在其尊严观上继承了康德式的部分表达，即"任何物种在其出生时就具有与该物种相对应的尊严"④。通过努斯鲍姆对物种间的行为与状态的关注，我们不仅仅拥有一种与生俱来的尊严，至少在某种意义上，还应该具备与此物种相对应的能力，尊严在我们有能力参与的各种行为活动中得以体现。

努斯鲍姆强调尊严概念不仅适用于人类，还包括不同类型的非人类物

---

① Nussbaum, M. (1998). "Political Animals: Luck, Love and Dignity", *Metaphilosophy*, 29 (4), p. 273.

② Nussbaum, Martha. (2006). *Frontiers of Justice: Disability, Nationality, Species Membership.* Cambridge, Massachusetts: London, England. The Belknap Press of Harvard University Press, p. 70.

③ Nussbaum, Martha. (2006). *Frontiers of Justice: Disability, Nationality, Species Membership.* Cambridge, Massachusetts: London, England. The Belknap Press of Harvard University Press, p. 7.

④ Nussbaum, Martha. (2006). *Frontiers of Justice: Disability, Nationality, Species Membership.* Cambridge, Massachusetts: London, England. The Belknap Press of Harvard University Press, p. 347.

种。她认识到"世界上存在许多不同类型的尊严，每一种都值得我们尊重甚至敬畏"①。尽管不同物种拥有不同能力来获得不同类型的尊严，但尊严概念本身并不依赖于特定能力。相同物种之间享有相同尊严，并与同一类型的能力相对应。这意味着尊严概念映射到能力上取决于所属物种，尊严问题不可能独立于该物种之外产生。因此，努斯鲍姆从内在本质主义立场出发，试图摆脱形而上学实在论的元伦理学基础，以人的尊严和绝对价值的直觉为起点，使用规范性概念描述我们所遇到的规范性事实，并要求我们以平等的尊严对待其他物种。"当我们确定了在人类生活中特别重要的功能时，我们可以审视社会和政治体制为此所作的贡献。我们需要弄清楚政府是否以最低限度的方式提供实现所有功能性活动所需的条件。"②

努斯鲍姆区分了"有尊严的生活"和"好的生活"。过一种有尊严的生活是全体人民在政治上达成的重叠共识，而好的生活是全体人民实现自由和全面发展的最终目标。如果国家政府能够确保所有公民的能力都达到核心列表的界限水平，那么整个社会中的公民都已经过上了有尊严的生活。尊严的概念并非形而上学的假设，而是人们形成政治上重叠共识的基础。然而，尊严的概念是一种前政治性和评价性的概念。过一种有尊严的生活并不意味着所有公民都已经过上了好的生活。努斯鲍姆采取建构主义的元伦理学方法，在实践过程中，为了确保每个行动者的意愿一致，她诉诸一种程序上的重叠共识，使全体公民就核心能力列表达成共识。因此，努斯鲍姆的理论不仅是对个人尊严和社会正义的哲学探讨，也是对如何在现实政治生活中实现这些哲学理念的实践指导。通过将这些理论置于西方哲学的脉络中，我们可以更深入地理解其在当代政治哲学中的重要性和应用前景，展望未来社会如何在尊重个体尊严的基础上，实现更全面的公民自由和发展。

---

① Nussbaum, Martha. (2006). *Frontiers of Justice: Disability, Nationality, Species Membership.* Cambridge, Massachusetts: London, England. The Belknap Press of Harvard University Press, p. 159.

② Nussbaum, M. (1992). "Human Functioning and Social Justice", *In Defence of Aristotelian Essentialism. Political Theory,* 20 (2), p. 214.

二 核心能力列表

在探讨努斯鲍姆的能力理论时，我们首先需要明确她对于人类尊严的重视和对政府责任的强调。努斯鲍姆认为，确保所有公民达到或超越一个能力界限水平是政府的责任，这个能力界限水平必须充分保证人类的尊严。这一点使得她的核心能力列表与所谓的综合多元化能力紧密相关。努斯鲍姆不懈追求的是寻找有效的研究路径，以促进人类过上真正有价值、繁荣的生活。在她的理论中，"功能性活动"（functionings）包括"存在"（beings）和"行为"（doings），即人类的各种状态和所能从事的各种活动。值得注意的是，功能性活动的概念在道德上是中性的，而不同功能的好坏则取决于特定的语境或规范性理论。努斯鲍姆将人类的功能性活动视为德性指导下的理性行为，"人类的功能性活动是按照德性进行的理性行动"。[①]

在区分努斯鲍姆与阿玛蒂亚·森的能力概念时，努斯鲍姆的"多元化能力"（capabilities）[②] 指的是个人实现功能性活动的真正自由和机会，这是基于最低程度的社会正义价值观。多元化能力分为三部分：基础多元化能力（basic capabilities）、内在多元化能力（internal capabilities）和综合多元化能力（combined capabilities）。基础多元化能力指的是大多数人天生具备的能力，但不能直接转化为功能性活动。例如，几乎所有人天生具备发展语言的能力，因此也具备读写能力。然而，一个只具备潜在语言能力的婴儿并不具备阅读能力，如果我们给她一本书，她就无法理解书中的内容。努斯鲍姆称"这些能力是人自身发展状态的充分条件"[③]。内在多元化能力则体现在个体的身体状态、性格特征、感知能力等方面，这些能力是人作为人的根本要素。"不同于天赋能力，内在多元化能力受到社会政治

---

① Aristotle. (1926). *The Nicomachean Ethics*. Harvard University Press，p. 1098*a*.

② 为了将努斯鲍姆的能力概念区别于阿玛蒂亚·森的能力概念，以此将能力的复数形式翻译为"多元化能力"，多是指努斯鲍姆的能力概念；而将能力的单数形式翻译为"可行性能力"，多是指阿玛蒂亚·森的能力的概念。

③ Nussbaum, Martha. (2011). *Creating Capabilities: the Human Development Approach*. Cambridge, Massachusetts：The Belknap Press of Harvard University Press, p. 84.

经济环境和家庭环境的影响，并处于动态变化中。"① 正如亚里士多德所言："所有未丧失接近德性能力的人都能够通过学习或努力将潜在的幸福变为现实。"② 因此，我们可以通过后天的教育和训练等手段提升我们的内在多元化能力。

行动方面主要体现在综合多元化能力上。综合多元化能力反映了个人内在的多元化能力以及创造实质性自由的社会、政治和环境等因素。对于综合多元化能力而言，公民仅依靠自身的内在力量是无法取得的，它是内外条件共同作用的结果。首先，社会必须提供实现综合多元化能力的途径和条件。政府不仅需要确保公民能够行使其能力而不受国家或私人协会的阻碍，还需要确保公民拥有利用这些能力所需的社会资源。其次，通过与外界的交互作用，逐步提高我们的综合多元化能力。因此，努斯鲍姆将综合多元化能力定义为"内在多元化能力与恰当的外在条件相结合，为功能性活动的实施提供一定基础"③。例如，一个具有语言天赋的孩子具备语言的内在多元化能力，通过教育他可以学会说话，但如果将他关在一个封闭的环境中，他将永远不会学会说话。同样，如果政府或社会没有提供相应的基础条件，种族歧视和性别歧视就是人们缺乏综合多元化能力的体现。

此外，努斯鲍姆认为能力的价值与其所处环境和功能的价值相关。综合多元化能力为我们提供了真正的自由和机会去做某事或处于某种状态。她将更有价值的能力挑选出来，形成了核心能力列表，强调优先关注这些能力，以维持全体公民的最低程度上的能力水平。这些核心能力反映了努斯鲍姆对人类尊严的亚里士多德式理解，是她能力理论的关键，也是她与森方法的主要区别之一。努斯鲍姆希望扩展这种多元化能力路径（capabilities approach），超越其作为一种比较性工具的局限性，向更广泛的应用和实践领域发展。

---

① Nussbaum, M. (1998). "The Good as Discipline, the Good as Freedom", D. A. Crocker and T. Linden (eds.) *Ethics of Consumption: The Good Life, Justice and Global Stewardship*, Rowan and Littlefield, pp. 163 – 164.

② Aristotle. (1926). *The Nicomachean Ethics*. Harvard University Press, p. 1094*a*.

③ Nussbaum, M. (2004). *Hiding from Humanity: Disgust, Shame, and the Law*. Princeton: Princeton University Press, pp. 344 – 348.

在论述努斯鲍姆的核心能力理论时，我们可以看到她如何以深刻的哲学历史背景为基础，构建了一套关于人类生活尊严的理论框架。努斯鲍姆提出："我们凭直觉就知道，过一种有尊严的生活需要哪些条件，从而实现某种行为与状态。"① 她强调："通过构建一个核心能力列表，我们可以不断询问自己：哪些事物是如此重要，以至于缺少它们，我们就不能将生活视为一种真正的人类生活。"② 努斯鲍姆借鉴了亚里士多德的实践推理，将其核心能力理论与自然法传统相结合，为自己的观念提供理论依据。

首先，努斯鲍姆在其核心能力理论中，巧妙地将自然法传统与自身的观念相结合，从而为她的理论提供了坚实的哲学基础。她坚持认为，无论国家的富裕程度如何，如果国家未能保障其全体公民享有应享权利，那么该国家也是非正义国家。这一观点强调了正义的普遍性和不可剥夺性，即使在资源有限的环境下，也必须尊重和保障每个人的基本权利。

另外，在努斯鲍姆看来，核心能力的概念可能成为那些持有不同善的观念的人们之间广泛地重叠共识的对象。她认为，要想过上"一种值得过的真正的人类生活"，每一种列出的能力都是不可或缺的。真正的人类生活是由人类的实践理性和社交能力塑造而成，这是一种建构性功能，组织并渗透其他所有的功能，使人们能够趋向于某种完全意义上的人。换句话说，如果缺乏她所列出的任何一种能力，我们就不会认为这是一种有尊严的"好的生活"。

努斯鲍姆通过诉诸"成为一个真正的人意味着什么"的标准，来对其核心能力列表进行政治辩护。她运用罗尔斯式的反思性平衡方法，并结合"知情—欲望"（informed-desire）的程序方法，对主观性偏好进行批判性检验，为道德和政治哲学的讨论提供一种强有力的分析框架。当个体在反思自己的信念和价值观时，应当考虑普遍原则和社会公正的要求，对自己的信念、原则和价值观的持续审视和调整，以实现一种内部一致性和外部

---

① Nussbaum, Martha. (2006). *Frontiers of Justice：Disability，Nationality，Species Membership*. Cambridge，Massachusetts：London，England. The Belknap Press of Harvard University Press，p. 74.

② Nussbaum, Martha. (2006). *Frontiers of Justice：Disability，Nationality，Species Membership*. Cambridge，Massachusetts：London，England. The Belknap Press of Harvard University Press，p. 74.

合理性的平衡。努斯鲍姆通过这种方法深入探讨了不同能力的重要性和如何在现实政治中实现这些能力，以确保这些观点既有理论上的合理性，又能符合普遍的道德直觉。她的核心能力理论不仅关注个体能够实现什么样的生活，还关注个体是否有能力基于充分了解和自由意愿做出这些选择。通过这种方式，努斯鲍姆的理论不仅提供了一种评估社会政策和制度的标准，还强调了个体自主性和自我实现的重要性。

此外，苏格拉底式对话法对于努斯鲍姆的哲学思想和方法论具有重要的启发。通过这种方法，她能够不断地质疑、审视和完善自己的观点，同时也能够吸收和回应来自不同哲学传统和文化背景的批评和建议。这种开放的思考方式使得努斯鲍姆能够建立一个更加包容和全面的理论框架，有效地将不同的观点和理论融合在一起，以形成一个更为坚实的理论基础。苏格拉底式对话法还对努斯鲍姆的理论提供了一种民主和参与的精神。努斯鲍姆的理论不是在孤立或封闭的环境中形成的，而是在不断的交流、对话和批判中成长和发展的。这种方法体现了她对民主价值的重视，即认为每个人都应该有机会参与到理论的形成和讨论中来，无论其背景或观点如何；通过这种方式，努斯鲍姆旨在构建一个更加全面和包容的理论框架，以促进社会正义和个体福祉。

为了追求一种有尊严的好生活，努斯鲍姆强调了一个关键观点："一个体面的、良序的社会至少应该确保其所有公民在核心能力列表中的能力达到最低限度的水平。"① 为此，她提出了"核心能力列表"（the Central Capabilities List）②，其中包括以下十项：

1. 生命。生命能力被理解为"直至人类正常预期寿命的尽头，非贸然

---

① Nussbaum, Martha. (2006). *Frontiers of Justice: Disability, Nationality, Species Membership*. Cambridge, Massachusetts: London, England. The Belknap Press of Harvard University Press, p. 76.

② Nussbaum, Martha. (2000). *Women and Human Development: the Capabilities Approach*. Cambridge New York: Cambridge University Press, pp. 77 – 78. 其后期复现可参见 Nussbaum, Martha. (2006). *Frontiers of Justice: Disability, Nationality, Species Membership*. Cambridge, Massachusetts: London, England. The Belknap Press of Harvard University Press, pp. 76 – 78. 最新论述见 Nussbaum, Martha. (2011). *Creating Capabilities: the Human Development Approach*. Cambridge, Massachusetts: The Belknap Press of Harvard University Press, pp. 33 – 34.

性地死亡，或在生活状态降低至不值得过一种有尊严的生活之前，持续生存的能力"①。这种对生命的理解超越了单纯的生存，强调了生命质量和生活的尊严。从更广泛的角度来看，努斯鲍姆的这一观点体现了对生命尊严的深切尊重，以及对人类生活的全面关怀。生命不仅是生物学意义上的存在，还包括了个体的幸福感、尊严和实现个人潜能的能力。因此，生命能力的保障涉及多方面的社会政策和制度安排，旨在提供一个支持性的环境，使个体能够充分发挥其潜能，过上有尊严和价值的生活。

2. 身体健康。"确保公民拥有良好运作的健康体魄，包括健康的生殖能力、充分的营养自愈能力以及适当的住所。"② 政府应提供适当和充分的社会资源，以满足公民在身体上的正常需求，这是一个国家实现社会正义的关键因素。这一观点凸显了身体健康不仅是个人福祉的核心要素，也是社会公平和人类尊严的重要保障。进一步而言，努斯鲍姆的理论对当前的社会政策和公共卫生策略提出了挑战。在许多国家，健康资源的分配往往存在不均等现象，导致经济弱势群体难以获得充足的医疗保健服务。这不仅威胁到个体的健康和福祉，也损害了社会的整体公正。因此，努斯鲍姆的观点强调了构建一个公平、包容的健康体系的重要性，以确保每个人都有机会实现自身的健康潜能。

3. 身体完整。"保证公民能够自由地在不同的空间中移动，免受他人的暴力侵犯，包括性骚扰和家庭暴力。公民应有性满足的机会，并能自由选择繁殖事宜。"③ 政府应提供充分的法律和制度保障，为公民的自主选择提供保障，并为每个公民的行为活动提供规范性要求。这一能力的实现对于促进个体的尊严和自主极为重要。身体完整不仅仅涉及避免受到伤害的问题，还涉及人的自尊、自由和选择的权利。没有身体的自主权和安全保障，人们就无法充分发展和实现其他核心能力，如教育、参与政治和社会

---

① Nussbaum, Martha. (2011). *Creating Capabilities: the Human Development Approach*. Cambridge, Massachusetts: The Belknap Press of Harvard University Press, p. 33.

② Nussbaum, Martha. (2011). *Creating Capabilities: the Human Development Approach*. Cambridge, Massachusetts: The Belknap Press of Harvard University Press, p. 33.

③ Nussbaum, Martha. (2011). *Creating Capabilities: the Human Development Approach*. Cambridge, Massachusetts: The Belknap Press of Harvard University Press, p. 33.

互动等。

4. 感官、想象力与思想。"确保公民能够以符合真正人类的方式使用感官、想象力、思考和推理能力，以一种提供并保证充分地教育的方式来获取并提升此种能力，包括但不限于文学、基础数学和科学等领域的培训。公民应能够将想象力与思维能力、自主选择的体验和生产性工作、事件、宗教、文学、音乐等能力结合起来。应能够以政治和艺术言论与宗教自由所保证的方式那样，运用自己的理念，享受快乐的经历，并避免非利益性带来的痛苦。"[1] 这表明，真正的人类生活不仅仅是关于物质需求的满足，还包括对美学、精神和智力追求的满足。这种多元化的生活体验有助于提高公民的生活质量，增强其个人的创造力和自我表达能力。政府应该提供适当和充分的资源条件，确保公民在教育和训练方面得到充分的支持，从而培养他们的感官、想象力和思维能力。这意味着政府在推动社会发展和提高公民福祉方面扮演着重要角色，通过提供必要的教育资源和机会，帮助公民发展和提升这些基本能力。

5. 情绪。"能够对位于我们自身之外的人或物有所联系。能够去爱那些关怀与照顾我们的人，并为他们的离去而感到悲伤。总之，爱的能力、悲伤的能力、体验渴望、感激的能力和合理的愤怒等情感，而不受恐惧和焦虑的困扰。"[2] 这种能力意味着我们对人类的一种畅想能力的支持，这种能力支持我们对物种间的连续性和共情能力的想象，通过理解和感受他人的情感状态，我们能够建立起一种对共同人性和生命体验的深刻认识。情绪能力的发展对于追求繁荣的生活是至关重要的，它不仅影响个人的心理健康和幸福感，还影响人与人之间的关系和社会整体的和谐。能够合理地表达和管理自己的情绪是个体发展的关键，也是社会进步和正义实现的基石。

6. 实践理性。"能够形成一种善的观念，参与个人生活规划并进行批

---

① Nussbaum, Martha. (2011). *Creating Capabilities: the Human Development Approach*. Cambridge, Massachusetts: The Belknap Press of Harvard University Press, p. 33.

② Nussbaum, Martha. (2011). *Creating Capabilities: the Human Development Approach*. Cambridge, Massachusetts: The Belknap Press of Harvard University Press, p. 33.

判性反思。"① 实践理性能力属于一种建构性的能力，它涉及个体的道德和认知发展。具备实践理性能力的个体能够理解和评估不同的价值观和生活选择，并能够在这些选择之间做出有意识和有理由的决定。这种能力也使个人能够参与到更广泛的社会、政治和道德讨论中，从而成为一个积极参与社会的公民。此外，实践理性能力的培养背后还隐含着对良知自由和宗教信仰自由的保护。这是因为实践理性不仅仅是关于理性决策的能力，也涉及个体对自己信仰和价值观的反思和体认。在这个意义上，保护和促进实践理性能力的发展也是对个人内在信仰和道德观念的尊重。

7. 依附关系。其一，"能够与他人共同生活，情感上依附于他人，承认和关心他人，参与多样化的社交活动，并能够想象自己置身于他人的情境中"②。对于这种能力的保护意味着我们保障构成这种形式的制度，并保护集会自由和政治言论自由。其二，"能够获得自尊和被当作具有同等尊严的人对待的社会基础，而不受他人的歧视。这包括反对基于种族、性别、性取向、族群、种姓、宗教和民族起源的一切形式的歧视"③。从更广泛的角度看，努斯鲍姆的依附关系观念强调了事物之间相互联系和相互依存的本质。她认为，政府有责任保障所有的社会基本条件，确保所有公民都能享受平等的待遇。这不仅涉及法律和体制结构的公正性，也包括促进社会中的相互尊重和理解。

8. 其他物种。"能够与其他动物、植物和自然界的物种共同存在，并关心它们。"④ 这是努斯鲍姆能力理论中对生态伦理和人与自然关系的重要体现。这一能力强调了人类与其他生物及自然环境之间的相互依存关系，以及人类在这一关系中的责任。我们应该也意识到我们是全世界所有存在

①　Nussbaum, Martha. (2011). *Creating Capabilities: the Human Development Approach*. Cambridge, Massachusetts: The Belknap Press of Harvard University Press, p. 33.

②　Nussbaum, Martha. (2011). *Creating Capabilities: the Human Development Approach*. Cambridge, Massachusetts: The Belknap Press of Harvard University Press, p. 34.

③　Nussbaum, Martha. (2011). *Creating Capabilities: the Human Development Approach*. Cambridge, Massachusetts: The Belknap Press of Harvard University Press, p. 34.

④　Nussbaum, Martha. (2011). *Creating Capabilities: the Human Development Approach*. Cambridge, Massachusetts: The Belknap Press of Harvard University Press, p. 34.

物之一，我们应该保持与其他存在物之间的一种依附关系，不仅仅意识到我们作为所有存在物的主体而存在，同时还应该意识到其他存在物的基础性作用。这种观点挑战了传统的以人类为中心的世界观，即人类是自然界的主宰，可以随意支配其他生物和资源。相反，努斯鲍姆提倡的是一种更加包容和尊重的态度，即人类应该意识到与其他生物和自然界的共存关系，并在实践中积极维护这种关系。这一能力的核心在于认识到人类的福祉与生态系统的健康息息相关。保护自然环境和其他物种不仅是出于道德责任，也是为了维护人类自身的生存和发展环境。这要求我们在日常生活和政策制定中考虑到对自然环境和其他物种的影响，采取措施减少对它们的破坏，并努力恢复和保护生态平衡。

9. 嬉戏。"能够去欢笑、玩耍、享受各种令身心愉悦的活动。"[①] 这一能力的提出体现了对人类生活中休闲、娱乐和精神愉悦方面的重视，显现出一个全面且平衡的人类福祉观。努斯鲍姆认为，人们生活在一个多元化的世界中，每个人都应有权利去选择那些能够带来内心最大幸福感的活动。这种选择权反映了对个人自主性和自由的尊重，意味着人们不仅仅被动地接受生活条件，而是能够主动地追求自己的快乐和满足。在这一点上，努斯鲍姆的理论与传统的功利主义和快乐主义相呼应，即强调最大化个体的幸福感和愉悦感。然而，努斯鲍姆的观点并非纯粹的快乐主义。她的理论更加关注于确保个人有能力去追求这些愉悦的活动，而不是单纯地追求快乐本身。这种能力的提供不仅涉及个人的选择自由，还涉及社会结构和条件的优化，以保证每个人都有实现这一能力的机会。

10. 支配环境。在政治方面："支配环境"的能力意味着个体"能够实质性地参与自己的政治选择，并有效地管理政治事务；能够拥有政治参与权；能够保护自身的言论自由与结社自由"[②]。这些权利不仅保障了个体的自由表达和政治参与，还是实现民主和公正社会的基石，能够有效参与

①　Nussbaum, Martha. （2011）. *Creating Capabilities：the Human Development Approach*. Cambridge, Massachusetts：The Belknap Press of Harvard University Press，p. 34.

②　Nussbaum, Martha. （2011）. *Creating Capabilities：the Human Development Approach*. Cambridge, Massachusetts：The Belknap Press of Harvard University Press，p. 34.

政治过程是实现个人自主和社会正义的重要途径。在物质方面："支配环境"的能力包括"能够持有一定数量的财产，包括不动产与动产；能够与他者平等地享有财产权和就业权；能够有免于无授权搜查和扣押的自由。在工作上，能够作为正常且平等的人参与工作，并通过发挥实践理性能力与其他员工建立相互认可的关系"①。支配环境的能力不仅仅是免受他人侵害的自由，而且是一个更加积极的概念，包括争取和维护自身权利的能力。这种能力的实现不仅促进了个体的福祉和尊严，还有助于构建一个更公正、平等和包容的社会。总之，支配环境的能力是实现个体自主和社会正义的重要方面，是努斯鲍姆核心能力理论中不可或缺的一部分。

努斯鲍姆在其能力理论中列出的各项核心能力，旨在捕捉人类生活的真实功能性活动，从而实现人的内在和外在尺度的有机统一。她提出："这十项核心能力，应该是一般的概括性目标，我们可以根据不同社会环境下对基本应享权利的期望进一步规定。无论如何，所有这些核心能力都是社会正义的最低程度的一部分。任何社会，无论其富裕程度如何，如果不能向全体公民保证这些核心能力的某种适当界限水平，则不可被视为一个完全正义的社会。"② 努斯鲍姆的这一观点深植于西方哲学的传统，尤其是在当代西方政治哲学中对正义问题的探讨。她的理论继承并发展了亚里士多德关于"好的生活"的概念，并与现代社会契约论及人权思想相融合，强调正义不仅是理论上的讨论，更关系到每个人的实际生活。通过将这些理念应用于现实世界的政策制定和社会实践中，努斯鲍姆不仅为现代政治哲学提供了一种实践途径，也为全球范围内的正义实现提供了理论支持和操作框架。

在情感和畅想的基础上，能力主体发挥其实践理性的能力，从而实现自主性选择的理想。在多元的民主社会中，人们能够自主地选择自己所追求的生活方式，并得到他人对所选择价值的平等尊重。能力理论不是从对自然中立描述开始，而是从对人类拥有的能力的伦理评估开始。因此，它

---

① Nussbaum, Martha. （2011）. *Creating Capabilities：the Human Development Approach*. Cambridge, Massachusetts：The Belknap Press of Harvard University Press, p. 34.

② Nussbaum, M. （2003）. "Capabilities as Fundamental Entitlements：Sen and Social Justice", *Feminist Economics*, 9 （2/3）, p. 39.

并不是自然主义的一种形式，而是一条独立的伦理路径。能力理论只有当人类的某种特定力量被评价为善的力量之一，且人类的尊严受到威胁时，才会出现在核心能力列表之上。这十种人类核心能力列表基于对真正的人类功能性活动的直觉性观念，根植于不同的传统，并且独立于任何特殊的形而上学或宗教观点。

正义的能力理论源于人的政治观念和对一种有尊严的生活的追求。它提供了一个构成性的核心能力列表，为不同生活方式提供了理论基础，并以普遍的规范性框架抵御相对主义的攻击。核心能力列表具有开放的结构，不断调整和优化，其最低限度的能力界限水平会随着具体情境的变化而动态调整，以适应不同的历史和文化差异。"关于界限水平的具体设定是每个国家内部的问题，各国可以根据自身历史和传统的具体情况合理设定不同的界限水平。"[1]努斯鲍姆进一步强调，核心能力列表中的每项能力都具有独立性和多样性，不能用单一标准衡量，"能力之间具有不可通约的异质性"。[2]这种独立性构成了尊重多元主义的规范，我们不能通过提供其他能力的更大比重来弥补某一能力的不足，但可以通过相互促进来提升这些能力。我们可以从沃尔夫和德－夏利特在《劣势》中的论述中看到这一点，他们以动态的视角看待能力之间的相互性和不可通约性，并提出了"能力安全"（capability security）[3]的概念。

尽管核心能力列表内容丰富，努斯鲍姆认为这一列表并不完全，而是一种平等而充分的（egalitarian-sufficientarian）框架。她的理论起源于亚里士多德对人的观念，即将人视为一种政治性动物，其主要目的在于实现与他人之间的关系。这一观点体现了努斯鲍姆理论中的一个核心思想：个人的发展和幸福不仅取决于其内在能力的实现，也依赖于与他人及社会的互动和关联。在努斯鲍姆的观点中，核心能力列表的目的不在于提供一个穷

---

① Nussbaum, Martha. (2011). *Creating Capabilities: the Human Development Approach*. Cambridge, Massachusetts: The Belknap Press of Harvard University Press, p. 41.

② Nussbaum, Martha. (2011). *Creating Capabilities: the Human Development Approach*. Cambridge, Massachusetts: The Belknap Press of Harvard University Press, p. 35.

③ Wolff, J. and A. De-Shalit. (2007). *Disadvantage*. Oxford: Oxford University Press.

尽所有人类可能发展的能力的清单，而是提出了一系列基本的、足够的能力，这些能力被认为过上有尊严的生活所必需的。这些能力涵盖了从健康、教育到政治参与和情感关联等多个方面，旨在确保每个人都能实现自己的潜能，并在社会中获得尊重和价值。

核心能力列表被设计为自由平等公民之间所达成的重叠共识的基础，包含了基本的社交性理念和共同的"人是目的"的理念，避免了关于人性的深层次形而上学定义的争议。努斯鲍姆认为，"由于政治自由主义在其理论中要求远离任何关于价值的整全性叙述，基于能力的正义理论不提供关于社会生活质量的整全性评估"①。能力路径并不涵盖政治经济的全部领域，只要求每个国家将每个公民的各项能力提高到或超过阈值水平。这一原则的核心在于尊重多元主义，并避免在理论中强加任何全面的生活方式或价值观。政治自由主义认为，在多元化的现代社会中，不同的人可能持有不同的价值观念和生活目标，因此政治理论应当避免确定某一种具体的"最好"的生活方式。

然而，这种方法也有其局限性。由于它不提供关于社会生活质量的整全性评估，有时可能无法充分解决一些复杂的社会问题，特别是在涉及价值冲突和优先权的问题上。此外，这种方法可能无法提供指导如何在不同能力之间做出权衡和选择的具体准则。由此我们可以发现，努斯鲍姆的核心能力理论强调了人们过一种有尊严生活所必不可少的能力，但并未具体指明如何实现这些能力。它是对人类能力的规范性理解，需要在具体社会环境中实现，这需要对社会是如何组织和运作的问题进行社会化分析。此外，努斯鲍姆强调能力路径并不是一个关于人性的解释性的理论，而是一种评价性的理论，它只是用来评价哪些人类活动是真正具有价值的。其引入是为了政治目的，而非宗教对人的划分的形而上学的观念，特别是关于人的尊严的观念与人的不可侵犯性的观念是直觉性理念的核心。总体来说，努斯鲍姆的基于能力的正义理论在尊重多元价值观和文化差异的同时，为实现普遍性的正义标准提供了框架。这种方法在理论上具有广泛的适用性，但

---

① Nussbaum, Martha. (2011). *Creating Capabilities：the Human Development Approach*. Cambridge, Massachusetts：The Belknap Press of Harvard University Press, p. 19.

在实践中可能需要进一步的细化和适应不同的具体情境。

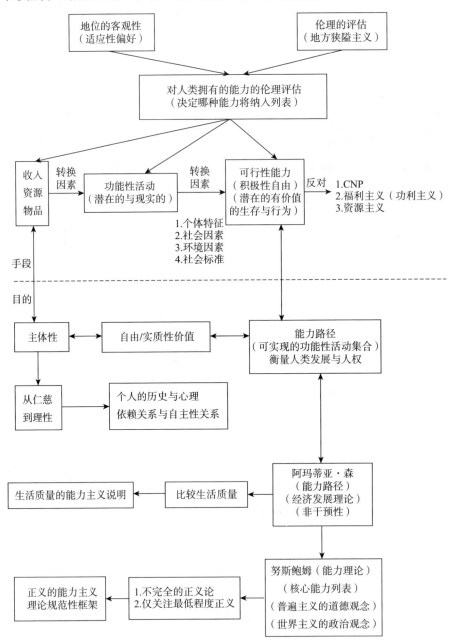

图 1-3　能力路径逻辑关系

第二章
努斯鲍姆对罗尔斯三大未解难题的延伸

努斯鲍姆发现罗尔斯正义论的契约论基础对正义的描述存在严重缺陷。虽然契约论在处理民主社会中正常合作成员之间的社会、政治和经济正义问题上具有优势，但当扩展到残障人士、跨国正义以及非人类动物时，罗尔斯式的契约论对这些问题的解决是不充分的。传统的社会契约论假设了大致平等的地位和互利的动机，导致社会正义理论无法覆盖一些社会边缘群体和现象。因此，努斯鲍姆将能力路径应用于正义领域，形成了独特的正义的能力理论，以此来批判罗尔斯式的正义理论。一个恰当且完美的正义理论不仅应重视身体残疾和认知障碍的边缘群体，还应从关注国内不平等延伸到关注国际和物种之间的不平等。考虑到世界生命形式的多样性和异质性，努斯鲍姆主要针对罗尔斯提出的残障人士、跨国正义和非人类动物问题所引发的挑战，构建了自己独特的能力路径，通过十项核心能力列表展开能力平等之路。在此基础上，努斯鲍姆对罗尔斯的正义理论进行了补充与延伸，并阐述了自己的正义能力理论及其应用领域。

第一节　努斯鲍姆对罗尔斯式正义论的批判

一　罗尔斯式正义论的理论内涵

约翰·罗尔斯在 1971 年出版的《正义论》这部经典著作，不仅对当代世界的哲学和政治经济学产生了深远影响，而且从根本上改变了我们对社会公平和正义的思考方式及其在政策指导中的应用。在当代政治哲学的发展过程中，学者们既沿着罗尔斯的研究方向深入探究，也对他的正义理论进行了持续的批判性思考。正如罗伯特·诺齐克指出的："哲学家要么必须与罗尔斯的理论合作，要么解释为什么不合作。"[1]

罗尔斯的理论提供了一种关于正义的新视角。在他看来，社会决策理论的基础应当建立在公民的平等价值、公平参与和协议之上，从而赋予政治原则以正当性。基于康德式的义务论观点，罗尔斯拒绝功利主义，不再将理性行为仅视为一种自利行为，而是将人视为目的本身，而非仅仅达成某种目的的手段。这种观点强调了"正当优于善"的原则。罗尔斯还从政治自由主义的立场出发，批判了直觉主义和完备主义，致力于提出一种以平等为核心的政治正义理论。

罗尔斯在其方法论上巧妙地融合了经济学的"成本—效益"分析模型和哲学的深刻见解，从而构建了一个关于社会正义的独特理论框架。他将社会主体定义为既自由又平等的理性个体，并通过"无知之幕"的概念来确保在构建民主社会的正义制度时，理性主体不受个人利益的干扰。罗尔斯认为："全体公民应被视为具有最低程度的道德能力，使他们能够平等地参与社会生活并从事终身的社会合作。"[2] 在这个理论框架下，"无知之幕"确保全体公民只有在对所有人都公平的情况下追求自身利益的愿景才能实现。

在罗尔斯的理论中，处于"原初位置"的公民专注于提升自身的善，因为在这个假设的情境中，每个人都是利己的追求者。由于个体不得不从一个社会整体最公平且最独立的角度出发来考虑这些原则，因此在原则的构建中不包含任何特定于他人的规定性要求。罗尔斯强调："为了使社会各个层面的条件都成为公平的条件，首先必须确保全体公民能够合理地认可并接受这些条件。这意味着，全体公民应以自由和平等的方式接受这些条件，而非处于被支配或被压迫的状态。"[3]

---

[1] Nozick, Robert. (1974). *Anarchy, State, and Utopia.* New York: Basic Books, p. 183.

[2] ［美］约翰·罗尔斯：《作为公平的正义——正义新论》，姚大志译，上海三联书店2002年版，第77页。

[3] Rawls, John. (2009). *A Theory of Justice.* Cambridge, MA: Harvard University Press, p. 49.

在司法程序中，为了确保公民是出于自愿而做出的选择，要求任何缔约方不能仅根据自身利益来调整原则，而是应通过公平条件下的司法模拟程序来达成共识。罗尔斯将"无知之幕"（Veil of Ignorance）与"原初位置"（Original Position）相结合，将正义的原则定义为"在人们不知道自己是否会因社会或自然的偶然事件而处于有利或不利地位的情况下，理性人会平等地同意遵守的原则"①。罗尔斯预期，处于"原初位置"的人会选择自由的原则来保护个人的平等权利和自由，并确保每个人都能平等地分享社会财富，以追求各自的目标。

在公平的条件下，罗尔斯精心构建了两个原则来管理社会的基本结构，以确保公正的社会制度。这两个原则分别是自由原则和平等原则，它们在罗尔斯的理论体系中占据核心地位。第一原则是自由原则，它要求"每个人都应该享有平等的应得权利去拥有最广泛意义上的基本自由权；同时，个人所享有的基本自由权与其他每一个人所享有的同类型的基本自由权相容"②。在多元化的社会中，每个公民都应平等地享有基本的自由权利，不能以牺牲基本自由来换取更大的繁荣，也不能剥夺他们的基本自由以符合其他社会成员的利益。重点是要确保公民的平等自由不受侵犯，包括良心自由、言论自由、政治参与自由和信仰自由等。

第二原则是平等原则，包括差别原则和机会公平平等的原则。差别原则要求"所有人享有公平的机会平等，并只允许那些对最不利者最有利的差别存在，且必须与公平救济原则（just savings principle）相容"③。机会公平平等的原则要求"所有职位和地位必须在公平的机会平等下对所有人开放"④。公平救济原则从属于差别原则，意在提供一种约束以及补充，以

---

① Rawls, John. (2001). *Justice as Fairness: a Restatement.* Cambridge, MA: Harvard University Press, p. 42.

② Rawls, John. (2001). *Justice as Fairness: a Restatement.* Cambridge, MA: Harvard University Press, p. 42.

③ Rawls, John. (2001). *Justice as Fairness: a Restatement.* Cambridge, MA: Harvard University Press, p. 43.

④ Rawls, John. (2001). *Justice as Fairness: a Restatement.* Cambridge, MA: Harvard University Press, p. 43.

减少给子孙后代带来的不利的影响。由此可以看出，罗尔斯所提出的公平救济原则为代际正义问题的解决奠定的基础。罗尔斯认为我们对后代负有责任，即"积蓄充足的有形资本以持续地维持一个公正的制度"①。如果差别原则没有这种代际要素，就可能剥削下一代劣势群体来施惠于当前的劣势群体。罗尔斯承认社会存在经济不平等，但不能使处于最不利的人处境更糟，差别原则的目标是使劣势者得到更好的条件，同时不损害优势者的既得利益。第二原则的核心是实现均富，即平等的、尽可能最大范围内的财富分配。

罗尔斯的正义两原则之间存在词典式的次序，即第一原则（自由原则）优先于第二原则（平等原则）。这意味着，我们不能为了追求更大的社会和经济利益而违背平等自由制度。首先必须确保每个人都能享有平等的自由，然后再考虑资源的分配问题。综上所述，罗尔斯的两个原则为建立公正社会提供了明确的指导原则。通过这些原则，罗尔斯旨在实现一个既保障个体自由又能确保社会公平的理想社会，强调自由和平等的重要性及其在社会制度中的优先地位。这些原则不仅深刻反映了罗尔斯对公平和正义的哲学思考，也为当代社会提供了一种理想化的社会构建模型。

为了在多元化社会中达成共识，以至于可以得到不同整全性学说人的认同，罗尔斯从政治自由主义的立场出发，构建了一种程序化的正义理论。罗尔斯不同意康德观点中的形而上学成分，他认为"政治的正义观念可能成为持有不同的、合理的、整全的学说的人之间重叠共识的焦点"②。具体而言，他首先通过对应在何种条件下选择正义原则的共同假设来构建正义的起始环境。其次，为了确保我们所选择的原则能够捕捉到判断中最核心、最稳定的部分，我们需要不断修改对原初位置的描述，或者对经过深思熟虑的判断进行修改，以使当前情境中产生的原则与最初环境中构建的原则相一致，从而实现一种反思性平衡（Reflective Equilibrium）。这是一种方法论，旨在寻找和调整我们的道德直觉、原则以及判断之间的一致

---

① Rawls，John. （2001）. *Justice as Fairness：a Restatement.* Cambridge，MA：Harvard University Press，p. 44.

② Rawls，John. （2005）. *Political Liberalism.* New York：Columbia University Press，p. 134.

性和协调性，从而达到一种平衡状态。这个过程包括对我们的道德直觉进行反思和批判性考察，以及对道德原则的评估和修正，以确保它们之间的相互一致性。

罗尔斯的政治哲学思想，尤其是在《正义论》和后续作品中展现的、致力于构建一种基于先验制度结构分析的理想正义概念，试图揭示一种理想的社会结构，其中"正当"（the Rightness）优先于"善"（the Goodness），这一点在他提出的正义两原则中得到了明确的体现。这两个原则旨在调节社会基本结构，确保个人自由的最大化和社会经济不平等的合理化，从而促进一个更加公正和平等的社会。罗尔斯将正义视为公平性的原则，并借助原初状态和无知之幕的思想实验，提出理性自利的个体会选择保障基本自由和机会平等的原则，即便这意味着可能牺牲个别人的最大利益。这种方法强调通过普遍适用的正义原则来调节社会基本结构，而非追求某一特定的善的观念。在进一步的作品中，罗尔斯发展了政治自由主义的概念，强调正义的政治观念作为一种"合理的"（Reasonable）而非"真实的"（True）构想。这意味着，尽管不同的个人和群体可能对于何为善有着根本的、不可调和的看法，但他们可以就正义的原则达成一种"重叠共识"（Overlapping Consensus）。重叠共识是一种政治上的共识，它允许不同的道德、哲学、宗教观念在保持自身完整性的同时，就维持社会基本正义结构的原则达成一致。罗尔斯的这一理论框架试图解决现代多元社会中的道德和政治冲突，通过寻求不同观念系统之间的共识来促进社会稳定和和谐。这种方法既承认了道德和文化多元性的现实，又提供了一种通过正义原则调和不同观点的途径。

二　努斯鲍姆对罗尔斯式正义论的回应

约翰·罗尔斯的正义理论，尽管在政治哲学领域内提供了深刻且具有影响力的见解，但在处理残障人士、跨国正义与非人类动物问题方面，却展现出一定的局限性。这些局限性主要源于罗尔斯契约主义理论的四个核心特征。

首先，从契约签订的主体来看。传统的社会契约论构建了一种完全理想化的"原初位置",其中各方的能力大致平等,并且具有一定的生产性经济活动能力。每个人都是完全合作化的社会资格成员,因此每个人都具有理想化的理性,没有人能够支配他人。然而,努斯鲍姆指出:"所谓的大致平等严重忽视了那些身体残疾与认知障碍的边缘公民,以至于他们未能被视为公共领域的一部分。当这种现象变得不可避免时,这一问题将变得更加严峻。"① 如果我们仅仅将罗尔斯的正义理论视为一种关于资源分配的决策程序理论,那么它在确保分配公正性方面或许是正确且充分的。然而,当我们试图将正义理论作为一种伦理判断的基础,用以指导我们对待社会中所有成员,特别是最弱势群体的态度和行为时,单纯依赖于这种分配正义的框架显然既是不正确的,也是不充分的。

其次,从契约签订的动机来看。社会契约被构想为一种为共同利益而签订的契约,各方聚集在一起是为了制定对所有人都有利的原则。尽管"无知之幕"在一定程度上对各方有一种道德约束,但在签订契约中起决定性作用的仍然是互利性。努斯鲍姆对这一经典社会契约论进行了深入分析,并将其与斯坎伦的契约论进行了区分,斯坎伦的契约论"深受康德伦理契约论的启发"②,康德的伦理学强调道德法则的普遍性和理性主体的自律性,而斯坎伦则尝试将这种伦理学理念应用于社会契约的框架中,提出了一种更为理性和道德的社会契约理论。

再次,从社会契约签订的条件来看。罗尔斯将那些具有自由、平等、独立特质的个体视为构建社会契约的主体,将这些具有某些自然特征的人视为平等性和公正性的基础。这一理念在理论层面上无疑是高尚且吸引人的,因为它强调了每个人在社会中的固有价值与权利。然而,问题在于,这种设定在现实操作中如何应对那些因残疾、社会经济地位或其他因素而处于明显不利地位的个体。事实上,这些人群在社会、经济或政治资源的获取上面临重大障碍,这不仅削弱了他们作为平等参与者的能力,而且也在根本上质疑了社会契约理论对于普遍性和包容性的承诺。

---

① Nussbaum, Martha. (2006). *Frontiers of Justice: Disability, Nationality, Species Membership.* Cambridge, Massachusetts: London, England. The Belknap Press of Harvard University Press, p. 98.

② Scanlon T M. (1998). *What We Owe to Each Other.* Harvard: Harvard University Press, pp. 5 – 6.

最后，从契约签订的对象来看。契约签订者并不等同于契约签订的对象。罗尔斯通过构建正义环境，即原初位置的概念，试图确保契约的公正性。处于原初位置的全体公民（即契约签订者）在选择正义原则时，被设想为仅仅是自身利益的追求者，这是因为"无知之幕"的存在使他们无法知晓自己未来的社会地位或个人利益。因此，他们在选择原则时会寻求最大化自身的利益，但由于他们对自己的具体情况一无所知，这种利益追求实际上促成了对所有人利益的考虑。这里的关键区分在于，契约签订者是一种理论上的构造，是决策过程中的抽象参与者，而契约的对象则是现实世界中将受到这些决策影响的具体个体和群体。契约签订者并不等同于契约对象，因为前者是通过一种理想化的过程来代表后者的利益，而不是直接代表所有人的真实利益。这种区分体现了罗尔斯试图在理论设计中平衡个人利益与公共正义之间的关系，以及如何在理想化的框架内考虑现实社会的复杂性。因此，我们面临一个结论性困境："要么有认知障碍的人不存在正义问题，或者我们应该说，作为公平的正义并没有提供一个完整的社会正义理论，我们应该思考理论的改进之处，以使理论能够进一步发展。"①

由于罗尔斯试图将康德的道德元素与古典契约主义的概念混合在一起，因此，罗尔斯的正义理论具有混合性。努斯鲍姆在批判罗尔斯正义理论时主要关注以下几个方面。首先，在罗尔斯的理论模型中，身体残疾与认知障碍的个体由于缺乏充分的理性能力而无法获得同等的公民身份。罗尔斯正义社会的界限仅仅涵括社会中完全合作的成员，对于残障人士问题，推迟至衍生阶段再去解决。这种解决方式未能充分满足残障人士的需求，并没有将对他们的责任视为正义概念的一部分，人权与人性尊严的平等在理论构建之初就已经遭到严重的破坏，最终也使得认知障碍者和身体残障者被社会制度边缘化。

其次，即使在罗尔斯差别原则的情况下，"最弱势群体指的不是身体

---

① Nussbaum, Martha. (2006). *Frontiers of Justice: Disability, Nationality, Species Membership*. Cambridge, Massachusetts: London, England. The Belknap Press of Harvard University Press, p. 135.

残疾与认知障碍，而是处于正常功能范围内的人，他们的基本社会善指数最低"①，对于残障人士的问题也仅仅是出于一种仁慈而非正义。努斯鲍姆认为："身体残疾者与认知障碍者并不是完全没有生产力，当社会创造条件让他们发挥自身的能力时，他们会以不同的方式对社会作出贡献，所以社会契约论者对社会合作的理解是有误的。"②

在跨国正义问题上，社会契约论与全球化契约策略都致力于构建一种制度化的道德分析，但"对于国家及其基本结构的重要性缺乏深入讨论"③。此外，以"民族—国家"为基本单位来构建全球秩序，罗尔斯的国际正义理论忽视了每个人的不可侵犯性，这是罗尔斯国内正义理论的核心。④ 人们为了互利而签订某种全球协议，但这种对全球等级结构的预设忽略了全球经济秩序的强制性与渗透性。

在非人类动物问题上，由于继承休谟式正义环境的描述，罗尔斯式的正义理论在其理论构建之初，将正义理论的应用范围仅限于人类范围领域，将非人类动物排除在正义主体的范围之外，采取一种康德式的立场。"快乐和痛苦的感受能力以及动物所具有的生命形式的能力显然赋予了它们同情和人性的义务"⑤，我们对动物并不负有直接的义务，而只是出于同情或仁慈，或者将动物问题置于在社会整体结构建构完成之后再解决，这仅仅是一种间接的义务。相较而言，努斯鲍姆认为"应该关注非人类动物能够过一种有尊严的生活，在这种生活中，它们能够通过行使物种特有的能力而实现繁荣的发展"⑥。

在现代政治哲学领域，努斯鲍姆和罗尔斯的理论确实代表了两种不同

① Rawls, John. (2009). *A Theory of Justice.* Cambridge, MA: Harvard University Press, p. 83.

② Nussbaum, Martha. (2006). *Frontiers of Justice: Disability, Nationality, Species Membership.* Cambridge, Massachusetts: London, England. The Belknap Press of Harvard University Press, p. 105.

③ Nussbaum, Martha. (2006). *Frontiers of Justice: Disability, Nationality, Species Membership.* Cambridge, Massachusetts: London, England. The Belknap Press of Harvard University Press, p. 243.

④ Nussbaum, Martha. (2006). *Frontiers of Justice: Disability, Nationality, Species Membership.* Cambridge, Massachusetts: London, England. The Belknap Press of Harvard University Press, p. 253.

⑤ Rawls, John. (2009). *A Theory of Justice.* Cambridge, MA: Harvard University Press, p. 448.

⑥ Nussbaum, Martha. (2006). *Frontiers of Justice: Disability, Nationality, Species Membership.* Cambridge, Massachusetts: London, England. The Belknap Press of Harvard University Press, p. 326.

的正义观。这两位哲学家的理论在关注点、方法论和正义理解上有显著差异。努斯鲍姆批判罗尔斯的契约主义，认为在"原初位置"的利益选择中忽视了人类的多样性和不同需求。努斯鲍姆认为，罗尔斯的理论过于侧重于理性选择和利益平衡，而忽略了人的不同能力和实际情况。她的核心能力理论强调实现每个人的基本能力是正义社会的关键。这些能力包括健康、教育、情感、参与政治生活等，她认为这些是实现有尊严生活的必要条件。努斯鲍姆的理论更注重实现个体的全面发展和福祉，特别强调对弱势群体的关注。

罗尔斯在《正义论》中提出的"原初位置"构想旨在从相互无利害关系的人的理性协议中得出道德原则。他的理论试图通过一个抽象的思想实验来确定正义的原则，这个实验假设个体在"无知之幕"后做出选择，不知道自己在社会中的地位。这种方法旨在保证公平和客观，但正如巴里（Brian Barry）等评论家所指出的："罗尔斯试图从相互无利害关系的人的理性协议中得出道德原则是错误的。即使在罗尔斯式原初位置嵌入道德化的选择条件的方法是不充分的。"① 他认为，罗尔斯的理论忽视了个人对资源的不同需求，以及个体将资源转化为有价值功能活动的不同能力。巴里的批判强调了罗尔斯理论在考虑个体差异和实际情况方面的不足，正义理论应该充分考虑到社会和经济不平等的现实，以及个体在不同社会环境中的具体需求和能力。

相较之下，努斯鲍姆的能力理论深受亚里士多德哲学和人文主义思想的影响，强调了关于人性、主体性和尊严的直觉性观念，相较于社会契约论式的正义论，能更好地解决社会公平与正义问题。其次，努斯鲍姆的理论强调的是所有物种在本质上的大致平等，而非所有物种的所有方面都处于绝对平等的状态。努斯鲍姆认为："所有公民，无论其认知能力如何，都应有机会在其条件允许的范围内发展各种人类力量，并享受相应的自由

---

① Barry, Brian. (1989). *A Treatise on Social Justice*. Berkeley：University of California Press. pp. 335–340.

与独立。"① 这表明，平等性不应仅仅基于主观状态和资源的数量来衡量，而应以个体的实际行为和状态为标准。进一步，努斯鲍姆对罗尔斯的批判强调了"罗尔斯的模型通过衡量各方在资源分配中的优势和劣势，忽略了一个重要事实，即个体对资源的需求和将资源转化为有价值的功能性活动能力也存在差异"②。最后，努斯鲍姆认为，社会合作的终极目的应该是追求一种有尊严、值得过的生活，这与罗尔斯的互利性动机有本质的区别。这一观点强调了人的尊严和价值，为我们理解社会正义和公平提供了更为深刻的哲学视角。

第二节　努斯鲍姆对残障人士问题的延伸

一　关怀：情感依恋与导师式关系

亚里士多德式的人性观意味着，我们无法超越动物性而过上一种真正属于人类的生活。正如努斯鲍姆所言："由于人是一种政治性动物，在生命的某些阶段对他人的依赖是不对称的，有些人在一生中始终处于这种不对称的依赖状态。"③ 人是一种社会性动物，这使得我们注意到，人类在生命的不同阶段会有不同的生活形式，我们在每个特定阶段会显现不同程度的依赖性。

努斯鲍姆在《欲望的治疗》一书中探讨了希腊化时期的哲学，特别是斯多葛主义、伊壁鸠鲁主义和怀疑论如何对人类生活中的深层需求和紧迫困惑提供解答。根据努斯鲍姆的观点："所有人在一生中或多或少都是脆弱的、依赖他人的，我们一开始都是依赖他人的婴儿，但是到最后往往以

---

① Nussbaum, Martha. (2006). *Frontiers of Justice: Disability, Nationality, Species Membership.* Cambridge, Massachusetts: London, England. The Belknap Press of Harvard University Press, p. 218.

② Nussbaum, Martha. (2000). *Women and Human Development: the Capabilities Approach.* Cambridge New York: Cambridge University Press, p. 68.

③ Nussbaum, Martha. (2006). *Frontiers of Justice: Disability, Nationality, Species Membership.* Cambridge, Massachusetts: London, England. The Belknap Press of Harvard University Press, p. 89.

其他形式的依赖而告终。"① 在此过程中，我们也应该看到依附关系的多样性。虽然生产力更强的人会更容易获得他人的尊重，但是追求生产力并不是人类生活的最重要且唯一的目标。当我们对待那些身体残疾与认知障碍的人时，不应仅仅考虑一种经济形式上的利益，我们应该培养一种具有道德性的社会合作观念，尝试去接纳这种特殊边缘的群体，因为我们这样做的行为本身就是一种善。

为了过一种有尊严的、值得过的好的生活，我们要重视"外在善""理性沉思"与"非理性因素"对我们生活的影响。在尊重合理的多元主义的基础上，通过公正而合理的社会安排，能够缓解运气对人类生活所带来的各种影响。我们不能仅仅依照一种理想化的理性标准来构建正义的原则，还应该重视"情感依恋"在此过程中所起的作用。她强调教育的目标应该是培养具有敏感性和理解力的世界公民，并强调艺术和文学在培养同情想象力方面的重要作用。

努斯鲍姆的哲学思想受到亚里士多德的显著影响，特别是在关于人的本性、幸福和能力的论述上。她认同亚里士多德的观点，即人的良好生活取决于品德的卓越，但也指出这种稳定性是有限的，因为人与人之间的关系（如公民身份、友谊、爱情等）使我们容易受到损失的影响。努斯鲍姆进一步发展了亚里士多德的观点，强调人对幸福的追求不应受性别或社会地位的限制，每个人都有同等的需要和权利去追求幸福。她的哲学不仅仅是为了哲学家自己，而是要与现实世界相结合，通过其独特的方法和技能发挥社会和政治功能。总的来说，努斯鲍姆的哲学思想强调人性的多样性和复杂性，她的作品具有回归经典文本、重新评价和适应当代目的的特点。在政治思想上，对人类生活核心价值——如爱情、友谊、关系和社区——的识别上，以及她对功利主义的摒弃和能力方法的发展上。

考虑到家庭领域中所包含的情感具有复杂性特征，其中的情感不仅是前契约式的情感或自然式情感，还是一种社会经济式的家庭情感。因此，

---

① Nussbaum, Martha. (2006). *Frontiers of Justice：Disability, Nationality, Species Membership*. Cambridge, Massachusetts：London, England. The Belknap Press of Harvard University Press, p. 182.

能力路径反对古典社会契约论关于公共领域与私人领域之间的自由区分。努斯鲍姆认为："家庭本身是一种被法律体系与社会体制以最基础的方式来定义与塑造的政治机构。"[①] 其实质就是把家庭看作具有政治属性的公共领域，而不仅仅是原有意义上的私人领域，将家庭视为社会基础结构的必要组成部分，有助于我们关注家庭内部资源和机会的公正分配。

此外，在当下社会生活现状中，我们不可否认的情况是，大多数的关怀工作都是由女性提供支持。女性在家庭内所付出的劳动不被视为一种正常意义上的社会劳动，对于残障人士的关怀工作，并未得到应有的报酬，而且在很大程度上难以获得社会上的尊重与认同，由此也会引发关于性别正义等相关的社会正义问题。正如女权主义学者代表卡罗尔·吉利根（Carol Gilligan）基于劳伦斯·柯尔伯格（Lawrence Kohlberg）道德发展理论的批判，吉利根认为柯尔伯格的理论存在性别偏见，忽视了性别差异和文化背景对道德判断的影响。吉利根在 1982 年出版著作《不同的声音：女性发展的心理学和道德观》，提出了"关怀伦理学"（ethic of care）[②]，她认为，传统的道德发展理论过分强调正义和公平，而忽略了人际关系和关怀是道德决策的核心要素，对于健康关怀与其他形式的关怀是使得所有人获得可能性福祉的核心善。

与此同时，为了赋予残障人士平等性的尊严与尊重，人权倡导者提出我们必须重新定义"独立性"的概念。传统上，"独立性"常被理解为个体自给自足、自主决策、无须他人帮助或支持的状态。然而，这一定义对于许多人来说是不切实际的，尤其是对于残疾人士、老年人和其他依赖他人帮助的群体。人权倡导者强调，独立性应被理解为能够根据自己的意愿选择生活，而不是完全脱离他人的帮助。这意味着独立性包括获得必要的支持和资源，以便个体能够实现自己的潜能和目标。换句话说，独立性不仅仅是物质自足，更重要的是拥有自主权和控制自己生活的能力。此外，

---

① Nussbaum, Martha. (2006). *Frontiers of Justice: Disability, Nationality, Species Membership.* Cambridge, Massachusetts: London, England. The Belknap Press of Harvard University Press, p. 105.

② Gilligan, C. (1993). *In a Different Voice: Psychological Theory and Women's Development.* Cambridge, Mass.: Harvard University Press.

重新定义独立性还强调社会对所有成员的包容性和平等性。社会应为个体提供必要的支持和机会，以便他们能够参与社会生活并实现自己的目标。这包括提供适当的医疗护理、教育机会、无障碍设施和合理的工作安排等。努斯鲍姆也提出："我们应该削弱对人性概念的解释，它只须从一个或多个人类父母那里出生，再加上某种感知能力和积极奋斗的能力，即使某些人的核心能力需要同代理人或监护人来共同辅助执行，那么这些人仍应被视为完全平等的公民，并应该平等地享有核心能力。"① 通过重新定义独立性，人权倡导者呼吁社会重新思考如何更好地支持所有人的权利和尊严，无论他们的身体状况或社会地位如何。这一观点不仅是对传统独立性概念的挑战，也是对社会正义和包容性的深刻关注。

在这一框架下，独立性也与相互依赖和社会责任联系在一起。个体的独立性受到社会结构、文化价值观和政策决策的影响。因此，为了促进真正的独立性，社会需要促进平等、尊重多样性和提供全面的支持系统。核心能力列表为关怀者与被关怀者之间的公共政策提供了重要的参考标准，我们可以"通过强调关怀的重要性，并最终实现了社会认同"②。关怀者与被关怀者之间形成的有价值的情感依恋关系使人们相互理解、共情和尊重。正是这种情感的共享，使得社会认同成为可能。我们不仅要考虑被关怀者能力的实现，还需要考虑关怀者所付出的劳动和尊重，以支持所有人的全面自由发展。在这个过程中，我们不可避免地会遇到一些情况，例如，一个坐在轮椅上的人与一个正常活动的人之间的能力差异可能存在，但他们可能具有相同的生产经济能力。无论我们为坐在轮椅上的人提供多少资源的补偿，他们仍然无法充分甚至高效地利用公共空间。尽管我们可以通过协助的方式缓解这些问题带来的矛盾，但我们无法从根本上解决。为了建立一个新的灵活性制度和道德原则，能力路径提出公共政策的主要目标应该是实现工作场所的转型，协调公共部门、教育系统和工作场所之间的关

---

① Nussbaum, M. (2009). The capabilities of people with cognitive disabilities. Metaphilosophy 40 (3 –4), pp. 331 –351.

② Nussbaum, Martha. (2006). *Frontiers of Justice: Disability, Nationality, Species Membership.* Cambridge, Massachusetts: London, England. The Belknap Press of Harvard University Press, p. 165.

系。例如，政府可以制定灵活的工作时间政策，允许部门之间的兼职工作，并提供兼职工作机会，以吸引技能较高的劳动者参与多领域合作。此外，在社会性服务方面，"重新设计社会结构是尊严和自尊的核心"①。对于残障人士来说，他们需要一种非典型的社会安排，"政治安排是实现好的生活的必要条件"②，其费用应该由国家、市场、公共基金共同承担。

通过整合公共空间、公共教育和相关公共政策领域，一个体面的社会应该能够支持我们多元化的生活，并将其完全纳入我们对一种有尊严的好的生活的追求之中。"由于我们在法律体系中强调了公民教育中的社交性理念，所以在公共政策制定与执行过程中，对于残障人士而言，首要解决的问题应该是监护权问题。"③ 这种合法的监护人关系不再关注一个人因为身体或精神原因而不能做到的事情，而是旨在提升这个人获得核心功能性活动的能力。因此，我们更多的是关注于让身体残疾与认知障碍的人能够尽可能地依照其自己的想法自主地选择。为了寻求监护权的社会性服务与合法性结构，努斯鲍姆提出了导师式关系（mentorship），这种关系是监护者经过同意行动，并且其权利和义务与律师的角色相似。我们可以为每个残障人士提供一位定期的联系人，形成一种伴侣式的陪同关系，以个体化的协助方式保障所有残障人士的权利。但是，这种方式只适用于个体化需求，也是特殊人群获得核心能力的途径之一，其费用应由政府和市场共同支付。然而，这种方法存在不充分性，最终决策是由信托者（trustee）还是残障人士决定是有争议的。努斯鲍姆指出："在决策实施的程序化过程中，我们应遵循四个原则，包括必要性原则、灵活性原则、自决原则和权利保护原则。"④ 在司法上，将会采取多样化的程序性保障措施，包括一对

---

① Nussbaum, Martha. (2006). *Frontiers of Justice: Disability, Nationality, Species Membership.* Cambridge, Massachusetts: London, England. The Belknap Press of Harvard University Press, p. 164.

② Nussbaum, M. (1992). "Human Functioning and Social Justice", In Defence of Aristotelian Essentialism. *Political Theory*, 20 (2), pp. 202–246.

③ Nussbaum, Martha. (2006). *Frontiers of Justice: Disability, Nationality, Species Membership.* Cambridge, Massachusetts: London, England. The Belknap Press of Harvard University Press, p. 165.

④ Nussbaum, Martha. (2006). *Frontiers of Justice: Disability, Nationality, Species Membership.* Cambridge, Massachusetts: London, England. The Belknap Press of Harvard University Press, p. 198.

一面谈、诉讼程序的监督和监护期限的限制，通过培养公民的关怀和同情情感，缓解人类多样性之间的矛盾。

二　个性化教育

努斯鲍姆的教育理念强调了教育在促进个体内在能力发展、培养批判性思维、提高情感智慧和道德判断能力以及培养全球视野和多元文化理解方面的重要性。通过提倡苏格拉底式的批判性思维，强调教育应采用苏格拉底的对话和质疑方式，促进学生进行深层次的思考和自我反思。这种方式鼓励学生提出问题、挑战现有观点，并通过批判性思维形成自己的见解。她认为教育的目标不仅仅是传授知识，更重要的是培养个体的内在能力，如批判性思维、情感理解和道德判断能力。这种教育理念强调个体的全面发展。努斯鲍姆倡导教育应培养学生的世界公民意识，即对全球问题的关注和理解，以及对不同文化和价值观的尊重和包容。她认为，在全球化时代，这种意识对于培养有责任感和同理心的公民至关重要。努斯鲍姆强调文学和艺术在教育中的作用，特别是在培养情感智慧和同理心方面。通过阅读文学作品和接触艺术，学生能够体验不同的生活方式和观点，从而增进对他人经历的理解和共情。这些理念在当今多元化和全球化的社会背景下显得尤为重要和有价值。

在讨论社会正义目标的制定时，我们必须警觉于不同核心能力列表或能力水平界限的应用可能对处于社会边缘的群体带来潜在风险甚至不公正，如身体残疾和认知障碍者、老年人、儿童和女性等。然而，我们也不能过于理想化地设定目标，而忽视了现实情况下的困难和代价，特别是对于那些有严重身体残疾和认知障碍的人来说，达到高水平的功能性活动可能是困难的。因此，在制定公共政策时，我们应该重点关注提升现实中的功能性活动作为合适的目标。在努斯鲍姆看来，"能力路径是一种关于基本权利的不完全性政治学说，而不是一个整全性的道德学说"①。这意味着

---

① Nussbaum, Martha. (2006). *Frontiers of Justice: Disability, Nationality, Species Membership.* Cambridge, Massachusetts; London, England. The Belknap Press of Harvard University Press, p. 98.

社会合作的宗旨不仅仅是基于互利，更重要的是促进每位公民的尊严与福祉。关于人性尊严与社会融入的问题，罗尔斯认为应该置于衍生阶段来解决，即推迟至社会基本原则设计完毕之后再考虑。但从根本上来看，社会基本政治结构本身就应当包含对人性尊严和社会融入问题的考量，我们必须在政治基础结构的构建之初便将所有情形纳入考虑。

在法律执行过程中，我们可能会面临各种形式的情况。因此，我们需要重新深入阐释社会合作的内涵和政治原则的目标，以批判传统的社会契约论。努斯鲍姆认为："个人主动地离开自然状态并与他人共同生活，不是因为达成更有利的协议，而是因为我们无法想象在缺乏共同目标和共同生活的情况下会过得更好，与他人共同生活，并以仁慈和公正对待他人，是所有人出于政治目的所认同的公共理念的一部分。"① 我们对于事物的一般认知与观念并不是天生的，而是被教的，我们可以通过后天的学习、训练而获得对于普遍事物的认知。因此，"我们应该更加关注于教育领域，尤其是那些身体残疾与认知障碍的儿童在接受教育的过程当中所遇到的问题"②。教育是培养人性的重要手段，对性格塑造、价值观形成和人的发展起着不可忽视的作用。在教育过程中，公民的非完全性认知潜力得到最大程度的实现，从而确保公民在特定范围内获得平等参与有意义社会实践活动的机会。

为了重新建构一种现代化的教育体系，努斯鲍姆提出了"个体化的教育方案"（Individualized Education Program）。首先，我们应该"鉴别与定位那些需求未被完全满足的儿童群体"③。在解决儿童群体的教育需求问题时，应该以公民的实际性需求为导向，通过筛选区分哪些问题是被解决的，哪些问题是仍待解决的，我们重点关注于儿童群体的个体化需求倾向。其次，我们应"为父母在处理和评估儿童决策过程中提供程序上

---

① Nussbaum, Martha. (2006). *Frontiers of Justice: Disability, Nationality, Species Membership.* Cambridge, Massachusetts: London, England. The Belknap Press of Harvard University Press, p. 158.

② Nussbaum, Martha. (2006). *Frontiers of Justice: Disability, Nationality, Species Membership.* Cambridge, Massachusetts: London, England. The Belknap Press of Harvard University Press, p. 165.

③ Nussbaum, Martha. (2006). *Frontiers of Justice: Disability, Nationality, Species Membership.* Cambridge, Massachusetts: London, England. The Belknap Press of Harvard University Press, p. 207.

的保证"①。在家庭关系中，父母与儿童处于一种监护式关系，我们应该在法律体制的程序上对父母的行为给予评估性的判断。最后，我们应"赋予参与听证过程和司法评论的权利"② 以一种最低程度的限制环境的方法去教育儿童群体，特别是身体残疾与认知障碍的儿童群体。

　　能力路径使我们能够看到残障人士在社会中所经历的歧视。因此，社会有责任向残障人士提供社会基础，以保证他们的能力能够达到一定水平。通过关注每个人是否有权利发展自身的核心能力，我们可以衡量个体是否真正融入社会活动中。"对于正义来说，我们应该重点关注如何提升人们的生活质量。如果某种正义理论，无论其结构多么严谨，无法给我们一个关于尊严和公平的直觉一致的结果，我们最终会拒绝任何形式的正义。"③ 能力表达了一种更丰富的平等愿景，个体化的教育方案在一定程度上满足了边缘群体的需求。法律体制的目的一直是强调提升个体潜在认知能力的能力。认知障碍主要分为两类："认知残疾（cognitive disabilities）与特定学习障碍（specific learning disabilities）"④，这种障碍的核心表现在于个体主观上的真实能力与客观上的社会成就之间存在不一致性。因此，我们追求的目标是通过教育实现个体认知潜能的最大化。同时，通过提供充足的社会支持和法律保障，确保所有公民的能力达到一定的水平。然而，在考虑个体间的差异性和多样性时，我们应该平等地尊重不同类型的公民，特别是那些处于边缘地位的群体。这样做不仅是对他们的尊重，也有助于他们更好地融入社会。通过制订个性化的教育计划，我们可以促进不同地区、不同背景人群的能力发展。这种做法不仅追求互利，更重要的是培养每位公民的尊严和福祉，体现了对社会合作在能力发展路径上的

---

① Nussbaum, Martha. (2006). *Frontiers of Justice*：*Disability*，*Nationality*，*Species Membership*. Cambridge, Massachusetts：London, England. The Belknap Press of Harvard University Press, p. 207.

② Nussbaum, Martha. (2006). *Frontiers of Justice*：*Disability*，*Nationality*，*Species Membership*. Cambridge, Massachusetts：London, England. The Belknap Press of Harvard University Press, p. 207.

③ Nussbaum, Martha. (2006). *Frontiers of Justice*：*Disability*，*Nationality*，*Species Membership*. Cambridge, Massachusetts：London, England. The Belknap Press of Harvard University Press, p. 82.

④ Nussbaum, Martha. (2006). *Frontiers of Justice*：*Disability*，*Nationality*，*Species Membership*. Cambridge, Massachusetts：London, England. The Belknap Press of Harvard University Press, p. 208.

深刻理解。

在深入分析能力路径及其在现代社会中的应用后，我们可以进一步探讨这一理论如何影响社会政策的制定和实施，尤其是在教育和法律领域。能力路径的核心在于公平地识别和扩展个体的潜能，这要求政策制定者在设计教育系统和法律框架时，必须考虑到每个人的特殊需求和背景。这种方法不仅促进了个体的全面发展，也有助于构建一个更加包容和公正的社会。此外，能力路径还强调了社会支持系统的重要性，特别是对那些处于社会边缘的群体。通过确保这些群体能够获得适宜的教育资源和社会服务，我们不仅提升了他们的生活质量，也加强了整个社会的凝聚力和稳定性。这种策略的成功实施，依赖于政府和社会各界的合作，以及对公平和尊严的共同承诺。总之，通过充分利用能力路径，我们可以更有效地解决社会不平等问题，促进所有公民的全面发展。这不仅是对个体权利的保护，更是对社会整体福祉的提升。这种理论与实践的结合，展现了现代西方政治哲学对于实现社会正义和提高生活质量的深刻影响，为未来的政策制定和社会发展提供了宝贵的指导。

第三节　努斯鲍姆对跨国正义问题的延伸

一　培养人性：世界主义的教育

努斯鲍姆探讨了全球正义的几个关键问题，包括国家间的义务、移民和避难问题。努斯鲍姆认为，所有人至少应该拥有在其他国家暂时停留的权利，但她同时指出，这一立场未能区分正式或合法移民与非法移民、永久居留与公民身份以及政治庇护与经济移民之间的重要差异。她承认，尽管已有丰富的哲学文献讨论这些问题，但她本人在这些细分上的立场并不明确。努斯鲍姆强调，国家有权保护自身的安全和国家政治文化，可能限制移民数量以保持经济稳定，并要求移民遵守法制和国家的基本宪法原则。同时，她也指出移民不应因种族或宗教原因而被拒绝入境。

在探索全球正义的论域中，努斯鲍姆提出的"能力路径"不仅继承了世界主义传统的核心理念，即人类的平等价值和尊严，同时也赋予了国家在道德领域的重要性以新的维度。这一理论的独特之处在于，努斯鲍姆的正义的能力理论还强调非人类动物的内在重要性。进一步，努斯鲍姆强调，实现正义和提供物质援助之间不应被分离，因为所有权利的实现和保护都需要资金支持。她提倡国家通过征税来为这些能力提供资金，并认为各国都有理由以某种不同形式实施核心能力列表，同时允许根据各自的特定情况进行调整。核心能力列表具有深刻的跨文化和跨国的共识，其规范性目的在很大程度上涉及为更具体的社会和文化背景而量身定做一个普遍的规范性框架，既符合我们经过深思熟虑的判断，又符合自由主义的原则与多元化发展要求。在某种程度上，它具有稳定性，"没有任何原则或理由反对把人类的核心能力作为每个国家以及国际社会的目标"①。因此，努斯鲍姆批判了基于契约的全球化路径，并借鉴斯多葛学派关于世界公民的观念，将"能力路径"应用于全球正义的实践中。

　　在古希腊哲学中，斯多葛学派是最早倡导"世界主义"（Cosmopolitanism）这一哲学思想的流派之一。我们的归属感与责任感并不受所居住的城邦的地域限制；相反，我们对世界各地的人都负有责任，包括对所有人的政治责任与伦理责任。斯多葛学派想要建构一种超越单一民族与国家的世界主义和世界公民的新观念。我们与世界上其他人应该是一种同心圆式的关系，我们的身份从个人开始，延伸到家庭、邻居、城镇居民、国民，最后到世界。当一个人发展出越来越多的人际关系时，他的生命中就会出现一系列同心圆式的循环，每一个同心圆都同等重要，都有助于促进个体的发展与理性的培养。此外，努斯鲍姆认为契约式的全球化正义路径，忽视了全球经济秩序及其掠夺，对国家之间的权利不平等现象难以根本解决。我们很难说富国与穷国进行谈判的动机是互利的，但是我们又不能把一些贫穷国家排除在契约主体之外。

　　在过去的几十年里，世界各国之间变得越来越相互依赖，这种依赖性

---

① Nussbaum, Martha. (2006). *Frontiers of Justice: Disability, Nationality, Species Membership*. Cambridge, Massachusetts: London, England. The Belknap Press of Harvard University Press, p. 305.

为人们创造了更多机会与来自不同文化背景的人相遇。在这个过程中，生活在民主国家的公民需要一种能够帮助他们积极参与民主政治进程的教育。对努斯鲍姆来说，重塑公民身份的关键在于教育。通过学习其他国家和地区的不同文化，我们不仅要展开对其他文化的研究，还要了解我们如何成为全球化社会的一部分。在与其他不同文化互动的过程中，我们会涉及对自己的信仰和价值观的重新评估。虽然我们可能了解其他国家的地理位置和历史事件，但我们往往无法了解他们的语言、习俗和价值观，甚至很少考虑不同文化和国家之间的互构性。为了扭转这种局面，努斯鲍姆呼吁进行"世界主义教育"①，以加深对跨文化的理解。"在这种世界主义教育背景下，我们将看到世界由不同类型的公民构成，我们将以世界公民的身份来行使我们的功能性活动。"②

正确的公民教育关键在于，从儿童时期就开始培养他们作为世界公民的身份认同。这种教育不仅仅是知识的灌输，而是旨在唤起积极的性格特质和批判性思维能力。历史上，从苏格拉底到康德，哲学家们就强调了理性思维在个人成长中的重要性。卢梭的自然教育理念对康德的教育思想产生了深远的影响，特别是在强调教育的目的是培养道德自由和个体自主的方面。卢梭倡导通过接触自然和参与实践活动的教育方法，对儿童天性的尊重和对个体差异的重视，培养道德上自由的个体等观念，影响了康德关于教育应结合理论与实践、知识与行动的观点，康德同样强调道德自主和理性自由的重要性，认为这是教育的终极目标。在这个过程中，个人不仅需要深入审视自身和本土文化，更要学会以批判性的眼光看待周围的世界。这种批判性的论证不仅是理性发展的重要组成部分，也是构建跨文化理解和共情的基石。当我们认识到自身与他人的文化联系时，就能更好地理解和尊重不同的观点和生活方式。在全球化日益加深的今天，这种跨文化的理解尤为重要，它不仅加强了我们与世界其他地区人民的联系，还为

---

① Nussbaum, M. (1997). *Cultivating Humanity: A Classical Defense of Reform in Liberal Education.* Cambridge, Massachusetts: Harvard University Press, p. 6.

② Nussbaum, M. (1997). *Cultivating Humanity: A Classical Defense of Reform in Liberal Education.* Cambridge, Massachusetts: Harvard University Press, pp. 6 – 7.

我们提供了解决全球性问题的必要技能。因此，世界主义教育的目的不仅仅是传授知识，更是培养全球公民意识和责任感。在这种教育模式下，学生将学会欣赏和尊重不同文化的价值，认识到其他文化在自身文化发展中的重要性。通过这样的教育，我们可以培养出更加开放、理性和包容的下一代，为建设一个更加和谐的世界作贡献。

世界主义教育需要向个人介绍不同历史背景下的历史、文化、思想与语言等。同时，它要求我们不断地去探索那些我们不熟悉的事物。当我们遇到新的观点和思想时，个体不仅仅是模仿或吸收这些想法，还需要利用我们已有的经验和知识来解释这些新的事物对我们的意义。通过不断审视我们与他人的互动过程，我们能够对个人价值观和自主性有更深刻的了解，从而能够更好地了解自身。当我们将学习领域扩展到我们当前文化之外的人时，我们也增加了自我反省的机会。当我们把自己的方式与其他人的方式进行比较时，我们就会更清楚地认识自己。从这个意义上来说，世界主义教育解放了思想，使我们成为具有敏感性和警觉性的世界公民，这是一种真正的自由主义教育。世界主义教育并不寻求取代个人文化知识，也并不意味着这种教育将导致对所有文化的平等性的理解。相反，通过让我们接触到全球范围内的不同问题和观点，我们能够及时地补充和拓宽我们对自身和世界的理解。全球公民身份作为一种道德倾向，道德世界主义不再关注国家和法律，而是回归到个人、个人与社会的关系以及个人对道德义务的理解。它还包括我们对自己与全球世界的关系以及对正义和人权的基本价值观的方式的转变，人性是个人的一个重要组成部分，这个组成部分不仅必须得到承认，而且必须加以培养。

二　发挥体制在全球化过程中的核心作用

在当前全球化市场与多极化世界格局的背景下，全球化的发展对于国家权力与个体自主性造成了显著影响。全球市场与跨国公司在一定程度上削弱了各国的独立性和主权，同时，经济全球化和公民个体化身份对各国人民的生存机遇产生了深远的影响。新的全球化趋势导致了世界范围内的不平等现象，比如出生地的不同在很大程度上决定了一个人的生活机会。

这种跨国不平等问题涉及政治结构、制度模式以及义务的分配。

为了解决国内的不平等现象，我们可以通过调整和制定相应的政治制度和法律。然而，当这种不平等问题扩展到全球范围时，仅仅依靠国内政策的调整是不足以解决跨国正义问题的。此时，我们需要采取更为适宜和及时的措施。努斯鲍姆认为："我们应该在建构全球正义整体性框架之初来解决跨国正义问题，而不是像罗尔斯那样将其推迟到衍生阶段或视为一种国际间的慈善问题。"① 在全球化经济发展的大背景下，虽然不同的国家之间存在彼此不同的物质基础与意识形态，但是所有国家的终极目标是实现人自由而全面的发展。因此，在追求高品质生活质量与保持最低程度正义之间存在一种悬而未决的张力。全人类既有权利追求一种值得过的、有尊严的繁荣生活，也有义务去维持全球政治经济秩序，实现人类多元化的发展趋势。因此，在实现自身能力发展的同时，我们也应该履行自身所应承担的相应义务，以确保每个人都有平等的机会过上一种值得过的、有尊严的生活，从而实现全人类的共同繁荣。

在全球化竞争的背景下，全球市场与跨国合作给人们的生活带来了便利，但也不断侵犯着一些国家的权利与自主性。任何界定我们基本权利的政治原则的正义理论，都不可避免地需要面对这些不平等现象所带来的挑战，但是，在追求人类基本权利的同时，我们也有集体的义务寻求一种共同生活与合作的方式，使得所有人能够过上一种体面的生活。努斯鲍姆认为："由于国内布局（domestic arrangements）结构被视为一种固定的形式，从本质上来看，罗尔斯并没有试图去讨论全球正义问题，而仅仅是在描述自由社会当中一些自由的外交政策而已，而且这种政策还仅仅被视为一种狭义意义上的外交政策。"② 每个人的善的观念的一部分是为了满足人类的多样化需求和实现真正的人类生活。每个公民都有道德义务促进全球所有人的基本能力发展，并维护社会体系的安全。如果每个人都试图独立行

---

① Nussbaum, Martha. （2011）. *Creating Capabilities: the Human Development Approach*. Cambridge, Massachusetts: The Belknap Press of Harvard University Press, p. 87.

② Nussbaum, Martha. （2006）. *Frontiers of Justice: Disability, Nationality, Species Membership*. Cambridge, Massachusetts: London, England. The Belknap Press of Harvard University Press, p. 229.

动，将会导致社会上的混乱。考虑到公平性和集体性行为的问题，我们应该建立一个体面的体制结构，并将个人的道德义务委托给这个体制。尽管如此，我们仍然有理由认为这些道德义务是派生地分配给体制结构的。因此，各机构应该以公平的方式分配每个公民应承担的公正份额，以确保实现所有公民的最低能力水平。

在国内情况下，我们可以明确指出体制的具体内涵、国家宪法中规定的体制结构，以及宪法本身规定的一系列权利。当我们转向全球层面时，世界型政府不可避免地会出现责任和义务的问题。世界国家不仅很难对其公民有相当高的责任和义务意识，而且统一的世界国家在其体制中会存在深刻的道德问题。"国际全球文化不是一个世界国家，它不应该立志成为一个世界国家。但是，这并不意味着它不能成为一个对持有各种不同宗教和世俗教义的人给予平等尊重的地方。"① 每种宗教或伦理学说的内在伦理规范将决定每个人在道德上，对超出体制要求的行为承担多大的责任。然而，支持能力界限水平本身的政治任务被委托给了体制。社会公平和正义问题与体制的设计密切相关，核心能力列表上的能力被理解为对正在制定或修改国家体制的非正式指导。

努斯鲍姆采取了一种古老的自然法的研究路径，"所有在世界层面上的要求都仅仅是一种道德上的要求，而并不完全包含在任何一套强制性的政治结构之中"②。此种对世界秩序的研究方法根源于格劳秀斯（Hugo Grotius）的非以神为中心的（non-theocentric）自然法理论。格劳秀斯认为民族（nations）主权具有道德重要性，它完全对人民的意见负责，并拥有权利进行政治选择，以管理自己的基本结构。然而，努斯鲍姆担心民族—国家更有可能成为没有真正义务的单薄的经济联盟。因此，努斯鲍姆赞成在从劳工到人权等领域采取一套权力分散的约束性协议。"全球体制结构应该保持一种精简化与去中心化（thin and decentralized）的

---

① Nussbaum, M. (2015). "Political Liberalism and Global Justice", *Journal of Global Ethics*, 11 (1), p. 78.

② Nussbaum, Martha. (2006). *Frontiers of Justice: Disability, Nationality, Species Membership*. Cambridge, Massachusetts: London, England. The Belknap Press of Harvard University Press, p. 315.

结构。"① 包括国内的基本结构、跨国公司、全球经济性主体、其他国际实体和非政府组织五个部分。但国际秩序并不具有强制性，我们应该严格区分：体制上的政治领域与伦理上的个人价值观领域，并将责任合理分配给不同的国际实体。这实质上是一种道德上的分配，尽管在政治分配上我们没有强制性的义务，但我们仍然应该设法实现政治上的义务分配。通过这种方式，努斯鲍姆旨在推动建立一个更加公正、合理的全球政治和经济秩序。

努斯鲍姆提出用基本能力来替代罗尔斯的万民法，"以能力为中心的备选方案围绕期望的结果，为所有人提供了一组基本能力"②。为了实现体制结构在保障这些能力方面的目标，使我们在构建全球结构的原则的过程中更好地阐释世界秩序，并思考如何在不平等的世界中促进人类能力的提升，努斯鲍姆提出了"全球结构的十大原则"③，包括：

1. 责任的超定：国内结构永远无法逃避的问题。"我们应该始终坚持尽力而为，并将责任分配给世界经济结构，但这并不意味着我们可以免除国内结构的责任。如果能力的实现是超额确定的，那就更好了。"④ 繁荣的国家有责任支持本国公民的人类能力，但他们也有额外的责任。如果没有特定的分配原则的支持，即使家庭可能勉强维持一种最低限度的可接受生活，这个社会也是不正义的。在大多数国家内部，我们可以通过一个体面的权利体系，将许多人类能力提升到某种合理的界限水平之上。努斯鲍姆的观点强调了在国家内部和全球层面上对责任的全面考虑，她倡导一个既关注国内责任，又不忽视全球责任的平衡视角，从而促进个人能力的实现和社会正义的发展。

---

① Nussbaum, Martha. (2006). *Frontiers of Justice: Disability, Nationality, Species Membership.* Cambridge, Massachusetts: London, England. The Belknap Press of Harvard University Press, p. 314.

② Nussbaum, M. (2004). "Beyond the Social Contract: Capabilities and Global Justice", *Oxford Development Studies*, 32 (1), p. 13.

③ Nussbaum, Martha. (2006). *Frontiers of Justice: Disability, Nationality, Species Membership.* Cambridge, Massachusetts: London, England. The Belknap Press of Harvard University Press, pp. 315 – 322.

④ Nussbaum, Martha. (2006). *Frontiers of Justice: Disability, Nationality, Species Membership.* Cambridge, Massachusetts: London, England. The Belknap Press of Harvard University Press, p. 316.

2. "在促进人类能力的限制范围内，应尊重国家主权。"[①] 对于强制干预、国际条约以及国际协定等问题，这些措施的强制性应当是有限的，并且只在特定的限制性条件下才被认为是合理的。这一观点体现了对国家主权道德重要性的尊重，同时也强调了国际干预和协定在维护全球正义方面的作用。如果国家主权存在不公正和妥协，其罪行将不受其他国家的审查和制裁，世界将无法实现差异化和多样化的发展。但是，说服（persuasion）也是一种可代替性的行之有效的方法。在处理国际关系和冲突时，通过说服和对话而非单纯依赖强制力量，可以更有效地促进理解、合作和正义。这种方法尊重了国家主权和国际社会多样性，同时也鼓励了国际社会成员之间的合作和共同进步。

3. "发达国家有责任将国内生产总值的相当大一部分用于援助较贫穷国家。"[②] 努斯鲍姆建议发达国家将国内生产总值（GDP）的2%用于援助较贫穷国家。尽管具体比例可能显得有点武断，但这个比例的数值仍值得商榷，至少在道德上表明这种援助是充分的。然而，努斯鲍姆的这一建议也引发了对援助方式和公平性的讨论。对于任何自愿的慈善行为，如果社会上的其他人不承担公平份额，就会存在问题。在这种情况下，那些支付更高比例的公民相对于不支付公平份额的公民而言，确实处于相对劣势，这可能导致负担不公平的分配。关于援助形式是由政府还是非政府组织实施的问题，应根据具体情况决定，这意味着援助的有效性和适当性取决于被援助国家的内部结构是否民主，以及哪种形式的援助能更好地满足接受国的需求和保障其民众的福祉。

4. "跨国公司在提升其经营区域内的人类能力方面承担着重要责任。"[③] 跨国公司应将一部分利润用于提升教育水平和改善经营地区的环境条件。这种做法不仅有助于培养当地人才和推动技术创新，也对当地社会

---

① Nussbaum, Martha. (2006). *Frontiers of Justice: Disability, Nationality, Species Membership.* Cambridge, Massachusetts: London, England. The Belknap Press of Harvard University Press, p. 316.

② Nussbaum, Martha. (2006). *Frontiers of Justice: Disability, Nationality, Species Membership.* Cambridge, Massachusetts: London, England. The Belknap Press of Harvard University Press, p. 316.

③ Nussbaum, Martha. (2006). *Frontiers of Justice: Disability, Nationality, Species Membership.* Cambridge, Massachusetts: London, England. The Belknap Press of Harvard University Press, p. 317.

和政治环境的稳定产生积极影响。通过投资教育和改善环境，跨国公司可以促进当地社区的发展，提高员工的技能和生活质量，从而在长期内促进公司的可持续发展。另一方面，努斯鲍姆指出，跨国公司在追求更低成本的劳动力和宽松的环境监管时，必须遵守各国的国内法律和国际标准。这种法律约束可能给公司带来额外的要求和压力，但这种压力有助于确保公司在全球化过程中表现得更加负责任和可持续。公司应当负责任地管理其全球业务，以确保其经营活动不仅符合法律规定，同时也符合道德和社会责任的标准。

5. "全球经济秩序的主要结构设计必须对穷国和发展中国家相对公平。"[1] 经济学家们在讨论全球经济问题时往往缺乏审慎的道德反思，这导致了对穷国和发展中国家不公平的经济政策和结构。国际货币基金组织（IMF）和各种全球贸易协定的运作方式，往往无法在道德层面提供明确而直接的政策指导。这意味着这些国际机构和协定在制定和执行政策时，可能没有充分考虑到对穷国和发展中国家的影响，或者没有在道德层面进行深入的考虑和平衡。努斯鲍姆进一步指出，抗议和公众压力可能是推动关注这些紧迫道德规范的有效机制。通过公众参与和社会动员，可以向全球经济决策者施加压力，促使他们在制定政策时更多地考虑全球经济秩序对不同国家和地区的影响，特别是对穷国和发展中国家的影响。

6. "我们应该建立一个精简的、去中心化、但强有力的全球公共领域。"[2] 全球监管体系试图将全球化机构组织的灵活性与人类发展的一系列道德目标结合起来。这一观点强调了在全球层面上整合和执行国际协定和条约的重要性，以及将这些协议纳入各国国内法律制度中的必要性。通过司法和立法行动，将国际协定和条约纳入各国的国内法律制度之中，国际协议能够有效地执行能力理论所包含的道德义务。即使没有全球性的政治组织，全世界都有集体性的义务确保所有世界公民的能力。这一点体现了

① Nussbaum, Martha. (2006). *Frontiers of Justice: Disability, Nationality, Species Membership*. Cambridge, Massachusetts: London, England. The Belknap Press of Harvard University Press, p. 319.

② Nussbaum, Martha. (2006). *Frontiers of Justice: Disability, Nationality, Species Membership*. Cambridge, Massachusetts: London, England. The Belknap Press of Harvard University Press, p. 319.

努斯鲍姆对全球正义和国际合作的重视，同时也反映了她的核心能力理论，即每个人都应拥有实现其基本能力的机会，无论其所在的国家或地区。

7. "所有机构和多数个人都应把重点放在每个国家和地区的弱势群体问题上。"[1] 这一观点基于对弱势群体在全球社会中所面临的挑战和不平等的深刻理解。努斯鲍姆指出，弱势群体成员在动员世界行动方面发挥了创造性作用，他们的存在和行动能够促使国际社会采取行动，甚至推动国际协约的签订。这表明弱势群体不仅是需要帮助的对象，也是推动社会变革的重要力量。努斯鲍姆进一步指出，社会的主流成员和机构由于拥有更大的资源和影响力，因此在解决弱势群体问题上承担着更大的责任。她强调，虽然在某些情况下实施适当的强制惩罚行为是必要的，但我们更应该为一套更丰富的规范性能力集辩护，以促进弱势群体成员的福祉和发展。这意味着不仅仅是通过法律和政策手段去解决问题，更是通过培养和加强社会成员的能力，尤其是弱势群体的能力，来实现更加公正和包容的社会。

8. "世界共同体应该重点关心病患、老人、儿童、残障人士。"[2] 这一观点深植于她的核心能力理论，即每个人都应获得实现基本能力和尊严生活的机会。在当今世界，随着人口老龄化的加剧、疾病危机的出现以及性别平等问题的日益严重，应对疾病危机所需的护理和卫生基础设施亟须改善。社会中最脆弱的群体，如病患、老年人、儿童和残障人士往往最需要关怀和保护。这些群体在依赖状态中面临的挑战不仅是国内政策需要关注的问题，也应成为国际社会关注的焦点。努斯鲍姆呼吁全球共同体共同努力，通过改善卫生基础设施、加强资源分配和提高性别平等措施，来提升这些弱势群体的生活质量。努斯鲍姆的这一主张与她对古希腊斯多葛学派和罗马斯多葛哲学家如塞内卡和马库斯·奥勒留的借鉴密切相关，其观点深刻地反映了对全球共同体在关怀和道德责任上的要求。

---

[1]　Nussbaum, Martha. (2006). *Frontiers of Justice：Disability, Nationality, Species Membership.* Cambridge, Massachusetts：London, England. The Belknap Press of Harvard University Press, p. 320.

[2]　Nussbaum, Martha. (2006). *Frontiers of Justice：Disability, Nationality, Species Membership.* Cambridge, Massachusetts：London, England. The Belknap Press of Harvard University Press, p. 321.

9. "家庭应该被看作一个重要的领域，而非私人领域。"① 这一观点挑战了传统社会契约论，反映了对家庭作为社会基本单元的深刻理解，以及对家庭内部不平等和权力关系的关注。传统社会契约论将世界划分为"公共领域"和"私人领域"，但始终无法完美地解决家庭内部资源和机会不平等所带来的问题。各国国内都把家庭建设成个人特权不可侵犯的领域，但在尊重个人自由、保护女性生命和儿童能力等方面仍存在不足。国际社会应该把寻找一种解决家庭问题的新方法作为全球公共领域中的优先事项。

10. 在构建一个公正而体面的全球化世界秩序中，"所有机构或个人都有责任支持教育，因为这是赋予当前弱势群体权利的关键"②。通过教育，人们可以提升职业技能，培养批判性思维和想象力。这一观点体现了努斯鲍姆对于教育在实现个人成长和社会正义方面的重视。然而，全球范围内教育资源的分配存在明显的不平等，这不仅是发展中国家的问题，也是发达国家需要关注的议题。努斯鲍姆认为，要解决这一问题，不仅需要国家政府采取更多措施去促进教育的发展，还需要企业和非政府组织在普及初等和中等教育方面发挥更大的作用。她认为，这些组织在促进教育平等方面做得还不够充分，需要更多地投入资源和精力。

通过全球结构的十大原则以及与之相对应的附属性理论，能力路径表明我们的关注重点从权利转向人类命运共同体结构的构建之上。我们生活在一个相互依存的生存环境之中，全体公民所持有的不同理念在更深层次上会对公共政策产生影响。通过共享情感、共享情境和平等性的尊严概念，我们致力于构建一个公正而体面的全球化世界秩序。因此，我们应该制定保护人权的国际条约，并努力使世界各国采纳并执行这些条约。努斯鲍姆认为："核心能力列表不仅仅是需要满足最低程度上的社会目标，还应该建立在正义的权利基础之上。能力路径不能看作人权路径的敌人，而

---

① Nussbaum, Martha. (2006). *Frontiers of Justice: Disability, Nationality, Species Membership.* Cambridge, Massachusetts: London, England. The Belknap Press of Harvard University Press, p. 322.

② Nussbaum, Martha. (2006). *Frontiers of Justice: Disability, Nationality, Species Membership.* Cambridge, Massachusetts: London, England. The Belknap Press of Harvard University Press, p. 322.

应该看作人权路径集合的子集。"①

体制的建立和运作不仅仅是由人类所建构，更是由具有道德责任的人类去推动和促进人类能力的协调发展，其根本目的在于实现全人类自由而全面的发展。这一观点与努斯鲍姆的核心能力理论紧密相连，她认为每个人都应享有实现自己潜能的基本权利。我们有必要寻求超越国家界限的政治原则，以开展国际合作和维护人类权利。这些原则可以为国际关系提供引导方向，旨在促进人类核心能力的实现。

在这一框架下，国家扮演着关键角色，负责实施这些目标。然而，国际机构与协议亦扮演着不可或缺的角色，构筑了一个支撑全球范围内实现这些目标的辅助体系。虽然该体系的有效性可能随着时间和具体环境的变化而波动，但其根本目的——促进人类核心能力的发展与提升人类福祉——始终不变。

我们应该从确立清晰的目标出发，制定并实施能够使我们更接近这些目标的政策。同时，我们还须体面地尊重每个国家的主权，确保在实施这些政策的过程中不会损害到国家自主性。因此，我们必须充分认识到体制在实现公正分配和推动人类福祉提升过程中的作用，坚持基本的政治原则，支持人类核心能力的全面实现。通过这种方式，我们可以朝着建立一个更加公正、和谐的国际秩序迈进，实现努斯鲍姆提倡的全人类自由而全面发展的终极目标。

此外，努斯鲍姆的核心能力理论揭示了国际政治和人权法领域中一个关键的思考方向：如何在全球化的语境下，将道德和伦理的要求转化为具体的国际政策和法律框架。在多元化和相互依赖的国际体系中，任何国家的政策决定都可能对全球福祉产生深远影响，因此，制定能促进各国共同繁荣的国际法规成为一个复杂但至关重要的任务。从这一视角出发，努斯鲍姆的理论不仅是一种哲学提议，它同样为国际法的制定和实施提供了理论依据。通过倡导核心能力的全球推广，可以在国际层面上推动诸如教

---

① Nussbaum, Martha. (2006). *Frontiers of Justice: Disability, Nationality, Species Membership.* Cambridge, Massachusetts: London, England. The Belknap Press of Harvard University Press, p. 291.

育、健康、参政权和性别平等等基本人权的实现。这种方法能够帮助各国政府和国际组织识别并解决阻碍人类发展的结构性障碍，例如贫困、不平等和歧视。

实现这一目标的关键在于国际社会的协调合作与强有力的监督机制。国际组织如联合国和世界卫生组织在此过程中扮演着至关重要的角色，它们不仅提供了一个平台来制定和执行这些政策，还负责监控这些政策的执行情况，并确保各国政府的政策制定与国际人权标准相一致。此外，跨国民间组织和非政府组织也在推动核心能力实现方面起到了桥梁和催化剂的作用，它们通过提升公众意识、促进国际对话和提供技术支持，加强了全球范围内对人权的保护和推广。

努斯鲍姆的"正义的能力理论"不仅提供了引导公共政策制定的核心能力列表，还表明全球共同体需要满足全体公民最低程度的能力界限水平。能力路径的关键在于提出一种可作为国家法律基础的政治原则，这意味着在具体实施时，它必须适用于每个国家中最广泛的公民群体。在某些情况下，我们没有理由认为一个全球性的能力界限水平将会增加从富裕国家到贫穷国家的再分配刺激，因为每个国家的特殊历史和境况背景可能使其正确地选择与其他国家不同的具体能力界限。"关于界限水平的设定问题需要持续地公开辩论，并通过渐进的法律质疑和司法裁决的过程，不断微调我们的正义界限水平。良知的自由展示了这种调整过程是如何渐进地发生的。"①

因此，从努斯鲍姆的核心能力理论出发，我们不仅能更深入地理解正义的多维性和全球性，也能具体地把握实现全球正义的策略与途径。这种理论和实践的结合，为构建一个更加公平和包容的国际社会提供了坚实的哲学和操作框架，展现了现代政治哲学在全球范围内的应用与发展潜力。

正义的界限在哲学和政治理论中一直是一个关键议题。在考虑正义的界限时，我们应当认识到其必须具有全球性的视角。这是因为，正义的实

---

① Martha Nussbaum. (2007). "Liberty of Conscience: The Attack on Equal Respect", *Journal of Human Development*, 8 (3), pp. 337–357.

现不应受限于国家边界，每个人都应享有获得一种值得过的、有尊严的生活的机会，不论他们所在国家的资源状况如何。这一理念反映了全球正义观念，即确保全球范围内人类基本权利和尊严的重要性。同时，正义的界限也应体现地方性的特征。每个国家都有其独特的历史、传统和当前面临的问题，因此在确定正义的具体界限时，必须考虑到这些因素。这不仅体现了对国家主权的尊重，也是对各国文化和政治多样性的认可。在这里，能力理论提供了一个有价值的视角，强调实践理性与政治赋权在确定国家正义界限中的重要性。这一理论认为，国家应处于核心地位，寻找一种方式，使民主国家能够合理地保护其国家主权，同时在全球正义框架内承担责任。

正义的界限水平应该是全球性的，因为任何国家都不应该因资源的缺乏而妨碍其公民获得一种值得过的、有尊严的生活。同时，正义的界限水平也应该是地方性的，因为任何国家都应该根据其国家的历史、传统以及当前问题来确定其具体的界限水平。"能力路径尤其尊重实践理性与政治赋权，引导国家处于核心地位，寻找一种民主国家能够合理地保护其国家主权的世界。"① 我们应该尊重国家主权，尊重社会基本结构的制度，这些制度是被特定人群所接受的，并且对他们负责的，国家主权所展现出的是一种人类自由的选择与自主性行为的一种结果，它表达了人类希望生活在自己所选择的社会之下而不是人民的法律之下的愿景。

第四节　努斯鲍姆对非人类动物问题的延伸

一　一种积极主动地存在

在全球化文明的背景下，我们面临的挑战不仅仅局限于经济不平等问题，还包括生态系统的问题，尤其是人类活动对非人类动物产生的影响。一个真正意义上的全球正义理论不应局限于人类范围，而应延伸至其他领域，包括所有有感知能力的存在物。传统的社会契约论在理论构建之初就

① Nussbaum, Martha. （2011）. *Creating Capabilities: the Human Development Approach*. Cambridge, Massachusetts: The Belknap Press of Harvard University Press, p. 113.

将非人类动物问题排除在外，甚至将一些非理性动物排除在正义的主体之外，这种排除导致了非人类动物问题在正义理论中的忽视。

过去几十年中，许多学者从不同角度思考如何处理非人类动物问题，如彼得·辛格（Peter Singer）从功利主义的角度出发，强调减少动物痛苦的重要性；汤姆·里根（Tom Regan）则从权利的角度出发，主张动物也应享有某些基本权利；罗莎琳德·赫斯特豪斯（Rosalind Hursthouse）从美德伦理的角度分析人类对待动物的道德责任；科拉·戴蒙德（Cora Diamond）则借助维特根斯坦的哲学思想来解读人与动物的关系。在这些讨论中，努斯鲍姆从能力路径的视角提出了自己的观点。她强调："能力是一种应享权利，我们应该把正义的范围扩大到所有的物种成员。"① 正义不应仅限于人类社会内部，而应包括对所有有感知能力的生物的关怀和保护。她的能力理论不仅重视个体实现其潜能的能力，也强调这种能力的普遍性和跨物种的重要性。这一理论为制定保护非人类动物的公共政策提供了坚实的哲学基础，拓展了我们对正义理论的理解，从而促进了一个更加全面和包容的全球正义观念的形成。

努斯鲍姆批判罗尔斯的社会契约论传统，认为罗尔斯将动物视为同情的被动对象，而能力路径则将动物视为寻求繁荣生存的主体。罗尔斯的正义理论仅适用于人类领域，似乎无法将契约原则延伸到自然方式包含非人类物种。在罗尔斯那里，动物的价值是衍生性和工具性的，我们对非人类动物只存在某种程度上的道德义务，正义的义务应建立在应享权利和成员资格的基础之上。但是，考虑到我们与动物之间存在某种物种之间的相似性，我们更多的应该是对非人类动物持有一种同情与怜悯的态度，而不是将非人类动物问题视为一种正义的问题。努斯鲍姆却认为："我们应该分别从以下两个不同的视角来批判此观点：意识到非人类动物也有一定程度上的智力水平；拒绝将正义对象局限于先签订契约的范围内。"② 动物往往

---

① Nussbaum, Martha. (2006). *Frontiers of Justice: Disability, Nationality, Species Membership.* Cambridge, Massachusetts: London, England. The Belknap Press of Harvard University Press, p. 409.

② Nussbaum, Martha. (2006). *Frontiers of Justice: Disability, Nationality, Species Membership.* Cambridge, Massachusetts: London, England. The Belknap Press of Harvard University Press, p. 327.

是一种积极主动的存在，而非消极性的被忽略是一种被动的存在，把动物看作一种具有善的观念的活跃性动物，这使得我们进一步认为，动物也有追求善的观念的权利。

当我们提及我们生活的世界的时候，一般会仅仅理解为人类世界，显然，这种观点过分地强调了人的主体性地位，以至于忽略了世界上存在的其他不同类型的生命体形式。努斯鲍姆探讨了动物作为生命体所具有的各种形式的生命，并强调了尊重这些生命形态的重要性。她主张，每种生命形态都有其独特的需求和能力，因此在伦理和政策制定中应当予以考虑和尊重。我们应该理解正义原则的制定者并不完全等同于正义原则所朝向的对象，虽然正义原则是由人类制定，但是，我们不可否认某些动物也具有不同程度的智力水平。努斯鲍姆反对康德的道德哲学强调理性和道德义务，认为动物和人类一样，都应被赋予尊严。她认为尊严是对某种动物的一种认可，而人类的尊严与我们的理性、脆弱性和死亡等自然事实相关联。同样地，其他动物也可以拥有适合它们自然本性的尊严。努斯鲍姆主张不应该在理性生物（人类）和非理性生物（其他动物）之间画出清晰的界线，因为自然界中存在各种智能和实践能力的连续体。

努斯鲍姆进一步提出，所有物种的动物都应该享有平等的尊严，尤其是那些具有感知能力的物种。在这一框架下，努斯鲍姆倡议采取一种战略性方法来处理动物权利问题，即通过创造一种重叠共识，使得持有不同意识形态和原则的人们能够在确保非人类动物基本能力方面达成一致。这种共识强调了尽管公民在接受动物权利的基本实质性主张时可能持有不同的立场，但对于平等尊严的追求应被视为一项深刻的哲学议题。尽管人类与动物在很多方面存在多重的与异质的目的，但仍然存在一种共同性（commonality）。因此，努斯鲍姆关注了世界上的生命形式，本质上来说是多元的与异质的，实际上存在很多非人类动物本身也是有尊严的，各种不同的生命形式也渴望有着平等的权利去过一种值得过的、有尊严的生活。

功利主义者杰里米·边沁（Jeremy Bentham）强调，道德和法律应关注所有"有幸福感知能力"的生物，不仅是人类，而且包括那些通常被视为物品的其他动物。快乐和痛苦是唯一重要的伦理事实，不同的快乐和痛苦没有质的区别，只有量的不同，包括持续时间和强度。边沁的目标是实现个体和整个社会成员的净快乐最大化，认为这就是幸福的全部。边沁的功利主义在动物权利方面的倡导显得激进且具有挑战性，他的观点在当时被认为是非常激进的。然而，边沁的功利主义观点也存在一些问题。首先，他没有对快乐和痛苦提供充分的解释，也没有承认快乐和痛苦在质量上可能存在的差异。此外，他的功利主义计算忽略了个体生命的重要性，倾向于将个体仅仅视为快乐和满足的容器。这种观点没有尊重个体生命的独特价值和尊严，在当代哲学中激发了对功利主义伦理学的广泛讨论，尤其是在权衡个体利益与集体幸福之间的冲突和平衡问题上。边沁的理论促使后来的哲学家深入探讨道德和法律如何更好地尊重并保护所有生物的福利，特别是在考虑到动物权利和生态伦理的现代语境中。这些讨论不仅增强了边沁理论的学术深度，也为理解和实践现代政治哲学中的正义问题提供了重要视角。

努斯鲍姆强调，感知能力是加入基于正义权利的生物群体的门槛条件。通过亚里士多德式的描述以及对感知存在物福祉的关注，努斯鲍姆提出所有的物种都应该被视为正义的对象，它们的尊严应得到法律和制度的平等尊重和认可，从本质上，这一观点关注于社会个体的繁荣，特别重要的是，与这种繁荣相适应的尊严的概念不能是理性主体的概念，此概念是与动物性相分离和对立。因此，努斯鲍姆强调我们的脆弱性，经常表现为一种依赖性，体现人的动物性本能。努斯鲍姆认为："自然界中的所有复杂的生命形式中，都存在某种程度上的敬畏和惊奇（awe and wonder），我们应该以这种精神尊重动物，并承认它们的资源。"① 所有生命，无论是人类还是动物，都应该被赋予尊重和权益的保障。这种观点挑战了传统的以人类为中心的世界观，呼吁人们重新审视与自然界其他生命形式的关系。

这种观点似乎是一个具有普遍性的直觉观念，强调了"敬畏和惊奇"这一情感对于理解和尊重生命的重要性。这种情感能够激发人们对生命本

---

① Nussbaum, Martha. (2006). *Frontiers of Justice: Disability, Nationality, Species Membership.* Cambridge, Massachusetts: London, England. The Belknap Press of Harvard University Press, p. 94.

身的深刻思考，我们应该能够在尽可能大的范围内意识到各种不同形式的物种的尊严以及相应的需求，基于核心能力列表，我们应该引导那些关于非人类动物的法律法规的制定与执行，使之能够保证所有具有感知力的物种的能力，以一种最低限度上的方式来实现，从而使所有物种都有平等的机会，享有与其尊严相适应的生活。因此，努斯鲍姆的正义的能力理论呼吁人们在道德上和政策上重新考虑我们对动物的责任和义务，这为动物福利和保护提供了更强的道德支持，以及物种间的正义准则，由此来协调与重新构建人与动物之间的和谐关系。

总体而言，努斯鲍姆的能力观点为我们理解和尊重动物的生命提供了一个深刻且全面的视角。她的观点不仅关注避免痛苦和伤害，而且关注促进和维护动物独特生命形态的积极努力。这种观点对现代社会中动物权利的讨论提供了重要的哲学和伦理支持。

二　物种之间关系的连续性与复杂性

从古希腊哲学到中世纪，再到现代科学，人类对动物的理解经历了从严格的等级划分到认识到种群间共通特性的转变。这一转变不仅体现了人类认知的进步，也体现了道德和伦理观念的发展。

"自然界等级梯度"（Scala Naturae）[①] 是一个古老的观念，最早可以追溯到亚里士多德的哲学思想。在这种观点中，所有生物和物质被视为按照一定的"等级"或"层次"组织起来，从无生命的物质到植物、动物，最终到达人类，甚至超自然的存在。在这个等级体系中，人类被视为自然界的顶点，拥有最高的智力和道德地位。这种观念在中世纪基督教思想中得到了进一步的发展和固化，强调了人类与其他生物之间的根本区别和优越性。在古希腊，有些哲学家如毕达哥拉斯和恩培多克勒斯倡导素食主义，认为所有自然界生物包括动物和植物都有生命和感知。但是，亚里士多德经常被误解为支持自然界等级梯度的概念，但实际上他认为

---

① Nussbaum, M.（2023）. *Justice for Animals：Our Collective Responsibility*. New York：Simon and Schuster, p. 37.

每种生物都以自己的方式追求繁荣和生活，没有一种生物是为了更高级别的物种而存在。

相比之下，"如此与我们相似"（So Like Us）① 的方法强调人类与动物之间的相似性和联系。这种观点在近现代得到了更多的关注，特别是随着生物学和认知科学的发展。这一方法认为，许多动物展现出与人类相似的智能、情感和社会行为，从而挑战了传统的自然界等级梯度观念。这种观点在道德和伦理上要求我们重新审视人类对动物的态度和行为，认识到动物同样具有感知能力和价值。在当代，随着对动物行为和认知的深入研究，越来越多的证据显示动物具有复杂的情感和社会结构。这挑战了传统的自然界等级梯度观念，促使我们重新思考人类与动物的关系。这种新的认识强调了对动物的同情和道德责任，要求我们在道德和法律层面上给予动物更多的考虑和保护，从而在人类与动物的共存中寻求更加和谐与平衡的方式。

努斯鲍姆通过批判性地继承和转化西方哲学传统中的思想，结合现代科学研究，形成了一种更全面、更具同情心和尊重动物主体性的动物伦理观。这一观点不仅挑战了传统的人类中心主义思维，也为当代动物权利和福祉问题提供了深刻的哲学洞察和实践指导。努斯鲍姆提出的核心能力列表是一个开放式概念，随着时间和具体情境的变化，可能需要不断修订。"尽管每种能力的更为具体的规范性应用，可能会导致能力列表的多元化，但是，从整体上来说，核心能力列表似乎为我们提供了更为有益的指导。"② 列表中的能力之间具有异质性，其中任何一种能力不能被用来替代另一种能力，每一种能力都同等性的重要，并且每一种能力都应该受到一定的保护。虽然努斯鲍姆将人类和其他非人类动物都应用了同一套核心能力列表，但在应用于不同物种时，我们应该赋予核心能力列表以不同的诠释方式。在努斯鲍姆看来问题的关键在于："我们是否能够利用能力路径

① Nussbaum, M. (2023). *Justice for Animals: Our Collective Responsibility*. New York: Simon and Schuster, p. 37.

② Nussbaum, Martha. (2006). *Frontiers of Justice: Disability, Nationality, Species Membership*. Cambridge, Massachusetts: London, England. The Belknap Press of Harvard University Press, p. 393.

的人类基础，以一种高度试探性和总括性的方式制定出一些基本的政治原则，在处理动物问题上，能够对法律以及公共政策的制定和执行方面给予一定的指导。"①

努斯鲍姆的能力理论致力于消除物种间权利的不对称性，对于那些把重点放在立法改革上的决策者来说具有一定的指导意义，例如，对于法律条文制定的提议，这些政策赋予了有尊严的生命政治权利和法律地位。努斯鲍姆认为："在我们当下的生活世界里，人类的选择都会无时无刻地对动物的生活产生影响，对于人类来说，仅仅选择不去干预非人类动物的生活，既是不合理的，也是不充分的，更多的应该是需要采取一些肯定形式上的保护行为。"② 实际上，大多数人也意识到，有些动物的尊严确实是值得人类去尊重的，它们的潜在性能力值得被开发与保护，动物在法律上有权利享有一种有尊严的生活，人类也应该保证动物能够实现一种繁荣生活，但与此同时，我们也必须意识到人类对自然界的干预行为，在某种程度上也是保持自然平衡的一种必要的手段，我们不能完全消除对动物的约束性行为，但在某些情况下，采取一些非暴力的手段，例如绝育等，也会产生一定积极的影响。通过将动物的情境与人类的情景来做近似的类比，我们可以询问每种动物最重要的选择和自由领域，从而了解动物的真实需求和满足其能力所需的条件。

能力路径不同于功利主义，功利主义者仅仅关注物种的感知力，而能力路径会更多地关注物种被剥夺的功能性活动，以至于其能力不能得到完全的实现。关于以无痛死亡与人道屠宰的方式来对待动物等问题，努斯鲍姆认为问题在于："在这些动物的生命中，是否存在因突然性的无痛死亡而缩短具有核心价值的能力形式，如果存在，那么造成这样的死亡也是一种伤害。"③ 无论物种之间是否有这种意识，所有的物种都有权利去延续生

---

① Nussbaum, Martha.（2006）. *Frontiers of Justice：Disability，Nationality，Species Membership*. Cambridge，Massachusetts：London，England. The Belknap Press of Harvard University Press，p. 392.

② Nussbaum, Martha.（2006）. *Frontiers of Justice：Disability，Nationality，Species Membership*. Cambridge，Massachusetts：London，England. The Belknap Press of Harvard University Press，p. 397.

③ Nussbaum, Martha.（2006）. *Frontiers of Justice：Disability，Nationality，Species Membership*. Cambridge，Massachusetts：London，England. The Belknap Press of Harvard University Press，p. 386.

命，除非痛苦和衰老使死亡不再是一种痛苦。在她的著作中，努斯鲍姆并没有一定主张能力方法迫使人们采用素食主义。她认为食用动物肉类的无痛杀害是一个难以解决的伦理问题，但建议最初专注于禁止残忍行为，然后逐渐向反对杀害更具复杂感知能力的动物的共识转移。出于实际考虑，如全球环境影响和健康影响，如完全转向素食蛋白质来源。努斯鲍姆提出，为动物实现无痛苦的生活和无痛的死亡是一个合理且更易实现的目标，而不是禁止所有动物食品的杀害。

从努斯鲍姆的角度来看，"痛苦是最大的罪恶，没有痛苦的死亡似乎不涉及不正义或错误，尽管它们可能在其他方面是不幸的"[1]。我们不能把动物仅仅是看成一种同情的对象，还应该看成一种追求生命形式繁荣的主体。能力路径更加关注于同情心（compassion）的观念，这表明我们重点关注的是同情对象的感受，而并非由谁引起的，"我们并不是试图仅仅出于某种同情心而产生政治原则，相反，我们是通过发展一种与我们所主张的政治原则相协调的同情心来支持政治原则，并使之稳定下来"[2]。

在评估每个生命体的价值问题上，这不仅仅是哲学家关心的抽象问题，还是在制定公共政策时应该纳入考虑范围之内的问题。考虑到非人类动物的能力也具有内在价值，在使用动物作为食物的问题上，努斯鲍姆表示："起初，我们将重点放在禁止对活体动物进行任何形式的虐待上，然后逐步达成一种共识，至少不要为了食物而杀死那些具有更复杂知觉的动物，这似乎是明智的。"[3] 在评估动物实验是否有利于人类发展时，努斯鲍姆认为："只要实施严格的指导方针，对非人类动物进行的某些医学实验是合理的。"[4] 在我们展开动物实验之初，应该优先考虑此项研究的可行

---

[1] Nussbaum, M. (2018). "Working with and for Animals: Getting the Theoretical Framework Right", *Journal of Human Development and Capabilities*, 19 (1), p. 14.

[2] Nussbaum, Martha. (2006). *Frontiers of Justice: Disability, Nationality, Species Membership.* Cambridge, Massachusetts: London, England. The Belknap Press of Harvard University Press, p. 92.

[3] Nussbaum, Martha. (2006). *Frontiers of Justice: Disability, Nationality, Species Membership.* Cambridge, Massachusetts: London, England. The Belknap Press of Harvard University Press, p. 393.

[4] Nussbaum, Martha. (2006). *Frontiers of Justice: Disability, Nationality, Species Membership.* Cambridge, Massachusetts: London, England. The Belknap Press of Harvard University Press, p. 394.

性，尽量避免一些没有必要展开的研究实验。其次，我们应该选取一些感知能力较弱的动物，在实验的过程当中，应当适当地改善实验研究的条件与环境，消除心理上的恐惧行为，通过对动物实验的资金以及技术方面提供一定程度的支持，以使我们的研究方法更加科学化与人性化。因此，在某些情况下，我们可能会阻碍动物的能力的实现，甚至是夺走它们的生命，但是考虑到，如果这样做能够有利于其他大部分生物能力的实现，我们便可以继续做这项实验研究，因为这样做能够在整体上使得更多的生物的幸福感有所提高。

在探讨人类对不同类型动物的权利和义务时，努斯鲍姆提出了对野生动物和家养动物的不同态度，并讨论了人类是否应该干涉动物生活的问题。家养动物由于其对人类的依赖性——通常需要人类提供食物、庇护和照顾——使得人类对它们负有更直接的责任和义务。这种依赖关系要求人类对家养动物的福祉承担更多的关怀和保护责任。与此相对，我们对野生动物的权利和义务则较为有限。努斯鲍姆指出，尽管人类对动物栖息地拥有显著的影响力，但在干预动物生活时应当表现出谨慎和基于充分信息的判断。野生动物应该在自然环境中自由生活，人类的干预应该限于保护它们免受不必要的伤害，如保护它们的栖息地免受破坏和避免非法狩猎等。努斯鲍姆特别强调了尊重野生动物的自然生活方式和生态系统的完整性，认为人类在这种情况下更多扮演的是保护者和管理者的角色，而不是直接的干预者。

为了妥善处理动物生存空间的问题，努斯鲍姆倡导一种谨慎的家长式（paternalism）管理方式，通过建立一种道德式信托关系（trusteeship）。在这种关系中，人类被视为动物权利的"信托者"或"管理者"，负有道德责任去保护动物的利益，并在必要时代表它们做出决策。动物权利信托者当且仅当在认为动物的观念是合理的情况下，才会在政治上促进此种观念的实现。这种家长式管理方式通常基于一种认为管理者比被管理者更了解其最佳利益的假设。在动物权利的背景下，努斯鲍姆认为人类作为理性存在者，有责任以一种谨慎和信息充分的方式对待动物，保护它们免受伤害，并促进它们的福祉。努斯鲍姆进一步强调："关于平等性尊严的问题，应该将其视为一种公民可能持有的不同立场的形而上学问题。同时，接受一种关于动物权利的实质性主张。"① 由此可见，人们对不同物种的态度通常受到自身文化和历史背景的影响，形成了一种整体性的形而上学立场。但我们应该把这种形而上学立场视为一种节制性的形而上学，其本质意图不会与宗教上的形而上学原则产生冲突或矛盾。因此，努斯鲍姆并不是在寻求一种整全性的正义的能力理论，而只是从政治自由主义的角度出发，试图在个体化的不同观念中找到政治上的重叠共识。通过这种方式，她支持一种动态的、整全性的政治观念，旨在促进更广泛的政治共识和社会正义。

托马斯·怀特（Thomas I. White）的《为海豚辩护：新道德前沿》一书提出了一种比史蒂文·怀斯（Steven Wise）的方法更细致和审慎的伦理政策方法。怀特使用了熟悉的哲学概念——人格（person）②，包括自我意识、自我认识、高级认知和情感能力、控制行为以实现目标的能力、自由选择不同行动的能力，以及识别其他人并适当对待他们的能力。强调海豚具有高级的认知和情感能力，并应该被视为个体，而非事物或财产。怀特认为海豚具有"异质智能"（alien intelligence），强调海豚智能的独特性和与人类智能的不同之处，展示了人类和海豚生活方式中感知和意识的不同实现方式，特别是他们对声音的高度依赖和利用回声定位的能力。

尽管怀特的观点比怀斯的观点更为复杂，努斯鲍姆认为怀特的方法仍然存在问题。首先，怀特过于迅速地从正确地主张"一个生物的生活方式决定了什么对该生物来说是伤害"过渡到错误的推论，即非人类不是人，就是物品和财产，不能在重要方面受到伤害。其次，怀特的观点可能过于以人为中心，即使在考虑海豚的社会本能和外星智能时，仍然可能不适当地以人类为中心。

---

① Nussbaum, Martha. (2006). *Frontiers of Justice：Disability，Nationality，Species Membership*. Cambridge, Massachusetts：London，England. The Belknap Press of Harvard University Press，p. 303.

② White, Thomas. (2007). *In Defense of Dolphins：The New Moral Frontier*. Hoboken, NJ：Wiley-Blackwell.

这一批判反映了当前西方政治哲学中对正义问题的深入探讨，特别是在处理人类与非人类之间道德义务和权利时的复杂性。通过这种批判，我们可以看到对于非人类个体道德地位的探讨不仅反映了伦理哲学的前沿问题，也触及了人类对自身特权地位的重新审视。怀特的方法通过将海豚视为具有高级认知和情感能力的"人格"实体，挑战了传统的人与自然界其他生物之间的道德界限。他认为，海豚的独特智能——如高度发展的声音依赖性和回声定位能力——不仅显示出与人类不同的认知模式，还应当引导我们重新定义对智能的评价标准和道德责任。

然而，努斯鲍姆的批评揭示了怀特方法中的逻辑短板。尤其是他在推断过程中快速从一个合理的描述性断言跳跃到具有深远道德和法律后果的规范性结论。这种跳跃未能充分考虑到多样化智能实体之间可能存在的基本权利和道德关系的复杂性。此外，尽管怀特尝试超越人类中心主义的局限，但他的论证仍可能受限于将人类智能作为评价其他智能形式的基准。在现代伦理和政治哲学中，更加严密的逻辑推理和道德考量被要求用以支持或反驳这些倾向。对于如何评估和承认非人类智能的道德地位，需要建立在更广泛的哲学对话和跨学科研究基础上，包括认知科学、生物学及环境伦理学的最新发展。

在这一点上，努斯鲍姆的批判提供了一种反思的视角，强调在赋予非人类智能道德地位的过程中，必须更加谨慎和系统地处理这些生物的生活方式、感知能力以及与人类的相互关系。通过这样的深入探讨，我们不仅能够扩展传统的道德和法律框架，还能更好地理解和尊重地球上多样化生命形态的固有价值和权利，进一步推动现代哲学向包容性和多元性的方向发展。

努斯鲍姆探讨了动物作为有感知能力的生命体的行为和特征，批评了人类对自然界的傲慢态度，主张保护动物的基本正义，不仅关注痛苦，还关注动物实现其多样化目标的能力。此外，她还强调了动物作为感知生物的特性，这不仅仅是感受痛苦和愉悦，还包括感知意识和大多数情况下朝向或远离物体的能力。这种观点体现了对动物权利和尊严的重视，强调了动物作为感知生物的主体性和其行为的意义。这一观点与亚里士多德关于动物行为的看法相呼应，即动物的行为是由欲望驱动的，这种欲望既可以通过感知产生，也可以通过想象和思考产生。这与传统的将动物视为没有感知和思考能力的观点形成对比。通过对动物的感知能力进行更多的研究，努斯鲍姆为动物伦理和法律的发展提供了更加宽广和包容的视角。

第三章
对努斯鲍姆的正义的能力理论
及其应用的批判性思考

努斯鲍姆在阿玛蒂亚·森的能力路径基础上，将其更具体的规范性应用于正义领域，从而形成其独特的正义的能力理论，并对罗尔斯式社会契约论传统进行了批判。在回应与批判罗尔斯正义论的过程中，努斯鲍姆指出，罗尔斯式社会契约论传统在面对一些问题时，也确实存在不完善之处，但是，对罗尔斯正义理论的研究呈现出一种动态性的发展趋势。一方面，通过不断地完善与修正，罗尔斯及其继承者完成了对残障人士问题以及跨国正义问题的解决；另一方面，由于社会契约论传统未将非人类动物看作正义的主体，这一问题仍未得到完美的解决。与此同时，努斯鲍姆的正义的能力理论得到了一些学者的支持，但也受到了一些学者的质疑。努斯鲍姆以结果为导向的方法赋予了一系列核心能力的特权，这既是对罗尔斯式正义论局限性的回应，也是评判公共理性所必需的理想。在努斯鲍姆的能力理论发展过程中，我们应对其亚里士多德式的起点、权利与能力关系、非人类动物问题的解决方式以及核心能力列表的基础、内容和应用范围进行批判与反思。在其中，我们也应该看到，努斯鲍姆的能力理论存在一定程度的局限性，但是，通过对当代能力主义的最新发展趋势的研究，我们可以发现，能力主义者不断地延伸与推进能力路径问题的研究，使得能力路径发展成一种能力主义。通过及时地回应来自其他学者的质疑，以及不断地优化与完善能力路径各方面的限制性条件，能力主义者将能力路径恰当地应用于各个不同的领域，以此致力于构建人类命运共同体。

第一节　对罗尔斯正义论遗留问题的推进

一　对残障人士问题的推进：从社会基本善到政治自由主义

在罗尔斯的正义理论中，道德情感是微妙且复杂的。人之所以能够在原初状态中选择正义的原则，其原因在于，人具备两种道德能力：正义感和善的观念，当且仅当人具备这两种能力时，才有资格获得他人的平等对待。通过道德能力的方法将善的观念与正义感的能力置于正义原则的基础性地位，罗尔斯扭转了经济学传统中将人看作完全自利的经济人的观念，在"无知之幕"下，公民不仅仅会关心提升自身的善的观念，还有助于形成一种道德公平感。

在良序社会中，公民已经经历了一种道德教育，正义的原则作为一种宽容的基础已经被选择。在对等性和相互尊重的条件下合作，所有人都合理地接受并达成一致。罗尔斯在发展洛克、卢梭和康德关于社会契约的自然权利理论的基础上，将正义的决策程序与康德的绝对命令和目的王国相结合。他认为："原初位置适当地表明我们作为社会之外的理性和负责任的人的本性包括但不限于各种可能性的潜力。"[1] 不同于霍布斯的互利性观点，罗尔斯将对等性和合理性这两种不同的理念结合起来。在原初位置上没有讨价还价（bargaining），"无知之幕"使得人与人之间没有分歧，自由、平等和独立是道德条件，而非自然条件。"每个人在不知道自己社会地位的情况下，任何一个人都可能成为社会最弱势的成员，这给了每个人一个强大的动机去公平地对待那些最弱势的人"[2]，正义的原则是每个人对自身处境的最优选择。因此，"有必要以区别于其他协定的特殊方式来解释社会契约"[3]，罗尔斯式社会契约论的内容与普通经济契约论有显著的不

---

[1] Rawls, John. (2005). *Political Liberalism.* New York：Columbia University Press, p. 277.

[2] Rawls, John. (2001). *Justice as Fairness：a Restatement.* Cambridge, MA：Harvard University Press, p. 55.

[3] Rawls, John. (2005). *Political Liberalism.* New York：Columbia University Press, p. 276.

同，这不同于纯粹理性的人，仅仅为了追求一种互利性而进行社会合作。相反，人们在本质上是社会性的存在，社会赋予人们成员的资格，从根本上说，这是一种对正义的共同承诺，隐含在良序社会的道德理想之中，进而，人们会形成对等性的观念，以支持平等性的原则，寻找自由民主社会中公平合作的条件。

罗尔斯在其政治哲学中提出了一种基于康德式人的观念的社会正义理论。在这一框架下，罗尔斯认为，社会正义的基本问题应该集中在具有基本道德能力和能够充分合作的社会参与者之间。他主张在设计基本社会政治制度时，先解决一般公民的问题，而将需要特殊照顾的群体的问题置于次要地位。这种方法基于对公平和平等原则的重视，以及对有效政治制度构建的关注。

在《正义论》和后续作品《作为公平的正义》中，罗尔斯进一步明确了他的政治形式的自由主义理论，并通过重新阐释基本善的定义来为自己的正义理论进行辩护。他拒绝了功利主义者将"效用"或"幸福"视为事物状态的基本相关特征。与此相反，他引入了"基本善"（Primary Goods）的概念，这一概念包含了社会基本善和自然基本善两个子概念。

社会基本善，包括人的权利、自由、机会、收入、财富和自尊等因素，需要通过正义的原则进行合理分配和再分配。罗尔斯认为，社会基本善是"无论一个人的理性生活计划是什么，这是每个理性的人都假定想要的东西"[①]。这一观点强调了社会基本善的普遍性和重要性，以及在实现公正社会中的关键作用。相比之下，自然基本善，如阳光、水资源、空气和植被等，不需要政府的调节和管控。这些自然资源被视为所有人共有的福祉，其分配和利用不应受到政治制度的直接干预。

罗尔斯的正义理论既可以视为一种契约论传统，也可以视为一种资源平等的方法，前者以"原初位置"为出发点和基础，后者从对"基本善"的分配来看。但与洛克、卢梭等其他人的观点不同的是，罗尔斯的原初位置中的各方并非经过契约行为直接进入某种社会体系，而是以"同意"的

---

① Rawls, John. (2009). *A Theory of Justice.* Cambridge, MA: Harvard University Press, p. 62.

方式选择其认可的正义体系，并以此为导向建立一个以正义原则为核心的国家体制。

罗尔斯将基本善视为社会地位排序的依据，并提出一种单一且线性的解释方式，强调基本善作为发展人的道德能力和实现各种生活目标的必要条件，它告诉我们一个人有多大的权利去有效地利用其基本自由。罗尔斯进一步阐释，社会基本善是具有道德理性的人在追求目标过程中所必须保证的外在条件，对社会基本善的解释不仅取决于心理的与历史事实，还取决于对人类生活的一般认识。在此过程中，我们应该更多地关注基本善的持有情况，而不是关注于个体性的异质能力和偏好。因此，罗尔斯的目标是通过"平等"来取代功利主义的加权方法，用"社会基本善"来取代"福利"，以摆脱社会基本善上的主观心理倾向，突出社会基本善的客观性与公共性，尤其是社会基本善的体制化特征。

在《作为公平的正义》中，罗尔斯将社会基本善置于一个列表之中，基本善列表具有高度异质性与线性序列性。（a）"在发展和执行我们对于善的观念的修改与决定的能力的过程当中，基本自由的能力是必须的制度。"[1] 政府首先应该在制度上保证我们的基本自由权利，让全体公民能够积极自由地参与社会政治活动。（b）"行动的自由与职业的选择，在我们追求实现最终目标的过程当中是必须的。"[2] 为全体人民提供平等的就业机会，使其能够自由地进行职业选择，以及正常的行为活动不受到法律的制约。（c）"为了使我们的自主性和社会能力能够得到发挥，我们需要执行职责的权利和特权。"[3] 全体社会成员可以自由地做出符合自己价值倾向的选择，在一定条件下，我们应该有权利去确保我们的核心能力不被侵犯。（d）"收入和财富是我们直接或间接性地实现最广泛目标的普遍

① Rawls, John. （2001）. *Justice as Fairness: a Restatement*. Cambridge, MA: Harvard University Press, p. 58.

② Rawls, John. （2001）. *Justice as Fairness: a Restatement*. Cambridge, MA: Harvard University Press, p. 59.

③ Rawls, John. （2001）. *Justice as Fairness: a Restatement*. Cambridge, MA: Harvard University Press, p. 59.

性手段。"① 能力的实现需要在一定的社会条件基础之上，一定数量的必要的社会资源是我们实现自身功能性活动的必不可少的条件。（e）"考虑到自尊的社会基础是基本制度，如果公民要对自己作为道德人的价值有着更为深刻的认识，自尊通常是必不可少的。"② 自尊是尊严的内在表现，尊重是尊严的外在表现，政府应该意识到自尊与尊重在全体公民追求一种有尊严的生活的过程中的重要性。

在近代之前，道德哲学的一个核心课题是探讨构成好的生活的正义社会观念。随着宗教改革运动的兴起，社会逐渐趋向多元化，这对传统的道德哲学观念构成了挑战。在这一背景下，罗尔斯在其后期的政治自由主义中，对正义的观念进行了进一步的深入阐释。罗尔斯认为："在满足公民的基本需求方面，两个正义原则之前应该有一个词典式的优先原则，至少在满足这些需求对于公民能够理解并有效地行使这些权利和自由。"③ 罗尔斯用社会作为"一种公平的合作体系"来取代之前提出的"一种为了互利的合作性事业"，强调一种"自由民主社会公民的政治观念"，以此来取代之前提出的"康德式的人的观念"，从其前期"要求在自由民主社会中的所有公民都必须认可一种相同的整全性学说"，转而要求"所有的公民只需要承认合理的多元性事实"。

为了寻求一种稳定性共存框架，罗尔斯在《政治自由主义》中对正义理论的标准采取了一种宽泛的解释，关注宗教和世俗多元化问题。罗尔斯对宗教自由传统的深层次尊重，并区分了整全性学说与共享政治性观念，这一区分允许持有不同形而上学观点的人们在政治领域之外保持各自的合理性。在自由条件下，整全性学说的同质性是不可能实现的。因此，罗尔斯提出，我们的目标应是寻求一种观念，通过这一观念，人们可以公平地与他人共同生活，既尊重他人的学说，也尊重自己的学说。在政治自由主

---

① Rawls, John. (2001). *Justice as Fairness: a Restatement.* Cambridge, MA: Harvard University Press, p. 60.

② Rawls, John. (2001). *Justice as Fairness: a Restatement.* Cambridge, MA: Harvard University Press, p. 61.

③ Rawls, John. (2005). *Political Liberalism.* New York: Columbia University Press, p. 7.

义的核心概念中，"尊重"扮演了关键角色。它要求对个人进行尊重，尊重他们选择不同方式来组织生活和持有不同信念的权利。尊严与尊重密切相关，尊重之所以重要，是因为人被视为目的本身，是具有尊严的存在。尊重是一种基于对尊严及其平等之后所显现出来的态度。理性的公民会在尊重他人的前提下自愿地做出让步，而且这样做并不要求他们在坚持自己的非政治价值观方面做出妥协。

罗尔斯的方法是通过诉诸民主公共文化中的合理性（reasonableness）概念，以调和多元主义之间的冲突。他认为："合理的多元主义的存在并不是人类生活的一种不幸状态，而是在自由条件下理性的自然结果。"[①] 正如沃尔特·李普曼（Walter Lippmann）所提出的"公共哲学"（Public Philosophy）的概念，以及丹尼尔·贝尔（Daniel Bell）所提出的"公共家庭"（Public Household）的概念。

在《公众舆论》中，李普曼对民主理论和公众意识形态的局限性进行了深刻的分析。他认为，由于信息的不对称和认知的局限性，公众往往无法完全理解复杂的政治和社会问题。因此，他提出了"立场管理"（stereotype）的概念，指出人们倾向于通过简化和概括的方式来理解世界，这导致公众意见往往是基于不完整或错误的信息。在《幽灵的公共》中，李普曼进一步扩展了他对民主和公众角色的看法。他提出了"幽灵公共"这一概念，意指在现代复杂社会中，普通公众在许多问题上实际上并不具备有效参与决策的能力。李普曼认为，真正的民主应该建立在专家治理的基础上，专家应该引导和管理公共政策，而公众的角色更多是在选举时对领导者进行选择。李普曼的这些观点在当时引发了广泛的讨论和争议，对后来的政治传播学、媒体研究和民主理论产生了深远影响。他对公共舆论的怀疑态度和对专家治理的提倡，展示了他对民主实践中存在的问题的深刻洞察。尽管如此，他的观点也受到了一些批评，尤其是关于专家治理可能忽视公众参与和意见的多样性的担忧。

丹尼尔·贝尔的"公共家庭"概念主要体现在他对现代社会政府角色

---

① Rawls, John. （2005）. *Political Liberalism*. New York：Columbia University Press，p. 144.

和社会结构变化的分析中，特别是在《后工业社会的来临》（*The Coming of Post-Industrial Society*，1973）和《文化的矛盾》（*The Cultural Contradictions of Capitalism*，1976）中，贝尔探讨了从工业社会向后工业社会转变的过程中，政府和公共部门在社会生活中扮演的日益重要的角色。在贝尔的理论中，公共家庭指的是政府和公共部门在管理和分配社会资源、提供公共服务和福利方面的职能。随着社会从以制造业为主的工业经济转向以服务业和信息技术为主的后工业经济，政府在经济和社会生活中的作用发生了显著变化。公共家庭成为社会稳定和福祉的重要保障，承担了越来越多的责任，包括教育、医疗、社会保障和环境保护等方面。贝尔认为，公共家庭的扩张反映了现代社会中公民对更高生活质量和更全面社会服务的需求。同时，这也带来了政府职能的膨胀和财政压力的增加。贝尔对公共家庭的分析揭示了现代社会政府角色的复杂性和挑战性，特别是在资源配置、政策制定和社会公正方面。总之，贝尔的公共家庭概念提供了一个理解现代社会政府职能和角色变化的框架，强调了政府在提供公共服务和维护社会福祉方面的重要性，同时也指出了这一过程中面临的挑战和困难。

"公共文化"的概念是在 20 世纪后半叶多个学科领域中逐渐发展起来的，反映了对公众生活中文化表现形式和实践的兴趣。许多学者的工作都对这个领域有重要贡献，例如尤尔根·哈贝马斯（Jürgen Habermas）的公共领域理论、雷蒙德·威廉姆斯（Raymond Williams）和斯图尔特·霍尔（Stuart Hall）等文化研究领域的先驱们的工作。公共文化涉及公众领域中的文化表达、媒体、艺术、文学和其他形式的文化活动，预设了对其政治价值的范围达成某种普遍共识。它关注的是文化是如何在社会中被制造、传播和接受的，以及这些文化表达如何影响公共生活、政治辩论和社会认同。重要的是，公共文化的研究并不局限于传统的文化形式，如艺术和文学，它还包括了广告、流行文化、社交媒体和新闻等现代媒体形式的影响。此外，它还包括对公共空间、城市环境以及全球化如何影响文化实践和认同的探讨。每个国家的公共文化将足够一致，以便就正义所要求的能力规定达成一项普遍协议，一种合理的整全性学说必须遵循一定的理论约束，并且具有连贯性。理性公民所认同的正义的政治观念被视为符合每个人整全性学说的一个模块（module），因为它不是从任何实质性的形而上学、宗教或道德假设中产生，所以它被认为是独立的。根据自身的整全性学说，公民可以基于不同的理由在政治领域之内去认同一些原则，通过依赖公民区分公共与非公共理性，以及那些与公认的文明责任相一致的价值观，人们会在政治立场上对人权列表存在一种重叠共识。

此外，政治观念不应被理解为政治正义的某种单一性的解释，而应被理解为此类解释集合中的一个子集，随时间而不断地变化，许多可接受的自由主义的政治观念会逐渐地形成一种重叠共识，"重叠共识不同于权宜之计，因为整全性学说是基于道德基础来肯定它，而不仅仅是一种可能发生变化的偶然利益趋同"①。社会特征的重叠共识符合自由原则的合法性，重叠共识的稳定程度直接关系到其成员对政治原则的肯定程度，罗尔斯采用一种更为灵活的与实用的策略，他认为"这些问题必须在实践中解决，而不可能由预先制定的一系列明确规则来支配"。② 罗尔斯通过政治建构主义的方式，将公共领域的范围限定在政治领域内，并将其限定在社会的基本政治制度和社会结构之中，避免对本体论和形而上学问题的承诺，以及对道德世界观的真理或正确性的主张。

二 对跨国正义问题的推进与完善：万民法

罗尔斯作为温和自由主义的代表人物，提倡平等主义的自由主义。由于受到康德《永久和平》的影响，罗尔斯在《万民法》中的核心观念是，坚持一种合理的整全性的多元主义学说，"将自由正义的观念从国内社会扩展到人民社会"③。基于"疯狂自由与理性自由"④ 之间的区别，康德阐述了对理性、权利、自然和道德人格的特殊理解，考虑到国家的行为是合理的，如果那些承担战争成本的人做出是否发动战争的选择，自由国家联

① Rawls, John. (2005). *Political Liberalism*. New York: Columbia University Press, p. 147.

② Rawls, John. (1999). *The Idea of Public Reason Revisited*. In John Rawls, *The Law of Peoples*. Cambridge, MA: Harvard University Press, p. 153.

③ Rawls, John. (1999). *The Law of Peoples*. Cambridge, MA: Harvard University Press, p. 55.

④ Immanuel Kant. (1917). *Perpetual Peace: A Philosophical Essay*, translated with Introduction and Notes by M. Campbell Smith, with a Preface by L. Latta. London: George Allen and Unwin, p. 15.

盟应该更加和平。理性意味着愿意接受对自由的强制性限制，以消极自由换取积极自由，通过建立一个和平联盟，以一种"契约"自由取代"野蛮"自由，从而可能提高生活质量。罗尔斯试图进一步发展康德契约论理念中的道德因素，试图用道德能力来定义政治平等的基础。我们应该尊重以充分负责任和民主方式组织起来的任何国家的主权，不论其体制是否完全公正。人权是一个体面社会所必需的，它不基于任何特定的整全性宗教学说，也不基于关于人性本质的哲学观念，更不基于人类的道德观念。罗尔斯认为我们不能从实践理性的概念中推断出权利和正义的原则，也不能试图创造一个世界性国家使不同国家地区的集体性身份同质化。他把尊重人权作为判断是否属于万民社会的伦理标准，并赞成一种关于人权的、薄的基本权利列表。

　　罗尔斯在《万民法》中的主要目标是制定一套指导国际关系行为的原则，将关于权利与正义的政治观念置于国际惯例的规范之中。由于预设了所有的公民在社会中都拥有一定程度的自由思想，罗尔斯认为这些原则不仅可以合理地得到自由社会的认同，也可以得到某些非自由社会的认同，他称之为"体面的等级社会"（Decent Hierarchical Societies）"[1]。一个体面的等级社会应该保护全体资格成员的人权，以正义共识为准则形成一个协商等级制度，使社会各团体的代表能够就共同关心的问题向国家官员发表意见；一个体面的等级社会的标准界定了正义的界限，超过这个界限水平的社会应该得到自由主义者的尊重，并被承认为一个合理的人民社会的资格成员，"体面"比"合理"更好地衡量了社会正义的界限水平。

　　在国际社会上，《万民法》继承康德的乌托邦式社会，强调一种现实性的乌托邦，其中包含一个体面的社会正义的国际结构，将互动性的道德分析用于对制度公平性的评价。因此，在国际应用中，构建更稳定的自由义务，类似于个人道德主体按照理性行事的义务。罗尔斯通过宽容原则为其正当性辩护，"宽容不仅需要避免对一个民族采取军事、经济或外交手

---

[1]　Rawls, John.（1999）. *The Law of Peoples*. Cambridge, MA: Harvard University Press, p. 63.

段，还需要承认非自由主义的社会关系是万民社会当中的平等成员"①。罗尔斯认为国际的关系应该先被看成民族（nation）之间的关系，而不是国家（state）之间的关系，通过全球资源红利（global resources dividend）方法，罗尔斯认为正义的责任不能跨越国家的边界，但是，我们需要再次把辩护与实施区分开来。从辩护的意义上说，无论是自由社会还是非自由社会，也不管它们承认与否，所有的社会都是由适用于它们的道德法则联系在一起。但是，当我们考虑实际实施问题时，似乎有足够的理由在尊重民主的社会和不尊重民主的社会之间做出明显的区分。由于国家利益主导性、国家主权独立性、民族文化多元性和个体价值差异性，也不可能存在一个世界型政府。

罗尔斯的《万民法》是其社会正义理论和政治合法性理论的延伸，他主张："作为一个良序社会的资格成员，一个民族应该对他们所居住的领域拥有实际的政治控制，并且他们的基本社会制度应该根植于此。"② 良序的自由民主社会应该将人权视为广泛权利的恰当子集，并将已经保障的自由适用于国内所有公民。

在国内层面上，原初位置是在自由和非自由之间进行选择的。在全球范围的原初位置上，罗尔斯将体面的等级社会和负担沉重的国家的合理利益纳入考虑，重新阐释了体面的人民代表将选择八项原则来管理彼此之间的关系，以及人民社会之外的共同体之间的关系。这八项正义的原则要求人民：（1）"尊重其他人民的自由和独立；"（2）"遵守条约和承诺；"（3）"平等以对；"（4）"遵守不干涉义务；"（5）"只为了自卫或者防御不公正的侵略者而发动战争；"③ 如果我们断定另一个国家的规范有缺陷，我们就会以某种方式进行干预，无论是通过军事干预，还是通过经济和政治制裁。事实上，基于康德式的道德观点，罗尔斯认为干涉另一个民主国家的主权事务在道德上存在严重问题，即使是在自卫的战争中，体面的人

---

① Rawls, John. (1999). *The Law of Peoples*. Cambridge, MA: Harvard University Press, p. 59.

② Rawls, J., & Matan, A. (2004). "Kantian Constructivism in Moral Theory", *Politicka Misao*, 41 (3), p. 43.

③ Rawls, John. (1999). *The Law of Peoples*. Cambridge, MA: Harvard University Press, p. 37.

民希望生活在一个所有人民都接受人民法律的全球社会，这也必须遵守他们发动战争的某些限制。(6) "应尊重人权;" (7) "实行合理的战争限制，包括尊重敌方非战斗人员的权利;" (8) "各国人民有义务帮助生活在不利条件下的其他人民建立公正或体面的政治与社会制度"。①

对罗尔斯来说，人民的概念是一种哲学建构，类似于良序社会的理念，这是一个抽象的概念，需要为一个特定的领域制定出相关的公正原则。作为一个良序社会的一员，这些成员在一部政治宪法和人民社会基本结构的制度的指导下共同生活，他们的关系受到这些制度的支配。由于他们作为同一社会成员的共同历史，以及对正义和共同利益的共同观念，罗尔斯认为作为人民的必要条件是"共享情感"与"生活在相同的民主体制下的意愿"。显然，罗尔斯并不是在谈论被视为种族或宗教群体的人民，因为这些人不是同一个社会的成员，与国家相比，人民具有一种道德性质，这种道德性质源于其个别成员的正义感和善的观念。因此，我们可以把等级分明的国家视为人民社会的资格成员。罗尔斯认为存在一个由道德的重叠共识联系在一起的人民社会，可以利用政治上的重叠共识来克服多元主义的困境。

罗尔斯的理论在国际关系中的应用显著扩展了他的正义理论的边界，使其不仅局限于国内的社会合同，而是延伸到全球层面，提出了一种国际社会的公平原则。这种原则的创新之处在于，它不简单地将国内社会正义的标准机械地应用到国际关系中，而是考虑到了国际多元文化和不同政治体制的复杂性，力图构建一个更加普遍适用且尊重差异的国际正义框架。首先，罗尔斯关于"体面的等级社会"的概念，提供了一种评价非自由社会的新标准。他认为，即使是等级分明的社会，只要其制度能够在保护人权和提供协商机制上达到一定标准，也应被视为国际社会的合理成员。这种观点挑战了传统的国际关系理论，通常只强调国家间权力的对抗和利益的平衡，而罗尔斯则强调基于正义和人权的普遍原则。其次，罗尔斯提出的国际正义原则中，特别重视"共享情感"和"民主体制下的意愿"。这

---

① Rawls, John. (1999). *The Law of Peoples*. Cambridge, MA: Harvard University Press, p. 37.

些条件不仅是国家内部社会契约的基础，也是国际合作和对话的前提。通过这种方式，罗尔斯试图在全球层面上促进一种基于共同价值和相互尊重的国际关系，这对处理全球化时代的跨国问题具有重要意义。此外，罗尔斯对于国际关系的分析还包括对全球资源分配的考虑，提出了全球资源红利的概念。这一点体现了他对经济正义的关注，尤其是在全球不平等日益加剧的背景下，他试图寻找一种既公平又可持续的全球经济结构。最后，罗尔斯通过强调道德和政治上的重叠共识，为国际社会中存在的文化和政治多样性提供了解决方案。他认为，尽管不同国家和社会在许多方面存在显著差异，但通过对话和共识建构，可以找到促进合作和理解的共同基础，从而有效地管理和解决全球问题。

综上所述，罗尔斯的《万民法》不仅在理论上丰富了国际正义的讨论，也为国际政治提供了实践指导，尤其是在如何处理国际关系中的道德和正义问题上提供了深刻的见解。这些理论对于设计现实世界中的国际政策和机制具有不可忽视的价值，特别是在当前全球化和国际关系快速变化的环境中。

三　对契约论传统的改进：伦理契约主义

托马斯·斯坎伦（Thomas Scanlon）在《我们彼此负有什么义务》中发展了一种纯康德式的现代契约论，这是一种公平的与道德原则之相互可接受性的契约论，这种立场与康德的绝对命令有明显的相似之处，与此同时，与康德理论的不同之处在于，其原因支持了我们对行为正当性的关注。斯坎伦从伦理契约主义出发，提出了"合理性拒绝"（Reasonable Rejection）的理念，不预设缔约者能力的大致平等，也不预设互利的目标，其立场是伦理的、非政治的；其评估原则的标准：是否会被任何参与方合理性地拒绝。斯坎伦认为："关于对与错的判断源自那些具有同样的动机的人无法合理地拒绝的原则，那些可以被合理地拒绝的原则是那些会给人带来严重困难的原则，而在这些原则中，有一些不会给他人带来类似负担的替代原则。"①

---

① Scanlon T. M. (1998). *What We Owe to Each Other*. Harvard: Harvard University Press, p. 196.

因此，我们现在所面对的不再是互利、自利的讨价还价者，而是一种对理性的共同理解，这种理解使人们在利益和讨价还价问题出现之前就形成了社会和道德上的共识。斯坎伦的契约式自由主义具有人际关系性、理性导向性和情境普遍性。他为理性辩护，反对动机的休谟式解释，他的合理性概念包含了人的意义，即，尊重和尊严以及社会环境，这并没有试图为道德哲学提供一劳永逸的基础。

首先，斯坎伦对善的观念的基本理解，即认为善的本质是与理性紧密相关，并依赖于某种形式的先验价值。在斯坎伦的框架中，这种先验价值不仅是合理性的，而且是一种政治的，倡导一种基于合理性价值的政治伦理观。他认为，只有当我们承认所有人共享某种基本的合理性能力时，我们才能建立起相互尊重的基础。这种尊重不仅是个人间道德行为的基础，也是社会政治共识形成的前提。斯坎伦强调，避免对善的观念的深奥定义，而将其视为一种开放、协商和审慎的过程，这种观点既体现了对个体差异的尊重，也展现了一种包容性的政治文化。但这一政治概念也不会还原为纯粹的形式主义，因为"同心圆模型"（the concentric model）允许这种价值包含道德普遍主义、社会语境主义和开放的多元主义。因此，合理性的价值仍然可以受到公正、客观的辩护方法的制约，从而使权利重新回到人们的视野中。斯坎伦的同心圆模型与罗尔斯的反思性平衡方法相呼应，都试图在个体自由和社会公正之间找到一种平衡。

此外，斯坎伦并没有把福祉当成头等重要的事情，而是将注意力集中在系统性缺陷上。由于个人几乎或根本无法控制的条件，如出生事故、强制性的社会结构或纯粹的运气，平等主义的自由主义所做的就是权衡选择和环境之间的问题。为了实现对环境保持敏感和维护人的尊严的目标，斯坎伦提出了两个关于责任的主要区别："选择价值"（Choice Value）和"沉没观点"（Forfeiture View）①。选择价值的概念强调了个体自主选择的重要性。在这一视角下，重要的是一个人所处的环境所提供的选择机会的

---

① Scanlon T. M. (1998). *What We Owe to Each Other*. Harvard: Harvard University Press, pp. 251 – 266.

价值，如果这些条件足够好，主体就没有正当的理由提出申诉；沉没观点更关注由主体可以选择不做出的有意识决定所导致的行动结果。当选择价值将注意力引向背景条件时，沉没观点处理选择的事实，从而处理个人对选择的责任。

因此，选择价值包含了第二个区别："归因责任"（Attributive Responsibility）与"实质性责任"（Substantive Responsibility）①，为理解个体在道德和法律框架内的责任提供了重要视角。这两种责任的区分不仅揭示了责任概念的复杂性，也为评估和判断个体行为提供了一种更为细腻和全面的方法。归因责任关注的是行为与行为主体之间的关联性。当我们谈论归因责任时，我们试图确定某一行为是否可以合理地归因于某个个体，即这个个体是否是该行为的源头。这种责任的判断基于因果关系和个体的意图，重点在于评估个体是否具有对所发生事件的控制能力，以及是否有意引发这一结果。归因责任的核心在于寻找行为的归属点，以此来确认责任的存在。而实质性责任则进一步深入，它不仅关注行为能否归因于个体，还关注个体应当承担的后果。实质性责任涉及道德或法律上的评价，强调对个体行为后果的评估和应对。当我们讨论实质性责任时，我们不仅要问"这个行为是由谁引起的？"还要问"鉴于这个行为的结果，这个人应该承担什么后果？"这种责任的核心在于分配，即如何在道德或法律上对行为后果进行公正的分配。

斯坎伦的契约式自由主义意味着，在辩论社会原则和改革时，不放弃合理协议的中心地位。我们不应盲目崇拜公正的程序，也不应把理性视为一种无形的抽象，但是，只要原初位置作为批判性和分析性反思的手段，我们就可以扩大正义主体的范围，包括我们作为正义主体所尊重的那些人的信托关系，即使他们不是经过深思熟虑的平等主体。因此，斯坎伦为信托关系留下了空间，尽管相互依赖是一个值得承认的事实，也是一种值得保留的价值，但对于某些人，我们不可避免地占据着不对称的特权地位。

---

① Scanlon T. M. (1998). *What We Owe to Each Other*. Harvard: Harvard University Press, pp. 279 – 294.

"在非人类动物的情况下，信托关系可能并不合适，但对于那些不能或尚未发展出判断能力的人来说，可能合适。"① 通过将信托关系伦理纳入原有的地位或类似的机制，这些不对称可以激发关怀和责任的关系，而不是从属关系，这种社会相互依存的嵌入也不需要取代自主性和自我决定的自由主义美德。

　　总体而言，托马斯·斯坎伦的契约式自由主义通过提出"合理拒绝"概念，实现了对现代社会中道德原则的重新解读。这一理论结构有助于我们理解个体在面对社会道德原则时的地位与作用，其核心在于强调道德原则应当是所有人都不能合理拒绝的，从而保证了道德讨论的普遍性和包容性。道德原则的有效性基于其被所有相关方接受的可能性，这种接受性不依赖于任何特定的个体利益或特权地位，而是基于一个更广泛的、合理性的评估。这种方法突出了对平等和尊重的需求，认为在一个道德社会中，任何原则都应对所有人公平且无偏见。通过这种方式，斯坎伦不仅扩展了传统契约论的边界，也为现代多元社会中的道德共识建立提供了一种更具有建设性视角。斯坎伦的契约式自由主义道德和政治理论视角，强调了在保持个体尊严和社会公正中的平衡。通过对合理性的广泛探讨，斯坎伦的理论为理解和处理复杂的社会问题提供了一种有价值的方法论，尽管这一理论在应用过程中可能需要进一步的细化和适应。

第二节　对于核心能力列表的批判性思考

一　关于亚里士多德式理论起点的批判性思考

　　由于预设了人类本质具有普遍性，努斯鲍姆则从本质主义的角度来为她的核心能力列表辩护，但要论证这些人类能力的正当性既独立于任何整全性学说，又对人们应该如何生活保持沉默，是相当困难的。将"人性"作为直觉性起点并不能产生充分的辨别力来选择一份值得政治保护的核心

① Barry, Nicholas. (2006). "Defending Luck Egalitarianism", *Journal of Applied Philosophy*, 23, pp. 89–107.

能力列表。此外，"这种方法的出发点并不是那些准确性和可靠性已经得到验证和充分确定的信息，而是根深蒂固的信念"①。我们并不能准确地知晓所有的基本人类功能都包括在内。在选择将哪些能力纳入其核心能力列表的过程中，"关于完全收集与目前任务有关的所有重要信息的办法并没有做出真正的规定"②。我们也没有清楚明确的标准。对于一个理解能力平等的理论来说，确定哪些能力是有价值的显然是重要的，毕竟，并不是所有的能力都同等重要，有些能力显然并不是那么重要。正如伯纳德·威廉姆斯（Bernard Williams）在对能力路径的评论中所指出的："所有能力的外延显然是能力琐碎的倍增，它不会被看成一种真正的能力，但是，我们如何确定什么才是能力的重要延伸呢？"③

努斯鲍姆声称采取一种尊重每个人为繁荣而奋斗的方式，把每个人都当作目的、看作一种主体性的来源以及自身权利的价值，努斯鲍姆曾明确表示，这份列表来自"跨文化学术讨论的结果，以及旨在体现平等尊严、无等级制度、无恐吓等特定价值观的女性群体自身的讨论"④。然而，努斯鲍姆对真正的人类生活的高度理智化的观念，以及生活中的一些核心能力，似乎更多地来自亚里士多德，而不是对欠发达国家人类生活的任何深刻而广泛的理解。至于核心能力列表上更复杂甚至更异质的内容，似乎更多地来自受过高等教育、有艺术倾向、自觉地、自愿地信奉宗教的人类的生活，而不是她所声称的那些在印度采访过的女性生活，正如苏珊·穆勒·奥金（Susan Moller Okin）指出："努斯鲍姆作为正义理论的诠释者，让她自己的声音主宰了一切。"⑤ 努斯鲍姆的理论可能过于依赖于她个人的

---

① Ackerly, Brooke A. (2000). *Political Theory and Feminist Social Criticism.* Cambridge: Cambridge University Press, p. 104.

② Ackerly, Brooke A. (2000). *Political Theory and Feminist Social Criticism.* Cambridge: Cambridge University Press, p. 109.

③ Williams, Bernard. (1987). "The Standard of Living: Interests and Capabilities", *The Standard of Living*, ed., Geoffrey Hawthorn. Cambridge: Cambridge University Press, p. 98.

④ Nussbaum, Martha. (2000). *Women and Human Development: the Capabilities Approach.* Cambridge New York: Cambridge University Press, p. 105.

⑤ Okin, S. (2003). "Poverty, Well-Being, and Gender: What Counts, Who's Heard?" *Philosophy & Public Affairs*, 31 (3), p. 297.

观点和价值判断，这可能导致其理论在某种程度上反映了个人的哲学观点和价值偏好，而不是更广泛或多元的视角。因此，尽管一些学者认为，这种方法一旦得到充分发展，就有可能取得成功，但就目前来看，作为一种在道德上为努斯鲍姆的理论辩护的手段，亚里士多德的方法似乎存在严重的缺陷。

阿莉森·贾格尔（Alison M. Jaggar）认为："也许可以发展亚里士多德的方法来避免这些问题，但努斯鲍姆在她最近的著作中并没有提到这一点；相反，她却提出了几种道德推理的替代方法。"① 这意味着，努斯鲍姆并没有充分利用亚里士多德的方法来解决能力理论中可能出现的问题。除非在辩护的过程当中，努斯鲍姆能够在某种程度上进一步对规范性观念进行阐释，并从这个本质主义所固有的推理方法中衍生出规范性观念，否则努斯鲍姆对其能力路径的辩护仍然是不明确的。正如罗宾斯（Ingrid Robeyens）所说："仅仅让人们对能力列表上的不同内容达成一致是不够的；相反，构建该列表的过程本身也需要合法性。"② 否则，即使其最初的意愿是最好的，但一份具体的核心能力列表仍然存在侵犯他人权利与自由的风险。

对努斯鲍姆来说，真正的人类生活的主要特征不应该是历史性的或先验的，而是人类在历史中广泛分享的经验的一般性记录。这种观点可以追溯到亚里士多德式的内在本质主义观点。亚里士多德认为，通过观察人类的生活经验，我们可以理解人性，并通过研究人类历史和文化，得出一些人类所共有的物种特征。从内在本质主义的角度来说，人之所以为人的真正原因在于他拥有所属物种的某些特定性质。反之，如果没有具备这些特定的性质，从某种意义上来说，就不能被称为真正的人，努斯鲍姆以此作为其能力理论的基本出发点。但是，内在本质主义忽略了历史与文化的差异，在某种程度上限制了人们根据自己的应享权利做出具有评价性的能动

---

① Jaggar, Alison M. (2006). "Reasoning About Well-Being: Nussbaum's Methods of Justifying the Capabilities", *The Journal of Political Philosophy*, 14 (3), p. 206.

② Robeyns, I. (2005). "Selecting Capabilities for Quality of Life Measurement", *Social Indicators Research*, 74 (1), p. 199.

性选择，过于乐观地预设了所有的人都具备我们事先所挑选出来的要素。

亚里士多德式的方法使我们注意到一个重要的事实，即正确地理解人类的本质是我们每个人都能达到幸福状态的不可避免的前提条件，通过审视我们自己与他人的生活，并试图确定所有人共享的经验，我们可以发现核心能力列表上的每一种能力既是我们都会去同意的，也是我们不可或缺的，但是，这种共享经验的观念本身是通过我们的政治原则与直觉之间达成的反思性平衡而实现，事实上，我们是否真地能够拥有共同的道德直觉来支持基于共享人类经验的核心能力列表是值得怀疑的。

努斯鲍姆运用直觉主义的方式引起了广泛的讨论和质疑。事实表明，只有当直觉或主体性偏好具有内在融贯性时，才可能实现一个平衡的道德框架。由于我们很难以一种公开的方式去衡量与评估一种作为实质性自由的能力，并且在反思性平衡的过程中，需要太多我们无法轻易获得的信息，因此，我们从此过程中获得一种可行性框架并非易事。

正如塞缪尔·弗里曼（Samuel Freeman）所言："正义的观念应该建立在充分意识到强制性法律的基础，即尊重公民作为负责任的道德和理性行为人的条件。"① 这意味着法律和政治制度不仅仅是对行为的外在约束，而是应当基于对个体作为理性和道德行为者的尊重。在道德判断过程中，道德问题、形而上学和存在主义的关切之间存在深刻的结构性联系，这要求我们不仅要分析和处理内在的信息，还必须保持与客观世界的适当联系。

努斯鲍姆的多元化能力框架由于难以得到公开验证，容易导致主观主义倾向。进一步，将能力作为衡量公民福祉和进行人际比较的基础可能会引发冲突和怨恨（resentment），这可能破坏在自由平等的公民中公开为使用政治权利辩护的可能性，并可能导致社会不稳定或公民对公正制度的支持不足。从这个角度来看，努斯鲍姆的非柏拉图式的实质性善的观念在缺乏程序上的辩护时，可能会给她的道德观念赋予过度的特权。此外，她的核心能力列表是否真正代表了更广泛的跨文化共识也存在争议。如果没有

---

① Freeman, Samuel. (2007). *Rawls*. London：Routledge, p. 187.

一种程序性的路径来界定她对实质性善的描述，那么她的理论很难避免受到批评。因此，努斯鲍姆的理论在为实现更广泛的社会正义和道德共识方面，仍须进一步的发展和完善。

努斯鲍姆尝试构建一个共享的直觉框架，并将自己的主观性偏好应用于他人，尤其是发展中国家的贫困妇女。然而，这种方法在面对众多可能的直觉或主观性偏好时遇到了挑战，因为我们不可能将所有这些因素都纳入考虑范围内。正如努斯鲍姆所指出的："如果一套融贯的直觉是被个人所持有的，那么它不会消除主观主义的恐惧；如果一套融贯的直觉是被群体所持有的，那么它不会消除相对主义的恐惧。"[①] 由此可见，将直觉作为道德辩护的依据是有问题的。理查德·罗蒂（Richard Rorty）的观点进一步补充了这种担忧："我们没有看到任何证据表明人们会善待他者，反而，历史经验表明我们的深层次信仰根本无法适当地认识他者。"[②] 这表明，尽管理想主义和普遍主义的道德观念试图促进对他者的理解和尊重，但现实中人们往往受限于自己的文化和历史背景，难以超越这些限制来全面地认识和理解他者。历史经验显示，即使在声称追求普遍价值和正义的社会中，人们仍然可能无法适当地对待他者，往往因偏见、无知或对己所不了解的事物的恐惧而产生冲突和不公正。努斯鲍姆的能力理论在试图成为多样化世界中不同整全性观点之间的重叠共识时面临困难。

在对努斯鲍姆的能力理论进行深入分析时，萨比娜·阿丽吉尔（Sabina Alkire）指出了努斯鲍姆的重叠共识方法存在三个关键问题。首先是规定性问题，这一问题揭示了"努斯鲍姆的观点存在一种张力，一方面，核心能力列表应该尊重多元主义，并根据不同地区的具体情况进行灵活和具体的制定；另一方面，她又强调这一列表应具有普遍的规范性"[③]。虽然努斯鲍姆提出以能力衡量尊严是其理论上的一大推进，但是关于能力的规范

---

① Jaggar, Alison M. （2006）. "Reasoning About Well-Being: Nussbaum's Methods of Justifying the Capabilities", *The Journal of Political Philosophy*, 14 （3）, p. 316.

② Richard Rorty. （1993）. "Human Rights, Rationality, and Sentimentality", S. Shute & S. Hurley （eds.） *On Human Rights: The Oxford Amnesty Lectures*. New York: Basic Books, pp. 111 – 134.

③ Alkire, Sabina. （2002）. *Valuing Freedoms. Sen's Capability Approach and Poverty Reduction*. Oxford: Oxford University Press, pp. 37 – 38.

性力量从何而来，仍然值得进一步阐明，这种制定出一份有效的核心能力列表的行为本身，可能无意中排除了对生活各种可能理念的考虑，忽视了功能性活动和多元化能力在不同情境下的差异，从而导致理论内部的矛盾。其次，"认识论问题涉及努斯鲍姆的核心能力列表的基础究竟是什么。努斯鲍姆并没有具体说明这些来源如何为我们提供任何认识论的见解，以及这些来源如何帮助我们达成重叠的共识"①。她的核心能力列表在提供规范性方面显得不充分，与功能性活动的关系也不够融贯。努斯鲍姆没有详细解释哪些能力子集可以被道德上识别和许可，以及这些多元化能力在何种情境下、通过何种方式产生道德责任，并将该道德责任转化为政治基础。最后是权利问题，即"努斯鲍姆没有明确指出谁应该参与确定有关能力和功能的重叠共识"②。努斯鲍姆的方法没有明确指出如何决定哪些能力和功能应该被包含在共识中，以及谁有权力参与这一决策过程。这个问题暴露了努斯鲍姆方法在实践操作性和包容性方面的局限性，如果努斯鲍姆想，要抛开功能性活动单独为能力找到规范性和普遍性的论证，不仅要假借于"重叠共识"，还应该回到对"人性"的形而上的分析之中。

努斯鲍姆的能力理论基于她对"好的生活"的多元化观念，这导致她陷入一种对人的尊重将不得不依赖于整全性理论的承诺，而非她之后声称的政治自由主义，因此，核心能力列表不能同时既建立在对真正人类生活的探索，又建立在对西方民主国家共同价值观的解释之上。尽管努斯鲍姆支持罗尔斯式的政治观念和推理，但是从整体上来看，努斯鲍姆的政治立场不完全等同于罗尔斯式的政治自由主义立场。罗尔斯仅仅从政治角度来为其正义政治观念辩护，并允许真理问题进入整全性学说的层面。政治自由主义被罗尔斯辩护为现代民主社会背景下的一种辩论辩护方法，无论是其理论基础还是其理论的应用，都是在政治领域的范围之内来进行讨论的。正如贾格尔（Alison Jaggar）所言"程序主义的方法比实质性的善的

---

① Alkire, Sabina. (2002). *Valuing Freedoms. Sen's Capability Approach and Poverty Reduction.* Oxford: Oxford University Press, pp. 39–40.

② Alkire, Sabina. (2002). *Valuing Freedoms. Sen's Capability Approach and Poverty Reduction.* Oxford: Oxford University Press, p. 41.

路径更值得信任，部分原因是，它是一种需要严肃对待竞争性与批判性观点的推理方法"①，换句话说，没有理由仅仅因为欲望等情感因素就不予考虑程序主义方法，罗尔斯的政治自由主义的观点在本质上更具有融贯性与稳定性。但是，努斯鲍姆的理论具有普遍主义的抱负，不仅阐明实际存在的民主社会所固有的政治价值，还提供了一种对人性的解释，并声称这种解释具有跨文化有效性。

由此可见，这两种研究路径在本质上显然是互相矛盾的。这种张力可以被定义为她早期内在本质主义的辩护方法和政治自由主义立场之间的张力。实际上，努斯鲍姆应该将她的理论作为一种受到文化敏感性和实用主义限制的整全性自由主义，而不是一种政治自由主义。由此，她既能够保持对不同文化成员的尊重，也无须对核心能力列表的实质性本质妥协，这也是政治自由主义的核心所在。

二　关于核心能力列表与尊严问题的批判性思考

在自由民主的社会中，政府必须保证公民在生活领域中自由地行使其选择的权利，以使公民在政治上得到充分的尊重。努斯鲍姆最初的理论构想是在各种社会政治、经济和文化的环境中列出一系列核心能力，从而形成对"过一种有尊严的生活"的实质性的描述，这构成了衡量和评估跨文化生活质量的判断基础。虽然核心能力列表经历了一些轻微的修改，以及一些实质性的细化与澄清，但核心能力列表的基本结构与基本布局被保留下来。即使情况可能如此，努斯鲍姆在能力路径与人类发展伦理学中，对人的尊严的观念的阐述是不充分的，或者说其理论内部具有不一致性，正如克拉森（Rutger Claassen）指出"努斯鲍姆赋予尊严的角色在理论上没有得到明确的发展，她也没有具体阐述采用这一概念的意义"②，尊严的概念仍然是直觉性的与模糊的，我们还需要去评估尊严的概念与其他概念之

---

① Jaggar, Alison M. （2006）. "Reasoning About Well-Being: Nussbaum's Methods of Justifying the Capabilities", *The Journal of Political Philosophy*, 14 （3）, p. 311.

② Claassen, Rutger and Marcus Düwell. （2013）. "The Foundation of Capability Theory: Comparing Nussbaum and Gewirth", *Ethical Theory and Moral Practice*, 16 （3）, p. 494.

间的关系，核心能力列表的最终形成应该是基于这种评估性的结果。考虑到努斯鲍姆的道德论证主要是对尊严这一直觉性概念的引用，而不是为了诉诸任何形而上学或认识论学说，那么这一直觉性概念能够在多大程度上有助于形成核心能力列表，是值得进一步探讨的。

在核心能力列表形成的过程当中，当代政治哲学家和发展伦理学家德莱迪克（Jay Drydyk）认为"在世界范围内存在大量关于人类尊严的概念，这些概念永远不会得出与努斯鲍姆在其学说中所定义的相同的结论"①。这一观点强调了关于人类尊严概念的多样性和复杂性，特别是在不同文化和哲学传统中对这一概念的多元解释。德莱迪克指出，全球各地关于尊严的理解可能受到各种因素的影响，包括历史、宗教、文化传统和社会结构等。这意味着，即使是关于尊严的普遍原则，也可能在不同文化中有着不同的表述和实践。德莱迪克的观点揭示了在构建普遍性道德和伦理理论时的困难，尤其是在全球化背景下考虑文化差异和多样性的重要性。这种多样性要求我们在讨论和实践普遍性原则时，如果出现不一致情况时，我们应该根据哪些因素来继续挑选与检验能力，努斯鲍姆对此的界定与阐释仍然不清晰，即使能够形成某种共识性的核心能力列表，那么此份列表在多大程度上能够代表最广泛人民的共识，仍有待进一步研究。

鉴于尊严的概念应该包括尊重、平等、主体性的概念，我们理解尊重概念的最佳方式是，将核心能力列表理解为一种达到人类尊严要求的表现形式，能力所激发的尊重的力量是基于我们关于"过一种好的生活"的必要思考。如果没有一份完整的核心能力列表作为其方法的基础，那么尊严的概念将是不完整的。核心能力列表为人类的发展提供了一种道德要求，只有这样的道德行动者才能够追求所列的能力，才有机会过上一种有尊严的生活，才能够把潜在的条件和机会转化为现实。

在建构正义的能力理论的过程之中，努斯鲍姆首先列出了一系列核心能力，这是她对尊严的描述，并接受进一步检验，我们可以想象，在没有

---

① Drydyk, J. (2012). "A Capability Approach to Justice as a Virtue", *Ethical Theory and Moral Practice*, 15 (1), pp. 23 – 38.

这些核心能力的前提下，能否过一种有尊严的生活。如果能够实现，那么作为尊严条件的核心能力列表在某种程度上具有基本道德上的正当性。从这个角度来看，尊严概念能够给核心能力列表提供一种规范性的力量。

但是，核心能力列表本身仍然是根据亚里士多德式的内在本质主义观点形成的，强调每一种能力都有其自身的价值。虽然这种观点能够为我们提供一种作为政治协议基础的价值标准，但实际上很难适用于广泛的政权学说。此外，在核心能力列表与尊严的概念之间可能会陷入循环论证的困境，即到底是核心能力列表定义了尊严的概念，还是以尊严的概念去表达核心能力列表，努斯鲍姆并没有提出任何关于尊严概念的独立性描述来避免这种循环论证。

保罗·福摩萨（Paul Formosa）对努斯鲍姆的能力理论所提出的批评，尤其是关于人类尊严概念在她理论中的定位及其阐述问题，揭露了努斯鲍姆理论中的一个关键疑问。福摩萨认为："尽管人类尊严在努斯鲍姆的体系内占据了核心地位，但这一概念并没有得到充分和深入的阐述。这一点可能导致努斯鲍姆理论内部存在某种张力，以及由此产生的其他问题。"[①] 努斯鲍姆的能力理论旨在确定和保护个体的基本能力，以实现人的尊严和福祉。然而对人类尊严的定义和理解似乎并不清晰，这可能影响到理论整体的逻辑一致性及应用效力。例如，努斯鲍姆在确定什么构成基本能力以及如何平衡不同能力时，可能因缺乏对尊严概念的明确界定而面临困难。此外，福摩萨的批评还触及一个更深层次的哲学问题：如何在普遍性原则与文化相对性之间找到平衡。努斯鲍姆的理论试图建立一套普遍适用的道德和政治准则，但在面对不同文化背景下关于人的尊严和权利的多样性解读时，其理论的普遍性就可能遭受挑战。在全球化的背景下，不同文化和社会对尊严的理解可能存在显著差异，这可能要求努斯鲍姆的理论在不同情境下展现更大的灵活性和适应性。

在努斯鲍姆的理解中，人类尊严的两个不同观念存在一定程度上的冲

---

① Formosa, P. & Mackenzie, C. (2014). "Nussbaum, Kant, and the Capabilities Approach to Dignity", *Ethical Theory and Moral Practice*, 17 (5), p. 875.

突："一方面，人的尊严的政治理念是由人的尊严的本体论—人类学定义产生的，这一定义涉及将所有人都赋予人的尊严，无一例外。另一方面，对人的尊严的理解与人的发展、能力、可能性和机会的追求之间存在伦理—道德维度上的联系。"① 显然，努斯鲍姆主张所有人无论采取何种行为都享有平等的尊严，这使得人的本体论—人类学维度与伦理—道德维度在政治上处于一种离散状态。如此一来，一个道德行为人就不必为其行为负责。人类尊严的概念似乎仅仅是一个本体论—人类学的观念，而非伦理—道德观念。

努斯鲍姆的正义的能力理论提供了一种规范性的视角，代表了一种关于基本正义与人类发展的普遍政治观念。核心能力列表中所列出的十项核心能力是一种有尊严生活必不可缺的元素。每一种能力都是独立于另一种能力的，能力之间具有不可通约性。"平等性的尊严适用于全体资格成员，这种尊严是与生俱来且不可分割的，不是相对的，也不是竞争的。"② 在某种程度上，努斯鲍姆的这种做法片面地倾向于赋予所有人平等的尊严，而不管他们采取何种行为与行动。因此，从某种意义上说，我们可以把努斯鲍姆关于人类尊严的观点称为"非功利主义的结果主义"③。

为了寻求一种普遍性的尊严概念，努斯鲍姆认为个体性至少在一定程度上是独立于文化影响的。尊严的概念在广泛的文化和传统中得到具体体现，但是努斯鲍姆仅仅是对尊严概念的应用范围加以解释，实际上并没有对尊严的概念进行实质性的定义。此外，不同于森将能力路径运用于生活质量的比较性研究，努斯鲍姆并没有采用森的研究路径，反而在其能力理论中避免使用"福祉"一词，并将其作为与功利主义划清界限的明确方式。这使得努斯鲍姆无法清晰地描述福祉与主体性之间的关系，由于主体性概念是人类尊严的核心概念之一，我们在对于尊严概念研究的过程当

---

① Gluchman, V. (2019). "Human Dignity as the Essence of Nussbaum's Ethics of Human Development", *Philosophia*, 47 (4), p. 134.

② Nussbaum, M. (2016). *Anger and Forgiveness: Resentment, Generosity, Justice.* New York, N. Y. : Oxford University Press, p. 27.

③ Nussbaum, M. (2016). *Anger and Forgiveness: Resentment, Generosity, Justice.* New York, N. Y. : Oxford University Press, p. 190.

中，无可避免地需要对主体性进行深入研究。因此，努斯鲍姆的做法使得她对人类尊严的描述显得不够充分。事实上，努斯鲍姆的正义理论是一种最低程度上的正义理论。对于界限水平之上的不平等问题，例如平等尊严的原则是如何适用于界限水平之上的分配问题，以及界限水平之上的不平等如何导致社会中某些群体尊严的不平等问题，她并没有进行详细而深入的阐述。

三　对能力与权利之间关系的批判性思考

努斯鲍姆对价值多元主义的阐述主要集中在以赛亚·伯林（Isaiah Berlin）观点的讨论上。伯林主张各种不同形式的文化价值就其真实性、终极性和客观性来说，也是平等的，并不存在任何关于价值的等级秩序。在1958年的演讲稿《两种自由概念》中，伯林引入了"积极自由"与"消极自由"的概念，这两种自由在自由理论中占有重要地位。

伯林对积极自由的理解强调"自我决定性"（self-determination），包括自由与物质资源、社群以及在劳动或创造性生产中的自由使用之间的关系。积极自由强调个体的主动性和自我实现，倡导个人在生活和社会中实现自身价值和目标。与之相对的是消极自由，其核心在于"非干涉性"（non-interfere），强调个性化而非社群，自给自足而非对财产的依赖，以及权利的获取而非权利的创造和自我拥有的过程。这一观点与密尔在《论自由》（On Liberty）中提出的"伤害原则"（the Harm Principle）相似，即消极自由是实现积极自由的充分非必要条件，保护个人免于他人的伤害是干涉个人自由的唯一正当理由。

伯林在其作品中表达了对积极自由的向往："我希望自己是一个积极的主体，而非消极的客体。我期望我的行为活动受自身理性和有意识目的的驱动，而非外界干扰因素的影响。我想成为名闻天下的伟人，而非默默无闻的普通人。我希望自己是实干家，能主动做出决策和选择，而不是像物品、动物或奴隶那样，被外界自然环境或他人所左右。"① 然而，伯林同

---

① Berlin, Isaiah. (1969). *Two Concepts of Liberty*. UK：Oxford University Press, p. 131.

时也警告，我们应对积极自由持谨慎态度，尽管积极自由——自我决定和自我实现的自由——在理论上是一种崇高的目标，但在实践中，它可能被滥用，因为历史上往往利用这一概念为极权主义（totalitarianism）辩护。因此，伯林认为，只有消极自由概念应通过政治制度推广。综合来看，伯林的自由理论为理解个人自由与社会责任之间的平衡提供了深刻的见解。努斯鲍姆通过引入伯林的理论，为其价值多元主义观点提供了哲学支持。

努斯鲍姆无法避免其理论既依赖于自主性又依赖于价值多元主义的事实，能力的实现取决于对自主性的诉求，而这种诉求不太可能被非自由主义文化所接受。此外，由于能力理论过于强调个人主体性，预设了功能和福祉具有内在的社会性质。这导致了贪婪的应享权利（insatiable entitlements）问题，事实上，即使将所有外在资源用于延长人们的寿命，也无法让每个人都达到所有能力的阈值，而且有些人甚至无法活到正常的寿命期限。

同样地，全球资源也无法满足全体资格成员达到其能力的界限水平。尽管把每个人都提高到所有能力的极限是不可能的，这本身并不是努斯鲍姆理论的问题，但是，不可否认的是，即使不可能实现，也常常会有人花费无限的资源使之能力提高到阈值。通常情况下，通过巨大的投资来实现大幅度改进的可能性非常微小，这就是贪婪的应享权利问题，也被称为贪婪的需求问题或无底洞问题。事实上，努斯鲍姆似乎没有意识到，任何一个国家都不可能将所有公民都提高到能力界限之上。"在极端绝望的处境下，国家无法确保所有公民的能力都达到阈值水平，这实际上是关于下一步该采取何种行动的纯实践问题，而非正义的问题。"[1] 每个国家都无法确保全体成员达到最低限度的能力，这种情况普遍存在，即使是最富裕的国家也是如此。每个国家都会遇到寿命期限异常的情况，但是，努斯鲍姆回应道："紧迫的实践问题不属于社会正义的根本性问题。"[2] 努斯鲍姆的观点在实践中的应用存在一定的模糊性，特别是在物质援助和移民问题上。

---

[1] Nussbaum, Martha. (2006). *Frontiers of Justice: Disability, Nationality, Species Membership.* Cambridge, Massachusetts: London, England. The Belknap Press of Harvard University Press, p. 175.

[2] Nussbaum, Martha. (2006). *Frontiers of Justice: Disability, Nationality, Species Membership.* Cambridge, Massachusetts: London, England. The Belknap Press of Harvard University Press, p. 175.

她指出，向外国提供援助并不总是有效的，甚至可能带来更糟糕的结果。同时，她也承认，解决全球物质援助的问题非常复杂，因为这涉及父权主义和无效性问题。她的观点在一定程度上介于自由民族主义者和世界主义者之间，尽管她承认对其他国家贫困人口的正义义务，但在实践上却难以提供有效的物质援助。

能力路径批评效用和资源是社会进步的衡量标准，这与基于权利的方法有很多共同之处。如果能力路径是基于基本权利而不是核心能力列表，其结果也不会有太大差异。波利·维扎德（Vizard）指出："能力路径是不详细的和不完整的，一种人权理论可能有助于提供以下两个关键方面：a）对不同能力的相对价值做出判断的理论基础；b）解释基本核心能力子集的要素如何被指定和证明的充分依据。"[1] 尽管能力可以被概念化为权利，但关于能力的概念并没有深入探讨相关义务的问题。能力路径关注于消极自由的概念是既不够充分又不连贯的，然而，实现所有能力都需要政府采取积极行动，这涉及第一代权利和第二代权利。因此，权利和能力之间的关系仍然模糊不清。能力路径主要通过经济和社会政策以及其他社会安排来实现其优先性目标，而不是通过法律程序。维扎德指出："以人权为基础的核心能力列表应该包含国家政府、国际机构和其他义务承担者的相关义务的规范，人权和能力的结合可以为消除贫困的国际问责制建立一个实用性的框架。"[2]

对于权利理论家来说，借鉴一种充足主义（Sufficientarianism）的表达方式具有很强吸引力。能力的界限水平不仅有助于衡量全体成员是否获得平等性尊严，也表明没有任何生命应享有特权。尽管努斯鲍姆的能力理论未能解决社会存在的所有问题，也未提供有关社会基本结构的正义原则，相对而言，罗尔斯将社会基本结构视为正义的首要主体，并由此构建一套

---

[1] Vizard, Polly. (2007). "Specifying and Justifying a Basic Capability Set: Should the International Human Rights Framework Be given a More Direct Role?" *Oxford Development Studies*, 35 (3), pp. 233 – 256.

[2] Vizard, Polly. (2007). "Specifying and Justifying a Basic Capability Set: Should the International Human Rights Framework Be given a More Direct Role?" *Oxford Development Studies*, 35 (3), p. 248.

先验式的正义理论。虽然努斯鲍姆的叙述对受政治宪法保护的基本权利有一定的积极意义，但未能为宪法权利与政治程序的具体规定和裁决提供有效的指导。因此，我们需要不断修正和限制人权的概念，特别是在区分占有（possession）人权与行使（exercise）人权的过程中。

相比缩短最富裕者与最贫穷者之间到达界限水平的距离，努斯鲍姆更注重确保全体成员达到一种最低程度的界限水平。这引发了平等主义者对努斯鲍姆的批评，认为努斯鲍姆只是将生命体从最低界限提升到界限之上，而忽略了界限水平之上的不平等现象。一旦所有生活达到最低界限水平，更深层次的不平等被认为在道德上是正当的。努斯鲍姆的能力理论未详细探讨经济生产与分配制度、财产制度以及其他需要通过分配正义解决的问题，也未涉及应由谁来控制生产资料的标准。因此，努斯鲍姆的能力路径在解决民主社会中存在的经济分配问题和基本结构问题方面，几乎没有提供任何指导。

事实上，努斯鲍姆的能力理论并不是一种分配正义的理论，也不是一种政治基本结构的构建。相反，它仅仅是在处理人权问题以及最低程度上的正义问题。由此，优先主义（Prioritarianism）的学者可能会批判努斯鲍姆的核心能力列表仅仅是一种充足主义的表现形式，这可能使得其能力理论陷入一种拜物教的困扰。因此，我们需要将平等原则（Egalitarian Principles）与具有平等性效应的原则（Principles with Egalitarian Effects）区分开来。如果一个原则趋于平衡不同的界限水平，那就是平等主义；如果一个原则缩小了最富裕者与最不富裕者之间的差距，那就是产生了平等性效应。这种原则是充足主义与优先主义所能接受的。由此观之，能力路径可能更多的是人权方法的其中一种，在这方面，努斯鲍姆的能力理论和罗尔斯的立场之间真正的相似之处，并不在于他们对社会正义和秩序良好社会的基本结构的论述，而在于对人权的论述，这也是罗尔斯《万民法》的一部分。努斯鲍姆列出的人权列表比罗尔斯更全面，其中包括了许多她认为是自由主义权利的内容。然而，这两种观点都有一个值得商榷的地方，即一个社会要实现努斯鲍姆所强调的"最低限度的正义"或罗尔斯所强调的"体面的等级社会"所必须的最低限度条件。

四 关于非人类动物问题的批判性思考

努斯鲍姆的能力理论是她关于动物权利研究的一个重要组成部分,挑战了契约论和功利主义在处理动物正义问题上的充分性。她认为这些传统理论并没有充分考虑动物的权利和福利。相反,她的能力理论旨在为动物权利提供一个更全面的基础,重点是为不同物种生活得充实和繁荣所必须的条件,基于物种权利的能力路径是一种非功利主义的结果主义。尽管努斯鲍姆正确地强调了人与动物之间的连续性,且这一观点被社会契约论传统所忽视,但她的政治哲学在推动考虑动物正义问题上发挥了重要作用。然而,她忽略了导致人类与自然之间不协调关系的间断性与复杂性。当我们尝试将正义的应用范围超越我们共同的人类与人性化的生活领域,并延伸至其他不协调的非人类动物领域时,这就立即引发了一般性问题,即概念的不一致性所提出的挑战。

我们应该设定何种限制条件,以何种程度接受这种令人尴尬的不协调关系,容忍它,并应对它,尤其是在涉及正义要求的情况下,我们很难在物种需求之间找到实质性的平衡。一旦我们承认了非人类动物的应享权利,人类与动物之间的福祉需求的异质性将不可避免地引发冲突。努斯鲍姆试图通过假设人类情境中存在的重叠共识也存在于非人类动物的情境中,并以此来构建一种与人类情境相似的平行关系。但是,我们有必要进一步探究这种重叠共识是否真地存在于非人类动物之中。

努斯鲍姆通过对比分析"野生动物"与"我们已经直接控制的动物",凸显了我们与非人类动物之间存在某种程度的间断性。这种对比表明,能力路径在与我们密切相关的动物方面可能合理,但是,对于那些与我们的人性化环境联系不太密切,或者是不受我们直接控制的野生动物来说,情况并非如此。无论是人类撕裂一只小狗,还是同一只小狗被老虎撕成碎片,对于小狗而言都是同样的悲惨命运。能力理论从每个动物的权利出发,小狗有权保护自己不受老虎的伤害,也有权保护自己不受人类的伤害。在这个意义上,当我们走出与人类生活在紧密共生关系中的动物领域时,我们陷入了困境:如何尊重和保护那些不受我们直接控制但同样拥有生存权利的野生动物？

在完全人性化的控制空间中，"我们通常提倡一种普遍的思维方式，呼吁逐步取代自然的公正"①，我们不仅应阻止动物间的相互残杀，还应通过不伤害生命的方式来满足它们的基本生存需求。但在所谓的"荒野"（Wilderness）情境下，这一问题变得更加复杂。荒野作为动物生存和发展的自然环境，被视为维护动物权利和福祉的关键空间。在这些相对未被人类完全掌控和人性化的空间中，自然的运作仍然保留着一种原始的、未经人工干预的状态。在这里，动物的狩猎行为仍然是生存的一部分。人类活动对荒野和野生动物的生存造成了巨大威胁，包括栖息地破坏、气候变化、污染等在内的人类活动，极大地削弱了荒野的生态系统和动物种群。只有当我们对未经人性化的动物采取一种无条件的、改善其生存状况的态度时，我们才可能逐步消除这种掠夺性的荒野状态。这样做的话，我们不仅维持了人道与非人道之间的界限，而且避免了试图通过将整个世界完全人性化来统一人类与动物的关系的单一视角。

我们当前的生活实践与自然之间存在一种断裂性，但正是在这种断裂和间断之中，我们应当寻求人与自然之间的连续性。这种思考不是简单的自然崇拜，而是基于对自然界深入理解和尊重，寻找一种和谐共存的平衡点。我们无法用一种完全人性化的秩序来取代自然的正义，因为这种尝试忽视了我们既是自然的一部分，同时又与自然存在差异的双重身份。在一定程度上，这种不协调性不应被视为消除，而是理解和接受的集合体，它揭示了我们与自然界错综复杂的联系。我们应当在认识到人类与自然界的不可分割性的同时，也接受人类与自然之间存在的本质差异。在这个过程中，我们不应试图消除这种不协调性，而是应该学会理解和接受它，把它视为揭示人类与自然错综复杂联系的一种方式。这种接受不是被动的忍受，而是一种积极的、寻求理解和和解的态度。通过这种方式，我们可以更好地认识人类社会的生活实践需要与自然界的规律相协调，而不是单方

---

① Nussbaum, Martha. (2006). *Frontiers of Justice：Disability，Nationality，Species Membership*. Cambridge, Massachusetts：London, England. The Belknap Press of Harvard University Press, p. 400.

面地试图控制或改变自然。

如果我们对所有非人类动物都采取一种家长式的责任，那么对人类来说，我们就可能承担着巨大的责任与高昂的社会成本。这不仅可能影响人类关于"公平分配"资源的基本观念，也会引发一系列道德和经济上的挑战。虽然努斯鲍姆指出一些国家通常会取缔工厂化农场，但实际情况似乎只是取缔了一些表现最为恶劣的农场。实际上，我们也不可能关闭世界各地所有的工厂化农场，而是可以通过转变当前农场的运作模式来寻求切实可行的解决方案。目前，许多工厂化农场正在向集约化农场转变，人们更倾向于在集约化农场中饲养动物，以满足世界各地对动物产品的增长需求。这种情况不仅发生在西方国家，而是在世界各地都普遍采取这种做法，并且几乎没有遇到什么反对意见。然而，在这个过程中，为了获得食物而被饲养和宰杀的动物往往更像是食物生产链中的"机器零件"，而不是应该得到繁荣发展的有机生命体。这种现象表明，动物的核心能力和福祉并没有得到应有的重视。

此外，由于没有充分认识到动物作为地球上的生命体，应当得到我们政治制度的特别关注和保护，大多数国家在法律上未能通过任何具有实质性的法律来保护动物的权益。当人们反对国家仅仅采用一种工厂化农场的生产方式时，他们主要关注的是这种生产方式带来的环境退化问题以及可能导致的工作岗位丧失问题，而并非动物的待遇。这一现象揭示了一个现实问题：在动物权益保护方面，社会意识和法律规定之间存在显著差距。

努斯鲍姆的观点在伦理学和动物权利领域具有创新意义。她通过能力路径强调动物的尊严和价值，挑战了传统的人类中心主义观念。同时，她在道德义务和肉类消费方面的观点，提出了更为实际和渐进的解决方案。然而，这也引发了一些批评，例如在如何实际实施这些道德义务方面存在的问题，以及她对肉类消费态度的模糊性可能导致的伦理困境。我们需要在保护动物权益与维护人类社会正义之间找到一个合理的平衡点。努斯鲍姆的能力观并不意味着必须实行素食主义，但她认为应该逐步朝向反对屠杀感知能力更强的动物为食的共识。她的观点是基于实际可能性和实用主义，主张尽可能实现动物不受苦的生活和无痛的死亡，而不是完全禁止为食物而杀害动物。

安德斯·申克尔（Anders Schinkel）批评努斯鲍姆没有完全贯彻她自己的能力观。申克尔认为，能力观应当使努斯鲍姆反对为食物而杀害动物，因为这会剥夺动物的基本能力，如完整的生命。努斯鲍姆的观点在这方面显示出一定的不一致性。根据申克尔的观点，能力观理论应当使努斯鲍姆反对为食物而杀害动物，因为这种做法会剥夺动物的基本能力，尤其是能力观中最基本的一项——能够活出一个完整的生命。申克尔指出，努斯鲍姆在她的论述中表现出一定的不一致性可以采取以下两种方式来解决。① 其一，移除功利主义元素，这种元素仅重视动物是否遭受痛苦。这样，她的方法将更一致地基于能力路径，并将导致反对为食物而杀害动物。其二，将能力观降低为一种更温和的基于权利的方法，这种方法给予动物的权利可以在人类利益关切时被推翻。这种方式将允许吃肉，但能力路径的许多独特和吸引人的特点将会丧失。申克尔倾向于采取第一种方法，或者可能存在某种进一步细化的能力观，提供第三种途径。

努斯鲍姆的观点在哲学和伦理学领域具有重要意义，她通过批判传统观念和提出新的理论框架，为动物权利的讨论提供了新的视角。尽管如此，努斯鲍姆的理论也面临着批评和挑战，特别是关于如何一致性地应用她的动物权利观点。此外，关于如何在保护动物权利与满足人类需求之间找到平衡点的问题，也是努斯鲍姆理论所需进一步探讨的领域。总体来说，努斯鲍姆的贡献在于她试图建立一种更加公正和人道的对待动物的方式，这对于促进动物福利和加强人类对动物的道德责任意识具有重要的意义。

---

① Schinkel, Anders (2008). "Martha Nussbaum on Animal Rights", *Ethics and the Environment*, 13 (1), pp. 41 –69.

第四章
当代能力主义者对能力路径的横纵向延伸

第一节　罗宾斯：能力路径的模块化视图

在将能力路径应用于实际领域时，我们面临着能力选择的问题，这与我们最初希望将能力路径应用于特定领域有密切关联。在不同的社会、经济和文化背景下，尽管基本功能性活动和多元化能力可能存在某种重叠共识，但不同社会群体成员之间所认为有价值的行为和存在方式并非完全相同。努斯鲍姆在早期的研究中采用了演绎推理的方法，从包含终极和基本价值或原则的规范性理论出发，例如人类的尊严或主体性，然后倒推出人们需要具备的能力和功能，以满足这一规范性理论。她承认其所列出的核心能力并不涵盖所有人类特征，例如暴力或残忍的倾向，但只有她列出的核心能力表才能在道德上得到辩护。

英格丽德·罗宾斯（Ingrid Robeyns）认为："在大多数情况下，能力路径并非用于制定理想社会利益和责任分配的社会正义理论，而是一个广泛的规范性空间，用于评估人们的福祉和自由。"[①] 因此，能力路径不是正义或其他任何领域的精确理论，而是一个灵活的、多用途的理论框架，可作为各种具体能力理论的基础。罗宾斯坚持区分能力路径（capability approach）和能力理论（capability theory）。"路径"是一种一般性观点，跨学科用于多种目的，而能力理论的发展是一个开放的领域，包含庞大而多

---

① Robeyns, I. (2005). "The Capability Approach: A Theoretical Survey", *Journal of Human Development*, 6 (1), pp. 93 – 117.

样化的能力理论家族，根据不同目的发展成不同的能力理论或应用。这些理论或应用关注人们能做什么、能成为什么，以及他们在存在和行为方面真正实现了什么。因此，我们需要区分"一般性观点"与"基于此观点的具体理论"，如努斯鲍姆的正义能力理论、克罗克（David Crocker）的发展伦理学、沃尔夫和德－夏利特的劣势能力理论。这些能力路径的具体的版本可以称为"能力理论"或"能力应用"。

对努斯鲍姆的核心能力列表提出的担忧突出了在发展能力理论时所必须考虑的重要伦理和哲学问题。罗宾斯指出："创建一份核心能力列表的过程本身需要具有合法性，如果被适用于该列表的人合理地认为该列表是强加于他们的观念之上，那么该列表必然也缺乏必要的合法性。"[①] 核心能力列表不仅在能力的选择上存在争议，而且在哪些能力我们能够达成重叠共识方面也相当有限，但这个过程可能受到特定文化、社会或哲学观点的影响。因此，核心能力列表在不同文化和社会环境中可能会受到质疑，特别是如果它们被视为对本地价值观和生活方式的外来干涉。综上所述，努斯鲍姆的能力路径在理论构建上展现了深厚的哲学基础和对价值多元主义的尊重，但在实际应用和普遍接受性上仍面临挑战。罗宾斯的观点强调了能力路径作为理论框架的广泛性和灵活性，同时提醒我们在发展具体能力理论时须考虑其合法性和普遍性。

为了捍卫能力路径的普遍有效性，并对努斯鲍姆的正义的能力理论进行批判性评估，罗宾斯（Ingrid Robeyns）提出了一套评估能力选择的标准，这包括显式表达式、方法论上的辩护、情境的敏感性、一般性的不同层次、穷竭性和非还原性，这些标准旨在确保能力理论的应用既具有理论的合理性，又能适应不同的实际情境。

1. 显式表达标准。"一个适当的方法应该能够明确地表达和充分地辩护其核心能力列表。"[②] 这一标准要求能力理论应明确地表达其核心能力列

---

① Robeyns, I. (2005). "Selecting Capabilities for Quality of Life Measurement", *Social Indicators Research*, 74 (1), p. 199.

② Robeyns, Ingrid. (2003). "Sen's Capability Approach and Gender Inequality: Selecting Relevant Capabilities", *Feminist Economics*, 9 (2–3), p. 70.

表，并对这些能力进行充分的辩护。这意味着能力列表的选择和编排应该清晰、透明，并有充分的理论支持。

2. 方法论上的辩护标准。"一个适当的方法应阐明并证明其选择过程相对于具体应用的合理性，并可加以审查。"① 根据这一标准，能力理论应明确其选择过程的合理性，并在具体应用中接受审查。这包括解释为何特定的能力被纳入或排除在外，以及这些选择如何反映理论的目标和价值。

3. 情境的敏感性标准。"一个适当的方法应该对应用它的环境中使用的语言敏感。"② 努斯鲍姆的能力理论应对其应用环境中的特定语境和文化敏感。这意味着能力理论在应用时应考虑到不同社会、文化和经济背景，确保其适应性和相关性。

4. 一般性的不同层次标准。"一个适当的方法应该能够在不同的一般性层次上有效。"③ 能力理论应在不同的一般性层次上有效，能够在不同的情境和应用中展现其适用性。这要求能力理论具有足够的灵活性，以适应不同的分析和实践需求。

5. 穷竭性和非还原性标准。"一个适当的方法应该能够识别所有相关的能力，而不需要将它们相互还原。"④ 这一标准要求能力理论能够识别所有相关的能力，并且不需要将它们相互还原。这意味着能力列表应全面、综合，能够覆盖人们生活中的各个方面，同时每个能力列表都保持其独特性和完整性。

基于以上五条标准，罗宾斯提出了能力路径的车轮化视图（cartwheel view of the capability approach），这一视图深入分析了评估能力选择过程中的关键因素。罗宾斯强调，在评估能力的选择过程中，我们需要综合考虑

① Robeyns, Ingrid. (2003). "Sen's Capability Approach and Gender Inequality: Selecting Relevant Capabilities", *Feminist Economics*, 9 (2-3), p. 70.

② Robeyns, Ingrid. (2003). "Sen's Capability Approach and Gender Inequality: Selecting Relevant Capabilities", *Feminist Economics*, 9 (2-3), p. 71.

③ Robeyns, Ingrid. (2003). "Sen's Capability Approach and Gender Inequality: Selecting Relevant Capabilities", *Feminist Economics*, 9 (2-3), p. 71.

④ Robeyns, Ingrid. (2003). "Sen's Capability Approach and Gender Inequality: Selecting Relevant Capabilities", *Feminist Economics*, 9 (2-3), p. 71.

个人的能力投入和多种决定因素，包括个体所处的社会基本结构、与他人的互动关系，以及更广泛范围的资源。"我们需要在社会、环境和个人转化因素的背景下仔细审查这些因素。如果发现任何一个因素降低了个体将资源转化为有价值能力的能力，我们就有了制定额外补救政策的客观依据。"[①] 为了进一步完善能力理论，罗宾斯提出能力路径的模块化视图（The modular view of the capability approach）。在这一视图中，能力路径被划分为三种不同类型的层次模块：A 模块、B 模块和 C 模块。A 模块包含许多能力理论的核心命题，这些命题构成了理论的基础。B 模块包括一系列含有可选择性内容的非可选模块，这些模块提供了对能力理论的深化和扩展。C 模块则依赖于 B 模块中的特定选择，或者是完全可选的内容，提供了更多的灵活性和适应性。

A 模块：非选择性核心	
A1	功能性活动与多元化能力是核心概念
A2	功能性活动与多元化能力属于价值中立范畴
A3	转换因素
A4	手段和目的的区别
A5	功能性活动与多元化能力形成可评价性空间
A6	其他维度的最终价值
A7	价值多元主义
A8	把每个人都当作最终目的
B 模块：具有可选择性内容的非选择模块	
B1	能力理论的目的
B2	选择维度
B3	阐述人类多样性

---

① Robeyns, Ingrid. (2009). "Justice as Fairness and the Capability Approach", Kaushik Basu and Ravi Kanbur (eds.), *Arguments for a Better World. Essays for Amartya Sen's 75th Birthday*, Oxford University Press, p. 410.

续表

B4	阐述主体性
B5	阐述结构限制
B6	选择功能性活动与多元化能力
B7	元理论承诺
C 模块：或有模块	
C1	附加的本体论和解释性理论
C2	权衡维度
C3	实证分析方法
C4	附加的规范性原则和关注事项

表 4–1　能力路径的模块化视图①

通过区分能力路径和各种不同的能力理论及其应用，罗宾斯为当前关于能力路径的争议提供了一种调和的视角，有助于我们更好地理解和应对这些争议。罗宾斯指出，对能力路径的批评往往针对特定的能力理论，而非能力路径本身。这些批评包括过度的个人主义、自由主义以及对权利和政治经济分析的不充分等。通过区分三种类型的模块，我们能够更清晰地理解能力路径的特性及其与更具体能力理论的区别。

努斯鲍姆的正义能力理论虽然被广泛研究和关注，但认为只存在一种正义的能力理论是错误的。正义在其范围、性质和形式上均具有限制性和多元性。相反，能力路径的开放性使得多种正义的能力理论得以发展。这一点从森对能力分析的方法中也可见一斑，他一直拒绝承认某个单一的列表适用于所有的能力分析。罗宾斯强调，我们不需要在不同的能力理论之间做出选择，将不同的能力理论视为竞争对手是错误的。多种不同的能力理论可以并存，这种多元主义的理论应被接受。然而，能力路径存在被过度使用——通胀（inflation）——的风险，任何理论只要以某种方式扩展了评估和比较信息基础，就可能被视为一种能力理论。为了避免这种风险，

---

① Robeyns, I. (2017). *Wellbeing, Freedom and Social Justice: The Capability Approach Re-examined.* Cambridge: Open Book Publishers, p. 74.

罗宾斯提出了三种不同类型的层次模块，明确列出了每种能力理论、应用或分析应满足的特定特性。因此，任何不致力于将功能和能力作为核心概念的学者，或不信奉价值多元主义的学者，都不能声称使用能力路径。这些 A 模块要求允许我们限制通胀式地使用能力路径，从而为"能力理论"术语的通胀风险提供强有力的预防措施。

罗宾斯进一步明确指出："一份定义良好的核心能力列表在认识论上存在一定的局限性；相反，我们需要一个真正倾听和深思熟虑的过程，直到能够建构一个必然的、集体性的核心能力列表。"① 这要求我们在区分逻辑上可能但经验上不可能的能力理论时进行深入的思考。能力路径在寻求真正跨学科的社会科学和人文科学概念框架中发挥着重要作用，应更广泛地应用于指导社会各个阶层和世界各个社会的实践活动，特别是在设计新政策时。此外，我们还需要考虑到定义良好的核心能力列表可能忽略的重要因素，例如社会文化背景、个人经验和专业技能等，从而采用一种更加综合和全面的方法来识别和分析核心能力，以便更好地理解它们在实际应用中的作用和意义。

在构建核心能力列表的过程中，必须考虑到跨学科和多领域的知识与技能，同时也要充分考虑不同社会和文化背景下的具体实际情况。这种综合考量的方法有助于制定出更全面和有效的核心能力列表，从而为社会各个阶层和不同文化背景下的世界各社会的实践活动提供指导。此外，认识到核心能力的识别和分析是一个动态持续的过程至关重要。社会和文化环境的不断发展与变化意味着新的核心能力将不断涌现，而一些在过去被认为重要的核心能力可能逐渐失去其相关性。因此，核心能力列表的制定需要保持足够的灵活性和适应性，以适应社会发展的需求，并根据新的社会挑战和机遇进行不断的反思和更新。最后，将核心能力应用于广泛的实践领域是实现个人和社会发展的关键。这些领域包括教育、就业、经济发展和社会福利等。通过培养和提升个人的核心能力，不仅能促进个人的自我

---

① Robeyns, I. (2005). "Selecting Capabilities for Quality of Life Measurement", *Social Indicators Research*, 74（1）, p.198.

实现和成长，还能推动社会的整体进步。这样的方法不仅实现了个人价值的提升，也促进了社会价值的增长，从而实现了个人与社会的双重发展目标。

由此可见，核心能力列表的构建是一个复杂而动态的过程，需要综合考虑多种因素，如跨学科知识、社会文化背景及个人经验等。这种多维度的考量确保了核心能力列表不仅反映出当前社会的需求，也具备向前看的适应性，能够应对未来可能的变革。罗宾斯在正义与能力理论的讨论中提出了一些关键观点，对当前的政治哲学和社会科学研究提供了重要的启示和挑战。其主张核心能力列表需要经过深思熟虑的构建过程，以及对能力理论的多元主义和通胀性使用的警示，都对理论和实践具有深远影响。

首先，跨学科的整合为核心能力列表提供了更为丰富的知识基础和更广阔的视角。例如，结合社会科学、人文学科以及技术科学等领域的知识，可以更全面地审视和定义什么构成了一个人的"核心能力"。这不仅有助于抓住各学科中的重要能力特征，也能够促进不同领域之间的协同和创新。

其次，考虑到社会文化的多样性，核心能力列表的构建必须反映不同社会、经济和文化背景下的具体需求。这意味着在设计核心能力时，不能单一从某一文化或社会模型出发，而应考虑全球多样性和地区特性。这样的核心能力列表更能促进全球化背景下的相互理解与合作。

再者，核心能力的识别和分析作为一个持续的动态过程，需不断地对现有能力进行评估和更新。随着技术进步、经济变革和社会结构的变化，某些能力可能变得更加重要，而其他的则可能逐渐边缘化。因此，核心能力列表需要有足够的灵活性，以适应这些变化。

最后，实现这一切的关键在于如何将这些理论应用到实际中。在教育、就业、经济发展和社会福利等领域的应用，不仅可以提高个人的生活质量，也可以促进社会的整体福祉和进步。教育系统需要根据这些核心能力来设计课程，以培养学生的全面能力；企业和组织须在招聘和培训中重视这些核心能力，以提高员工的工作效率和适应性；政府和政策制定者需以这些核心能力为基础，设计促进社会整体福祉和经济发展的政策。

综上所述，罗宾斯的观点在理论与实践层面均提供了重要的指导原则。她的思考不仅扩展了能力理论的应用范围和深度，也为如何在复杂多变的现实世界中理性地应用理论提供了具体的操作框架。通过这种方式，能力理论不仅能更好地指导政策制定，也能在不断变化的社会环境中保持其理论的活力和相关性。核心能力列表的构建和应用是一个多层次、多维度的过程，涉及广泛的社会、文化和经济因素。通过持续地更新和适应这些能力，可以更好地促进个人和社会的发展，实现更广泛的社会正义与经济效益。这种综合性和动态性的方法，不仅体现了深刻的学术理论价值，也展示了其广泛的实践意义和应用潜力。

第二节　克拉森：基于主体性的能力路径

鲁特格尔·克拉森（Rutger Claassen）在其理论框架中对努斯鲍姆的完备主义立场进行了深入探讨，并主张支持一种温和的完备主义自由主义（moderate perfectionist liberalism）。克拉森提出的"节制中立性"概念认为，自由国家应在不同良好生活观念之间保持中立，使政治自由主义成为这一立场的主导形式。他认为，与政治自由主义相比，完备主义的自由主义在支持自由主义中关于善的理论方面更为完备。

在哲学和政治道德领域中，围绕人的自由和自主性的理论具有多样性，因此完备主义自由主义也展现出不同的变体。克拉森强调了对自由和自主性概念的重视，并提出："温和的完备主义自由主义要求我们明确自由或自主性的观念，并阐述这些观念如何构成政治道德的基础。"[1] 他的主张是对目的论（teleological views）进行的重要补充和修正，特别是在理解个人自由与政治自由之间关系的过程中。目的论通常将个人的目标和价值观与政治层面的目标和价值观进行直接的类比，强调政治体制和政策应该促进或实现特定的社会目标或人类价值。然而，克拉森认为这种类比过于简化，可能忽视了个人自由和自主性在政治领域中的复杂性和多样性。

---

[1] Claassen, R. J. G. (2018). *Capabilities in a Just Society—A Theory of Navigational Agency.* Cambridge: Cambridge University Press, p. 39.

在个人层面上，人们在处理自主性与其他价值观之间的冲突时，通常会进行一种权衡，以平衡不同的价值和需求。这种权衡过程体现了个体对自由和自主性的价值特征的认识，同时也考虑其他重要的价值观，如责任、关怀或正义。个人可能在不同情境下做出不同的选择，这取决于他们的个人信仰、经历和当前面临的具体情况。与个人层面的自主性相比，政治层面上的自主性和自由则具有不同的特殊性质。在政治领域，自由和自主性不仅是个体追求和实现个人目标的基础，而且是维护民主社会和保障公民权利的关键要素。政治层面的自主性和自由要求国家和社会机构尊重和保护公民的基本权利，包括言论自由、宗教自由、集会自由等。这些权利使得公民能够自由地表达观点、参与社会和政治活动，并对公共事务作出贡献。因此，政治层面的自主性和自由在调节不同公民行为活动时发挥着特殊作用。它们不仅保护个体免受不当干涉，还促进了社会多元化和政治参与。这种特殊性质意味着，无论在何种情况下，维护和促进政治层面上的自由和自主性都是至关重要的，以确保一个健康、活跃的民主社会的运行。

克拉森所支持的温和的完备主义自由主义对中立性的理解与政治自由主义者的理解存在两种意义上的区别。首先，温和的完备主义自由主义者认为中立性是通过尊重人的自由和自主性来实现的，而不是单纯依赖于独立的政治学说。这一观点强调，中立性的实现应基于对个体自由和自主性的尊重，而不是通过限制或定义政治学说的范围。其次，温和的完备主义自由主义者认为中立性意味着国家在制定和实施政策时，应该仅仅关注为人们的自主发展提供所需条件，而不应该超越这些条件去创造有价值的选择或阻止无价值的选择。这种观点强调，政府的作用应该局限于为公民自主选择不同生活方式提供必要条件，而不是对这些选择本身进行价值判断，通过尽量减少干预，来保持对自主性公民选择任何生活方式的价值中立。

在提出"基于主体性的正义的能力理论"（an agency-based capability theory of justice）时，克拉森创新性地引入了"主体性的双层理论"，这一理论包含两个层面：社会实践中的"参与性的主体性"（participational agency）和"导航性的主体性"（navigational agency）。克拉森认为："主体性可以采取两种形式：在某个社会实践中自主地和自由地活动的能力，以及在社会实践之间自主和自由地活动的能力。"① 首先，导航性的主体性作为一种规范性原则选择能力，它本身具有普遍有效性。它不仅能够选择参与哪些实践，还能够决定何时何地参与或退出这些实践。其次，导航性的主体性能解决个人按照自己意愿参与的实践之间的实际冲突。克拉森强调，虽然导航性的主体性是一种偶然的可能性，但参与性的主体性是人类生活的必然组成部分，并不是每个参与性的主体性都一定蕴含于导航性的主体性之中。一个人可以是多种社会实践的参与者，而无须选择退出这些实践而加入其他实践。社会或政治公约可能禁止这些行动并强迫人们参与某些实践。再次，导航性的主体性有两种形式，一种是改革现有实践；另一种是创造新的实践。改革现有实践意味着能够共同管理这些实践，而创造新的实践可被视为改革现有实践的一种极端情况。最后，参与性的主体性允许个体自由且自主地参与社会生活，同时也能成为导航性的主体性。

为了更清晰地呈现主体与能力之间的关系，克拉森对主体（agent）的定义进行了细致的阐述。他将主体定义为具备以下特征的个体："（1）主体能够自主地思考，这包括两个方面：（1a）具有为自己设定目标并决定实现这些目标的手段的能力；（1b）能够在不受他人操纵的情况下行使这些能力。（2）主体能够自由地行动，这包括两个方面：（2a）根据自己对目标和手段的选择采取行动的能力；（2b）能够在不受他人干涉的情况下行使这些能力。"② 个体主体性不仅是个人的属性，而且具有一定的社会条件，即主体性本身具有内在的社会性。克拉森认为："政治理论的辩护不应依赖于利他动机，因为这种依赖实际上是对需要证明的事物的假定。"③ 在以正义之名采取政治行动的核心中，实现个体主体性的政治行动具有两分法结构：主体性发展与主体性执行，这两者共同为能力的界限设定了基

① Claassen, R. J. G. (2018). *Capabilities in a Just Society—A Theory of Navigational Agency*. Cambridge: Cambridge University Press, p. 48.

② Claassen, R. J. G. (2018). *Capabilities in a Just Society—A Theory of Navigational Agency*. Cambridge: Cambridge University Press, p. 50.

③ Claassen, R. J. G. (2018). *Capabilities in a Just Society—A Theory of Navigational Agency*. Cambridge: Cambridge University Press, p. 55.

础。在处理低于某一阈值情形间的冲突时，我们应该通过权衡优先图式（weighed prioritarian scheme）来解决。克拉森进一步阐释："多元化能力（capabilities）是指能力（capacity）（内在性能力）和选择（外在性能力），这两方面都不能直接由某个核心主体性重新分配。"① 对于那些具有地位特征的多元化能力，可以通过平等主义的范围原则和严格平等的方式来辩护。在某些能力的实现中，需要主体性的执行能力，因此，将个体性责任视为能力实现的前提条件变得至关重要。

克拉森的理论在哲学和政治道德领域中提供了一个全面而深刻的视角，将个体的主体性与社会实践紧密联系起来。他的观点强调了在实现正义时考虑个体的自主性和自由性，以及在社会实践中个体所扮演的多重角色。这种方法不仅有助于我们理解个体在社会中的多样性和复杂性，也为解决社会实践中的冲突和不平等提供了新的思路。通过将主体性分为参与性和导航性两个层面，克拉森展示了个体在社会中既是参与者又是决策者的双重角色。这种观点认识到个体不仅需要在特定的社会实践中发挥作用，还需要在不同实践之间自由选择和转换，这对于理解个体在社会中的行动自由至关重要。此外，克拉森对主体性的详尽分析，尤其是他对自主思考和自由行动能力的定义，为理解个体如何在社会中实现自身目标和价值观提供了重要的理论基础。他的理论强调了个体主体性的社会性和内在性，揭示了个体在社会中不仅是被动的接受者，也是主动的参与者和决策者。

在克拉森提出的关于努斯鲍姆回归完备主义立场并支持温和的完备主义自由主义的观点中，我们可以看到西方哲学史上对于个体自由与公共福祉之间平衡的不断探索。克拉森的立场旨在强调政府在促进公民福祉方面的积极角色，同时也意识到在多元化社会中维护个体自由和价值多样性的重要性。然而，这种立场在理论和实际政策实施中可能面临诸多挑战与争议。总体来说，克拉森的理论在哲学和政治道德领域具有重要意义，他的

---

① Claassen, R. J. G. (2018). *Capabilities in a Just Society—A Theory of Navigational Agency*. Cambridge University Press, p. 105.

观点不仅深化了对个体主体性和社会实践的理解，还为在实现社会正义过程中如何尊重和促进个体自主性和自由性提供了宝贵的指导。

在能力路径的讨论中，我们可以发现能力主义理论家族中存在不同类型的能力理论。其中，森和努斯鲍姆的观点代表了这一领域的两种主要思路。森将能力路径视为一种普遍适用的工具，适用于评估发展政策、生活质量、福利和正义等多种目的。他反对制定权威性的核心能力列表，强调通过民主程序进行审慎思考的重要性。森的观点反映了他对能力理论应用的开放性和灵活性的重视。与之相对，努斯鲍姆则基于哲学思考，支持制订一份具体的核心能力列表。她认为，这些核心能力列表反映了人类生活的基本要素，对于实现正义和福祉至关重要。努斯鲍姆的观点体现了她对哲学原则在制定公共政策中的应用的重视。

这一分歧反映了哲学家与民主公众角色之间的根本性争论。"从长远来看，核心能力列表的问题只是一个经典问题的实例化，即哲学与民主之间的恰当关系。在回答这个问题时，我们需要超越能力理论，将民主与哲学的关系理论化。"① 哲学家对正义的哲学反思不仅涉及广义上的规范性和论证性思考，还包括探究"通过展示公共推理以外的其他因素（例如意识形态承诺、个人地位的考量、权利关系和选举策略等）在民主论证和决策过程中是如何发挥作用的，我们可以分辨出哲学推理和民主推理与决策之间的差异"②。尽管哲学家们承认哲学领域与民主推理存在严格的分离，我们很难通过自己的思考找到正确的核心能力列表，但在构建正义理论之初，相对于后期实践应用，哲学领域与现实民主国家之间的分离可能较小。"我们可以将这些跨越哲学研究边界、在现实世界中收集数据的哲学家称为哲学—调查者（philosopher—investigators）。这些哲学家可能通过公开辩论学习关于能力的问题，甚至可能进行社会科学研究，以识别人们最看重的能力。"③

---

① Claassen, R. J. G. (2011). "Making Capability Lists: Philosophy versus Democracy", *Political Studies*, 59 (3), p. 491.

② Claassen, R. J. G. (2011). "Making Capability Lists: Philosophy versus Democracy", *Political Studies*, 59 (3), p. 504.

③ Claassen, R. J. G. (2011). "Making Capability Lists: Philosophy versus Democracy", *Political Studies*, 59 (3), p. 505.

因此，在研究特定问题时，哲学—调查者首先进行深入的哲学思考，然后将这些思考与具体社会环境结合，通过公共推理、辩论和社会科学研究方法反复对比反思结果与哲学思考，以识别出那些稳定而核心的能力。

在哲学研究过程中，调查者通常涉及多种理论和方法，包括形而上学、认识论、伦理学、政治哲学和历史哲学等。这些理论和方法的结合不仅有助于调查者深入理解问题的本质和内涵，还能为其提供新的视角和思考方式。在具体环境下进行哲学思考时，调查者需要考虑到问题的背景、历史、文化和社会等多个方面，这有助于全面把握问题的复杂性和多样性，进而更有效地制定解决方案。其次，在公共推理和辩论中，调查者与他人进行交流和讨论，分享观点和想法，同时倾听他人的意见和建议。这种交流和讨论不仅促进了调查者的思考和理解，还有助于他们发现自身观点的不足，进而完善自己的思考和立场。最后，通过社会科学研究方法，调查者将反思的成果与哲学思考进行对比，识别出具有稳定性的核心能力。这些核心能力不仅有助于调查者更有效地解决实际问题，而且为其未来的学术发展和哲学探索提供了坚实的支持和保障。

在当代，哲学—调查者通过将传统的哲学研究与实证研究相结合，为理解和解决现实世界问题提供了新的视角和方法。这种跨学科的方法论不仅拓宽了哲学的研究范畴，还对社会科学和公共政策的发展产生了深远的影响。在多元化的现代社会中，哲学—调查者的工作方式和成果显著提升了我们对复杂社会现象的理解和应对能力。例如，克拉森的理论和能力路径的讨论揭示了哲学与民主、理论与实践之间的复杂互动。这种互动不仅为哲学研究注入了新的活力，也为我们理解和解决社会问题提供了多元化和深入的视角。哲学—调查者的角色凸显了理论研究与现实世界之间的紧密联系，强调了哲学思考在构建和实施公正社会政策中的重要性。

这种哲学研究方法的重要性在于其能够连接理论与现实，强调理论研究应关注实际问题并对其产生影响。通过跨学科合作和综合多种研究方法，哲学—调查者能够更全面地分析和解决现代社会中的复杂问题，如经济不平等、政治正义、环境伦理等。因此，这种跨学科的哲学方法论是现代学术研究的重要趋势，它不仅有助于推动哲学本身的发展，也为其他学科提供了宝贵的理论和方法论支持。

克拉森对努斯鲍姆的完备主义立场提出了深入的批评与修正，发展出了温和的完备主义自由主义。克拉森的"节制中立性"概念强调，自由国家应在不同良好生活观念之间保持中立，这一思想旨在把政治自由主义置于核心位置，从而促进个体自由与社会多元并存。这种方法尊重了多元价值观的社会现实，并试图在个体自由与集体道德之间找到平衡。

克拉森的理论在几个方面具有创新性和重要性。首先，他通过强调自由性和自主性的基本价值，推动了对完备主义自由主义内部多样性的认识和接受。这种立场既承认了个体在定义和追求良好生活中的自主性，又保留了政府在不推崇特定生活方式的同时，为公民提供实现个体潜能所需条件的职责。

其次，克拉森批评传统目的论，特别是其在个体与政治层面目标和价值观的直接类比。他认为这种简化忽略了个体自由性和自主性在政治领域中的复杂性和层次性。因此，克拉森提出的温和完备主义自由主义更注重在尊重个体自主性的基础上构建政治理论，而不是简单地从上至下施加价值观。

此外，克拉森还强调了政治理论在实践中的应用，特别是如何在社会实践中维护和促进个体的自主性和自由性。通过对"参与性的主体性"和"导航性的主体性"的区分，探讨了个体在社会实践中的自由与自主的具体实现。这种分析强调了主体性不仅仅是自由选择的能力，还包括在多种社会实践中进行选择和转换的能力。这一点为理解个体在复杂社会结构中的行为提供了理论支持，展示了自主性的多层次性和动态性。克拉森的理论不仅停留在哲学讨论层面，还具有明显的政策导向性。他关注于如何在实际政策制定中体现对个体自主性的支持，这使得他的理论具有较高的应用价值，为解决实际政治和社会问题提供了可行的指导。

总的来说，克拉森的温和的完备主义自由主义为理解和实践正义、自由与自主性提供了一种更加细致和多元的视角。这种理论框架在尊重个体差异和社会多元性的同时，试图找到一种平衡，使得政治制度既不过度干预个体的自由选择，也能为所有公民创造公平的机会和条件。这种理论的实践价值在于它提供了一个框架，旨在通过政治和社会结构来促进个体能力的发展，同时维护一个健康、活跃的民主社会。

第三节　沃尔夫和德－夏利特的劣势理论

乔纳森·沃尔夫（Wolff J.）和阿夫纳·德－夏利特（A. De-Shalit）在共同撰写的《劣势》一书中，运用政治理论框架，对社会劣势概念进行了全面深入的考察。在书中，他们首先对"功能性活动"（functionings）的概念进行了深入剖析，并细致地研究了劣势的多元性、风险因素以及机会与责任之间的复杂关系。尤其值得关注的是，他们将"能力安全"（capability security）纳入讨论，并提出应该将限定词"真实的"（genuine）和"安全的"（secure）放在能力概念之前，以确保我们所评估的能力是真正的能力水平，并且能够在应用中发挥出实际的效果。

沃尔夫和德－夏利特的研究旨在为理解和解决现代社会中劣势问题提供一个全面的分析框架。他们深入探讨了公共政策如何被设计以解构社会劣势，并优先干预对个人影响最大的劣势，为政府和机构如何有效解决劣势问题提供了洞察。能力劣势理论强调了对劣势的多元视角，认为劣势不能简单归结为单一维度或指标。通过结合实证研究和公共咨询，他们验证和扩展了努斯鲍姆提出的功能类别，以确保理论的有效性并与广泛的社会现实相契合。此外，他们认为英国约克大学教授乔纳森·布拉德肖和娜奥米·芬奇提出的"约克模型"可以用于评估和理解个体劣势，该模型融合了客观和主观的测量方法，并重视风险和安全的概念，利用社会统计数据来帮助理解功能的安全性和稳定性。

沃尔夫和德－夏利特在对努斯鲍姆的理论进行深入分析的同时，也指出了其存在的一些限制。他们认为，努斯鲍姆的能力类别可能过于广泛，且有时能力之间的"交易"（即劣势人群为了维持一个不安全的能力而牺牲另一个能力）可能发生在其类别的子类别之间。例如，劣势群体可能为了保持饱腹而牺牲均衡健康的饮食，但这两者在努斯鲍姆的分类中被视为同一能力。

通过实证研究和公共咨询，沃尔夫和德－夏利特对努斯鲍姆的能力列表进行了测试和验证。他们的评估分为两个阶段：首先，他们基于自身的经验和与其他政治哲学家及社会政策领域的专家进行讨论，以反思努斯鲍姆的能力列表。随后，在以色列和英格兰进行了大约一百次深入访谈，不仅初步探询受访者对能力类别的看法，还向他们展示了努斯鲍姆的类别及作者自己添加的类别，以获取其评论。这些访谈的目的不仅是为了识别具体的劣势群体，更是为了深入理解劣势的本质，探寻广泛劣势案例中的共性与差异。

沃尔夫和德－夏利特的研究方法体现了理论与实践的结合。借助于实证研究中劣势聚集问题，他们探讨如何测量和索引能力，着重于将理论洞见应用于实际环境，试图弥合理论与政策制定之间的鸿沟，为建立一个更公平的社会提供了重要的见解。他们指出："我们调查劣势类型的一个非常方便的途径是众所周知的能力路径。"① 同时，他们也承认能力概念的局限性，如其使用的不一致性，及其在不同情境下的变化。"虽然能力概念很有用，但它并不完美。首先，它的使用并不总是一致的。有时，'能力'一词被用作功能的自由；而其他时候，它指的是尚未实现的功能的潜在组合。"②

在《劣势》一书中，沃尔夫和德－夏利特采用了一种独特的研究方法来验证和扩展努斯鲍姆提出的功能类别。这个过程包括四个步骤③。

第一步：传统反思，通过考量经验和与专家的讨论来评估努斯鲍姆的类别。"通过考虑它在多大程度上涵盖了我们的经验中我们认为在某些方面处于不利地位的人的地位，并在我们之间，与其他政治哲学家及与社会政策领域的人（包括学者和服务提供者）讨论这些案例。我们还考虑了一系列现有的实证研究。"④

第二步：初步调查，提出新的功能类别。"这一初步调查使我们提出

① Wolff, J. and A. De-Shalit. (2007). *Disadvantage*. Oxford: Oxford University Press, p. 36.
② Wolff, J. and A. De-Shalit. (2007). *Disadvantage*. Oxford: Oxford University Press, p. 37.
③ Wolff, J. and A. De-Shalit. (2007). *Disadvantage*. Oxford: Oxford University Press, pp. 43 – 44.
④ Wolff, J. and A. De-Shalit. (2007). *Disadvantage*. Oxford: Oxford University Press, p. 43.

了一些进一步的功能类别，我们将很快对此进行解释。"①

第三步：正式访谈，测试这些类别。"我们在更正式的采访环境中测试了我们的分类，最初进行了 38 次，后来又在以色列和英格兰进行了 60 次深入采访。……我们希望在访谈中完成一些任务，而本章的调查——得出一系列劣势类别——只利用了访谈的一部分。第一阶段是简单地询问受访者他们认为基本功能的基本类别是什么，不提供任何提示。第二阶段我们展示了一张展示卡，列出了努斯鲍姆的类别以及我们添加的其他类别，并请受访者发表评论。"②

第四步：反馈整合，根据访谈结果调整功能列表。"我们问受访者，他们是否觉得展示卡遗漏了任何重要的功能类别。总的来说，我们得到了对这些类别的支持，但由于采访的结果，我们也被引导增加了一个新的类别。考虑到我们从这些访谈中获得的信息，并解释了受访者的反馈，我们再次修改了功能列表。"③

这些研究为政策制定者提供了重要见解，试图弥合了理论理解与实际政策制定之间的鸿沟，为建立一个更公平的社会提供了重要的支持。总的来说，这种方法体现了对实证研究的深入运用，旨在确保理论的有效性并确保其与广泛的社会现实相契合。这种结合哲学理论和公众咨询的方法旨在实现更具民主支持且因此更具合法性的观点。通过这种方式，沃尔夫和德－夏利特试图创造一个能够反映公众的哲学需求并对实际政策变革有所贡献的政治哲学理论。但这种方法可能会面临挑战，例如受访者是否正确理解了他们的问题，以及他们是否正确理解了受访者。尤其是在涉及不同文化背景的受访者时，使用的概念可能存在理解上的差异。然而，此方法提供了相当大的灵活性，他们和研究助手与受访者就这些概念及其含义进行了讨论。由于他们对受访者的影响持开放态度，他们并没有假定对这些概念有特定的理解和认识，而是希望在访谈者和受访者之间达成全面的理解。

此外，沃尔夫和德－夏利特还引入了英国约克大学教授乔纳森·布拉

---

① Wolff, J. and A. De-Shalit. (2007). *Disadvantage.* Oxford：Oxford University Press，p. 43.

② Wolff, J. and A. De-Shalit. (2007). *Disadvantage.* Oxford：Oxford University Press，p. 43.

③ Wolff, J. and A. De-Shalit. (2007). *Disadvantage.* Oxford：Oxford University Press，p. 44.

德肖（Jonathan Bradshaw）和 娜奥米·芬奇（Naomi Finch）提出的"约克模型"（The York Model），用于评估和理解个体劣势。这个模型的核心在于结合客观和主观的测量方法来评估个人的不同方面的功能或福祉，强调风险和安全的考量，并利用社会统计数据来深入理解功能的安全性和稳定性。模型还重视个体对自己功能水平的主观评估，特别是在社会关系和个人价值体系方面。这种方法体现了对实证研究的深入运用，以及对理论的有效性和适应性的重视，为建立更公平的社会提供了重要支持。具体来说，它包括以下几个关键特点。

1. 客观和主观测量的结合[1]：约克模型建议对于每一种功能（functioning），政府应该向有经验和专业知识的专家咨询，获取两种客观测量和一种主观测量。将客观测量（如经济收入、健康指标等）和主观测量（如个人幸福感、满意度等）相结合，这种方法使得评估更加全面，既考虑可量化和客观验证的数据，也关注个人的主观体验和感受。

2. 风险和安全的考量[2]：模型中也强调了风险和安全的重要性。这不仅指当前的功能水平，还包括未来的不确定性和安全性。例如，就业的稳定性、健康状况的持续性等都是重要的考虑因素。这种方法能够了解个人是否能够维持其已实现的功能水平对于理解其劣势状态至关重要。

3. 社会统计数据的应用[3]：约克模型提倡利用社会统计数据来帮助理解功能的安全性和稳定性。这些数据可以揭示特定群体可能面临的风险和不安全因素，从而帮助政策制定者更全面地理解不同群体的劣势情况。

4. 个体的感知和评估[4]：模型还重视个体对自己功能水平的主观评估，特别是在评估社会关系和个人价值体系方面。例如，对于失业者而言，社交关系的重要性可能比就业者更高，这种差异反映在他们对功能失衡的主观体验中。

总体而言，约克模型是在个体劣势评估领域的一个重要创新，为理解

---

[1] Wolff, J. and A. De-Shalit. (2007). *Disadvantage*. Oxford：Oxford University Press, p. 115.

[2] Wolff, J. and A. De-Shalit. (2007). *Disadvantage*. Oxford：Oxford University Press, p. 116.

[3] Wolff, J. and A. De-Shalit. (2007). *Disadvantage*. Oxford：Oxford University Press, p. 116.

[4] Wolff, J. and A. De-Shalit. (2007). *Disadvantage*. Oxford：Oxford University Press, p. 115.

和应对个体劣势提供了一个全面、多维度的分析框架。它的综合性和前瞻性使其成为社会政策和福祉研究中的一个宝贵工具。然而，实际应用时需要考虑到其在不同环境下的适用性和数据收集的挑战。

努斯鲍姆的能力理论为个体潜能的实现和核心能力的发展提供了深刻见解。基于此理论，沃尔夫和德－夏利特进一步针对社会劣势群体的特定需求和挑战进行了深入探讨。他们的研究不仅使能力理论在理解和应对社会劣势问题方面更加具体和实用，而且为社会政策和干预措施提供了全新的视角和理论基础。

沃尔夫和德－夏利特的劣势理论专注于个人福祉和社会公正，特别强调对社会劣势群体的关注。这种关注在西方哲学传统中有着深厚的根基，与洛克、卢梭、康德等哲学家对个体权利和自由的重视相呼应。与传统哲学依赖理论推理不同，沃尔夫和德－夏利特通过实证研究方法来探索哲学问题，这在西方哲学史上显现出创新的一面。他们强调民主参与的重要性，通过与劣势群体的直接交流和咨询，增强了理论的合法性和实践的适应性。他们的研究方法融合了哲学反思和社会科学的研究工具，从而拓展了哲学研究的范畴和方法论。通过这种综合性的方法，沃尔夫和德－夏利特不仅在政治哲学领域作出重要贡献，而且在实际政策制定方面提供了关键的见解，特别是在处理不同文化背景的受访者时，他们展现出的开放性和灵活性促进了更全面的理解和有效的沟通。

在《劣势》中，沃尔夫和德－夏利特的方法展示了政治理论与公共政策实践之间的深度融合，这种融合不仅提高了理论的实用性，也增强了其在现实世界中的影响力。这一研究突破了传统哲学主要依赖抽象理论的局限，通过直接与劣势群体的接触和咨询，提供了一种更为动态和互动的哲学研究方式。这种方法促进了理论的民主化，因为它强调了劣势群体的声音和经验在理论构建中的重要性，使得理论不仅是上层建筑的思想产品，而是源于社会各阶层的集体智慧。

此外，沃尔夫和德－夏利特的研究亦体现了现代政治哲学的一项重要趋势——对实证研究的依赖和对政策实施的直接关注。通过实证数据和深入访谈，他们能够更准确地识别和定义劣势，这不仅使理论更加精确，也为政策制定提供了具体的指导。这种方法使得理论与实践的联系更为紧密，有助于确保政策制定不仅基于理论的高层建议，而是根植于人们的实际需求和生活经验。这种研究还揭示了在全球化时代，理论和模型需要适应多样化和多文化的社会环境。沃尔夫和德－夏利特通过跨文化的研究，认识到不同文化背景下人们对劣势的理解和经历可能有所不同，这种认识促使他们在理论和模型设计时考虑到更广泛的适应性和包容性。

综上所述，沃尔夫和德－夏利特的研究框架和方法论为理解和解决社会中的劣势问题提供了多元化和深入的视角。他们的研究不仅丰富了我们对个体劣势和社会公正的理解，而且为政策制定者提供了新的视角和工具，从而在实际政策领域产生了显著影响。然而，沃尔夫和德－夏利特的劣势理论在应用过程中也可能面临一些挑战。例如，不同文化背景下的理解差异、理论应用的主观性问题，以及实证研究方法的局限性，都可能对理论的普遍性和适用性产生影响。这些挑战需要在未来的研究和应用中得到进一步的关注和解决。总之，沃尔夫和德－夏利特的劣势理论展现出了重要的理论创新和实践价值。他们的工作不仅为理论研究提供了新的维度，也为实际政策制定提供了有力的支持，进一步促进了对个体劣势和社会公正问题的深入理解和有效应对。

第五章
批判之批判：努斯鲍姆对正义的
能力理论的辩护

努斯鲍姆的正义的能力理论一直处于动态式的发展之中。在早期，努斯鲍姆坚持一种亚里士多德式的人的观念，追求一种繁荣的生活，并在此基础上提出了能力理论的繁荣版本。而后期，努斯鲍姆转向罗尔斯式的政治自由主义立场，追求一种值得过得有尊严的生活，并在此基础上提出能力理论的尊严版本。从初期能力理论的繁荣版本到后期能力理论的尊严版本，我们可以看到努斯鲍姆的正义的能力理论在与其他竞争性的正义理论的对话与反思中得以推进与发展。为了回应不同学者对努斯鲍姆正义的能力理论的质疑，努斯鲍姆从立场的转变性、尊严的政治性、权利的包容性、物种间的正义性以及核心能力列表的不完全性五个角度对其正义的能力理论进行了辩护。这一辩护过程从早期的内在本质主义立场转向后期的政治自由主义立场；从早期对于繁荣的阐释转向后期对于尊严的尊重；从早期能力与权利关系的模糊性转向后期对能力与权利关系的进一步阐释与界定；从早期人与动物关系之间的不连续性与复杂性转向后期人与动物之间关系的连续性与惊奇能力；从早期核心能力列表的不完全性与模糊性转向后期强调一种整全性的政治自由主义的核心能力列表。这些辩护角度展示了努斯鲍姆对于自己正义的能力理论的思考与发展，以及她对于批评的回应。通过这些辩护，努斯鲍姆试图进一步完善和巩固正义的能力理论，使其在学术界和实践中得到更广泛的认可和应用。

第一节　从厚的概念到薄的概念

努斯鲍姆在《亚里士多德式的社会民主》中对人类善的观念进行了详尽的论述，并提供了一种能力的描述。这种能力可以被恰当地描述为一种"厚的（thick）而模糊的（vague）善的理论"①，其中，"厚的"指的是亚里士多德式的人的观念构成了人类繁荣的特定的功能性活动，它提供了好的生活的实质性内容；而"模糊的"则指它只提供了关于好的生活的轮廓性的描述。这种观念能够与各种不同的道德、宗教和哲学学说相容，正如努斯鲍姆简要地指出："大致正确总比完全错误好。"②

努斯鲍姆在《亚里士多德论人性与伦理学基础》中深入探讨了亚里士多德的本质主义，并对其在伦理学中的应用进行了解释。她的研究不仅揭示了亚里士多德哲学的核心要素，也展示了其在现代伦理学和政治哲学中的持续影响。这种解释根植于对人性本质特征的研究，是一种伦理上的可评价性的研究。努斯鲍姆指出："我们永远无法逃避对我们认为是人性中不可缺少的人类生活组成部分进行伦理审议和评价判断的需要。"③ 为了避免文化相对主义与主观主义，努斯鲍姆接受了对本质主义的评估性调查，以此产生一种普遍认同的人的观念。努斯鲍姆认为，亚里士多德的伦理学建立在对人类本质和人类生活目的的深入理解之上，即人类追求幸福（eudaimonia）和实现潜能的过程。由于预设了普遍的人类本质，努斯鲍姆通过诉诸"内在本质主义"的方法来为每种能力背后的评价性判断进行辩护。

基于人在本质上是一种社会性动物，努斯鲍姆并没有将人的本质建立在任何深刻的形而上学实在论的基础之上。相反，她以一种直觉性的起点

---

① Nussbaum, M. (1988). "Nature, Function and Capability: Aristotle on Political Distribution", *Oxford Studies in Ancient Philosophy*, 6, pp. 145–184.

② Nussbaum, M. (1992). "Human Functioning and Social Justice", In Defence of Aristotelian Essentialism. *Political Theory*, 20 (2), p. 215.

③ Nussbaum, M.; Glover, Jonathan. (1995). *Women, Culture, and Development: A Study of Human Capabilities*. Oxford/New York: Clarendon Press/Oxford University Press, p. 68.

代替了契约论传统的正义环境。如此一来，人性不需要从外部来验证，它只是一种内在的视角，也是人类共同生活和推理的最基本和最广泛的经验。通过不断地询问"哪些东西是人性的一部分？没有它，正常的生活行为将会被严重剥夺，以至于无法被承认为是一种真正意义上的人"①，内在本质主义以评估性研究的方式确定了人类生活的共同特征。因此，只有符合亚里士多德式的人的观念的规范才是可接受的，同时也允许以多种方式实现这一点。通过识别不同文化和地区人们所共享的功能性活动，我们可以证明人们必须具备相应的能力。能力理论在一定程度上提供了关于好的生活的具体内容，并在此基础上对好的生活进行道德判断。

努斯鲍姆对人性构成因素进行了分析，基于"人性的 11 种构成性环境因素"②，找出与之对应的相关能力，其中包括"死亡；人类身体；快乐与痛苦；认知、感知、想象、思考；早期婴儿发展；实践理性；与其他人类的从属关系；与其他物种或与自然的相关性；幽默与游戏；分离性；强分离性"③。这些构成性环境因素表达了人类生活的共同经历，也是人之所以成为人的本质特征。此后，在和阿玛蒂亚·森合作的基础上，努斯鲍姆对早期的 11 种构成性环境因素进行了修改，列出 8 种构成性因素，其中包括"死亡；人类身体；快乐与痛苦；认知、感知、想象、思考；早期婴儿发展；实践理性；与其他物种或与自然的相关性；幽默"④。这些核心能力是好的繁荣生活的组成部分，每种能力都对应于一种生存的相关领域；这些能力不仅对人们所追求的好的生活具有非工具性的价值，而且其本身也具有价值，使得人们能够成为真正的人。通过对人性构成性环境因素的分析，努斯鲍姆为核心能力列表的提出奠定了理论基础。

努斯鲍姆在她的人性观念中特别强调实践理性的作用，后者具有能动

---

① Nussbaum, M. (1995). "Aristotle on Human Nature and the Foundation of Ethics", J. E. J. Altham and R. Harrison (eds.), *World, Mind and Ethics: Essays on the Ethical Philosophy of Bernard Williams.* Cambridge: Cambridge University Press, p. 97.

② Nussbaum, (1990). *Aristotelian Social Democracy*, B. Douglass, G. Mara and H. Richardson (eds.) Liberalism and the Good, London: Routledge. p. 62.

③ Nussbaum, Martha. and Amartya Sen. (1993). *The Quality of Life.* Oxford: Clarendon Press, p. 66.

④ Nussbaum, Martha. and Amartya Sen. (1993). *The Quality of Life.* Oxford: Clarendon Press, p. 286.

性和联结性的特点。实践理性是人类环境的一部分，是一种建构性的能力，能够积极主动地做出选择，组织和安排人的行为，并以此塑造人性，形成关于好的生活的观念。努斯鲍姆最初将实践理性定义为"能够形成善的观念，并对自己的人生规划进行批判性反思"①。这种对实践理性的理解与亚里士多德的相似之处在于突出了反思能力和推理能力的重要性，"我们应该去深刻反思我们真正想要坚持的理论，以及我们道德感受性中的直觉"。② 将实践理性视为选择的观点是能力路径修改和更新版本的核心特性之一，因为它允许人们追求属于自己的好的生活观念。这种对选择的尊重根植于核心能力列表本身，赋予实践理性以建构性的角色。"核心能力列表实际上并不是功能性列表，而在观念设计之初是为了给予选择空间，政府并不是直接推动公民以某种有价值的方式行事；相反，它的目的是确保所有人都拥有以这些方式行事的必要资源和条件，使他们能够自主地做出选择。"③

努斯鲍姆在 1995 年后对政治自由主义的支持确实反映了她关于能力路径观念的重要转变。她在早期工作中深受亚里士多德哲学的影响，特别是关于人的本质和实践理性的观点。然而，随着对全球化背景下道德理论的深入思考，努斯鲍姆开始认识到亚里士多德式的内在本质主义在解释繁荣和道德问题上的局限性，尤其是在包容社会多元性方面的不足。因此，在对人类实践理性能力的理解中，努斯鲍姆建立了对多元性和选择的尊重，并试图借鉴罗尔斯的理论框架来解决这些问题。但是，努斯鲍姆并没有完全抛弃亚里士多德对于人的理解，而是将亚里士多德对人的本质和理性的理解纳入新的研究框架中。从早期采取一种新亚里士多德式完备主义的立场，支持关于"一种好的繁荣的生活"的整全性观念，转向依赖于一种政治上的重叠共识，即"在现代社会中的大多数合理的整全性学说，最终会

---

① Nussbaum, (1990). *Aristotelian Social Democracy*, B. Douglass, G. Mara and H. Richardson (eds.) Liberalism and the Good, London: Routledge. p. 70.

② Nussbaum, Martha. (2000). *Women and Human Development: the Capabilities Approach*. Cambridge New York: Cambridge University Press, p. 299.

③ Nussbaum, M. (1992). "Human Functioning and Social Justice", In Defence of Aristotelian Essentialism. *Political Theory*, 20 (2), p. 245.

赞同我们所认同的政治原则"①。能力路径之所以能摆脱形而上学的基础，摆脱任何特定的整全性伦理观和宗教观，以及任何特定的关于人性的观点，是因为它基于政治上的重叠共识。

努斯鲍姆对政治自由主义的转向确实是出于对平等尊重的考虑，而非仅仅因为价值多元化本身。她的这一转变体现了她对个人自主性和尊严的深刻关注，以及她认为政治决策和行动应基于个人的自由选择和同意。正如她所说："从一个非常重要的意义上说，如果一个决定或行动完全是强加给一个人的，而不是由个人选择的，那么它就不是一个完整的人。"② 这种看法体现了政治自由主义的核心原则之一——尊重个人的自主权和选择权。如果我们平等地尊重公民，就会尊重他们追求关于好的生活理念。为此，我们将需要充足而平等的自由来行使良知。因此，我们不需要将多数人的宗教或非宗教思想强加给少数人的政治原则，而是在一个政治领域内聚集起来。这个领域既表达了我们对彼此的尊重，也保护了我们以偏好和良知的方式相互联系。在这个政治范围内，无论自己的国家目前是否表现出自由宪政民主的结构，我们只需要利用世界文化所固有的理念，包括人权、人类尊严和人类平等，就有足够的空间来建立友谊关系并形成一种坚定的共同善的观念。因此，我们也有足够的空间让思想和情感丰富的政治文化推动一个社会走向正义。

努斯鲍姆在其学术生涯中始终未曾放弃对"好的生活"的探索与追求，特别是在 1998 年发表的文章《政治动物：运气、爱和尊严》中，她详细阐述了将政治自由主义融入能力框架的必要性。在这篇文章中，努斯鲍姆明确表达了她的观点："在罗尔斯的意义上，人类核心能力列表构成了特定自由主义政治形式的核心。我可以设想，许多持有不同整全性观点的公民都会认同列表中的能力，因为这些能力是实现人类繁荣生活的必要条件。这个列表并非对善的详尽描述，也不是基于形而上学

---

① Nussbaum, Martha. (2011). *Creating Capabilities：the Human Development Approach*. Cambridge, Massachusetts：The Belknap Press of Harvard University Press, p. 91.

② Nussbaum, Martha. (2000). *Women and Human Development：the Capabilities Approach*. Cambridge New York：Cambridge University Press, p. 88.

的描述。"① 通过这种方式，努斯鲍姆将能力理论与政治自由主义联系起来，强调个体拥有实现自身潜能和追求繁荣生活的权利。这一理论视角不仅为评估不同政治制度和社会政策提供了重要工具，也为促进公民福祉和社会正义提供了理论基础。

努斯鲍姆进一步指出，与亚里士多德式的内在本质主义相比，"政治自由主义立场并没有建立在超越政治意义上的人类理论基础之上"②。尽管努斯鲍姆将核心能力列表视为过上有尊严生活的必要条件，但她的能力理论在政治上是自由的，将这些能力理解为具体的政治目标，并以一种没有任何形而上学基础的方式呈现出来。努斯鲍姆在追求一种有尊严生活的过程中，提出了一种重要的观点："一个人如果能够实现其所有的能力，那就是在过一种有尊严的生活。"③ 这一表述深刻体现了努斯鲍姆对个体尊严和自主性的重视，她认为个体能力的实现是过上有尊严生活的关键。努斯鲍姆通过采用政治自由主义的研究框架，成功地构建了一个普遍性的核心能力列表。这一列表的特点在于，它不再将能力视为严格意义上的内在本质特征，而是强调实现某些基本权利和自由所必需的外部环境。这种方法使得努斯鲍姆的理论既能够避免成为本质主义者，又能够为不同文化和社会背景下的个体提供普遍适用的能力标准。

在自由民主社会中，考虑到人们持有不可通约的整全性学说，公民之间几乎无法实现广泛性的反思性平衡。因此，我们应该从政治的角度来适当限制其适用范围。当努斯鲍姆在发展她的能力理论时，她特别指出："罗尔斯的工作一直是最重要的，尤其是让我相信，这种观点应该被表述为一种政治自由主义。"④ 她坚持认为能力理论应该被看作自由主义或罗尔

---

① Nussbaum, M. (1998). "Political Animals: Luck, Love and Dignity", *Metaphilosophy*, 29 (4), p. 284.

② Nussbaum, M. (1998). "Political Animals: Luck, Love and Dignity", *Metaphilosophy*, 29 (4), p. 285.

③ Nussbaum, Martha. (2006). *Frontiers of Justice: Disability, Nationality, Species Membership*. Cambridge, Massachusetts: London, England. The Belknap Press of Harvard University Press, p. 184.

④ Nussbaum, Martha. (2011). *Creating Capabilities: the Human Development Approach*. Cambridge, Massachusetts: The Belknap Press of Harvard University Press, p. 124.

斯意义上的正义的政治概念，即它不依赖于对美好生活的任何单一解释。"能力路径是一种政治自由主义的形式，随着时间的推移，合理的整全性学说会出现一种重叠共识，以支持和维持正义的政治观念。"①

正义原则的偏倚性在两个方面表现得尤为明显。首先，其范围必须是窄的（narrow），即不能覆盖生活中的所有问题，这样做是为了给公民的整全性学说留下足够的空间来处理那些未被正义原则直接涉及的问题。例如，正义原则不会涉及对死后生命或转世可能性等问题的探讨。这样的限定使得正义原则更加专注于实际的、具体的政治和社会问题，而非形而上学的或超自然的议题。其次，正义原则必须是薄的（thin），即在构建原则时避免使用有争议的形而上学或认识论概念。这意味着，正义理论避免依赖于某些特定的、有可能引起争议的哲学观点，如灵魂的存在或某些不证自明的事实。通过避免这些概念，正义原则能够获得更广泛的接受和应用，不受特定哲学或宗教观点的限制。这种将政治原则建立在一种窄而薄的基础上的方法，为公民提供了将政治观念与更全面且有意义的生活观念相结合的空间。对努斯鲍姆来说，"我们认同（endorse）一种能力路径的基本理念仅仅出于政治目的，而不是将其作为对生活整全性的指导，并且这些理念仅仅适用于政治领域"②。因此，人的观念和自主性的根源在于，民主政治社会中对合理性学说的重叠共识。这种方法摒弃了有争议的形而上学、认识论和整全性伦理主张，转而采用了一种更为包容和普遍适用的伦理观。这样的正义原则既尊重多元化的观念和信仰，又保持了其在政治和社会领域的应用的普遍性和实用性。通过这种方式，正义原则能够促进不同背景和信仰的公民在共同的政治框架下寻找共识和解决问题。

努斯鲍姆的正义的能力理论的目标是"为解释基本的宪法原则提供哲学基础，以一种人类尊严所需要的最低限度上的尊重为形式呈现，该计划

---

① Nussbaum, Martha. (2006). *Frontiers of Justice: Disability, Nationality, Species Membership*. Cambridge, Massachusetts: London, England. The Belknap Press of Harvard University Press, p. 388.

② Nussbaum, Martha. (2011). *Creating Capabilities: the Human Development Approach*. Cambridge, Massachusetts: The Belknap Press of Harvard University Press, p. 90.

应得到所有国家和政府的尊重和执行"①。无论是早期的内在本质主义立场，还是后期的政治自由主义立场，努斯鲍姆的正义理论都能看到亚里士多德思想的影子，但在不同时期她对这些观点的运用存在明显差异。在早期，努斯鲍姆使用亚里士多德的方法来捍卫一种基于一系列本质上的人类功能性活动的观点，这使得努斯鲍姆的研究路径具有明显的伦理性。

更具体地说，她早期的核心能力列表中的功能性活动是对人类本质主义描述的结果；而后期，努斯鲍姆基于政治自由主义的立场，将其研究路径建立在平等主义的原则基础上。她的目标不是确定人类繁荣的具体特征，而是简单地列出构成有尊严生活的一般性准则。最终，她追求的是一种值得过的有尊严的生活。因此，国家有责任确保公民能够实现最低程度的能力。

在政府决策过程中，选择尊重和尊严地对待人民的政策是至关重要的，这远胜于仅仅提供选择的延伸性政策。这种思想基础解释了为什么政府会将提升所有公民至一定的基本最低能力水平作为其客观合理的目标。努斯鲍姆在其关于人类善的基本理论中并未指导人们应该以一种固定的方式生活，而是在更广泛的层面上赋予人们做出自己选择和决定的自由。同时，她的理论在不同领域中引导人们朝向更优的生活方式。

努斯鲍姆的能力路径并非意图与社会上实际的自我理解和人类评价脱离，也不是依赖于某种特定的形而上学或宗教传统。相反，它旨在成为一种普遍适用的路径，超越不同的形而上学与宗教传统，适用于多种历史和文化背景。在制定政策时，政府应当以人民的利益和需求为导向，确保政策建立在广泛的民意基础上，而非仅由少数人或精英阶层决定。政府的责任不仅仅在于制定政策，更在于为人民提供更好的生活条件，促进社会公平正义，并保障人民的权利和利益。能力路径作为实现这一目标的工具，能够帮助政府更深入地理解人民的需求和意愿，从而制定出更符合人民利益的政策。它有助于促进社会公平与正义，提升人民的幸福感和满意度。

---

① Nussbaum, Martha. (2000). *Women and Human Development: the Capabilities Approach.* Cambridge New York: Cambridge University Press, p. 5.

　　总之，努斯鲍姆的能力理论为政府提供了一个重要的参考框架，以确保政策的制定和实施能够真正反映和满足人民的需求和愿望。

　　综上所述，努斯鲍姆的理论发展从依赖"厚的"概念到采纳更为"薄的"概念，展示了她在处理普遍性和特殊性问题上的哲学转变。这一变化反映了她如何在尊重多元文化的背景下，调整其理论以适应广泛的政治和社会环境。努斯鲍姆最初的论述深受亚里士多德哲学的影响，特别是她对"厚的"善的概念的运用。在她的早期研究工作中，她借鉴亚里士多德的内在本质主义立场，强调人的本质和功能对理解人类善的重要性。在这一阶段，她关注于定义一套具体的、文化依赖的功能性列表，这些功能被认为是实现人类繁荣生活的前提条件。这种"厚的"概念提供了关于善的生活的实质性内容，反映了特定文化和哲学观念下对人类善的理解。但随着社会情境的变化，努斯鲍姆开始认识到，将"厚的"文化具体的价值观应用于全球多元化的社会环境中存在困难。这导致她逐渐转向更为"薄的"或者说更为普遍化的概念，以适应全球多元文化和不同社会的需要。在她后来的作品中，如《创造能力：人类发展的途径》中，努斯鲍姆再次提出了核心能力列表，这些能力被设计为跨文化的普遍人类需求，更少地依赖于特定的文化或社会价值系统。努斯鲍姆这种从"厚的"到"薄的"概念的转变体现了她对普遍人权问题和全球正义问题的深刻反思。在面对全球化带来的挑战和多样性时，她逐渐意识到必须开发一种能够被不同文化和社会广泛接受的理论。因此，她的能力理论开始强调为所有人提供实现其潜能的机会和资源，而不是强调实现特定文化定义的善的生活。这一转变有助于她的理论在全球范围内的应用和接受，同时保持了对个体尊严和自主性的尊重。通过提供一个更为普遍的理论框架，努斯鲍姆的能力理论旨在促进跨文化对话和理解，支持国际政策的制定，以及推动全球正义和普遍人权的进步。

第二节　一种政治性的尊严概念

　　努斯鲍姆的尊严观是在批判与继承斯多葛学派观点的基础上发展起来

的。斯多葛学派与其他哲学家的不同之处在于，他们相信哲学是一种论证充分、通向真理的艺术，他们从哲学的视角强调世界理性决定世界万物的发展趋势，以及西方人文主义中"人生而平等"的核心观念。努斯鲍姆继承斯多葛学派所倡导的平等主义的理念，认为每一位世界公民都是平等的主体。他们不仅需要与宇宙或自然法和谐相处，还需要承担起对他人的伦理责任。因此，每个人都拥有平等性的尊严。同时，努斯鲍姆也承认："人的尊严及其无限而平等的价值的思想是斯多葛学派对能力路径的主要贡献。"① 此外，斯多葛学派认为人类通过拥有理性的能力来获得自身的价值，人性与理性是联系在一起的。只要是理性个体，就值得受到尊重。

为了给予人类尊严应有的尊重，我们必须证明人类尊严完全独立于命运的偶然性。但是，努斯鲍姆对此观点表示批评，她批判斯多葛学派对于理性的过度强调，其人格特征是道德理性与自由能力，此观点违背了我们的动物性和自然需要，努斯鲍姆与斯多葛学派的不同之处在于，前者认为尊严不仅建立在理性基础之上，"人的尊严观念是一个直觉性起点，它提供了明确的、高度概括的指导"②。为了让尊严超越理性的范畴，努斯鲍姆借鉴了亚里士多德式的观点，人是理性与动物性的统一，而理性只是动物性的一个方面而已。人的尊严表现在三个方面：实践理性、社会性和身体需求。因此，努斯鲍姆将自己置于一个广义上的亚里士多德式框架之中，该框架认为"真正的人类生活是由人类实践理性和社交能力塑造而成"③，努斯鲍姆对人性的描述使得她超越了理性，将人类的脆弱性与依赖性也包含在内，过一种有尊严的生活不仅仅包括发展实践理性，还要为人们创造社会交往的机会，并为所有人提供充足的营养以满足他们的基本需求。

努斯鲍姆在探讨人类尊严和正义的理论中，确实受到了康德哲学思想的部分影响，特别是在道德哲学中的绝对命令（Categorical Imperative）以

---

① Nussbaum, Martha. （2011）. *Creating Capabilities: the Human Development Approach*. Cambridge, Massachusetts: The Belknap Press of Harvard University Press, p. 130.

② Nussbaum, Martha. （2011）. *Creating Capabilities: the Human Development Approach*. Cambridge, Massachusetts: The Belknap Press of Harvard University Press, p. 78.

③ Nussbaum, Martha. （2006）. *Frontiers of Justice: Disability, Nationality, Species Membership*. Cambridge, Massachusetts: London, England. The Belknap Press of Harvard University Press, p. 72.

及将人视为目的本身而非手段的观点论述上。同时融合了斯多葛学派关于平等的思想，特别是关于人类平等和自律的观念。努斯鲍姆在她的理论中虽然并不完全接受康德关于理性人的观点，但她确实借鉴了康德的绝对命令和目的王国的观念，即"每个人都应该被视为实现他人目标的目的，而不是实现他人目标的手段"①。这一理论强调尊重每个人作为目的本身的价值，与康德强调个体尊严和自主的伦理学观点有着明显的共鸣。

努斯鲍姆进一步从亚里士多德的内在本质主义出发，强调物种成员资格及其特有的繁荣形式。在这一视角下，努斯鲍姆认为："任何出生在某种类型物种当中的生物都具有与该物种相对应的尊严，无论它是否具备该物种相关的基本能力。"② 她强调，每一物种的生命都应是为了自身的目的而存在，每种物种都有其独特的生命形式，这种功能性活动本质上定义了该物种的存在方式。"人类的理性和道德与人类的动物性、脆弱性和身体需求交织在一起，人的尊严是一种动物式的尊严，不应被仅仅局限于非凡人或脆弱人所拥有。"③ 根据这一观点，社会性是人类生活的基本特征，也是普遍特征，人的存在和繁荣取决于与他人的社会关系，包括关怀关系与依赖关系，并在人的一生中随理性能力的发展而变化。

努斯鲍姆还指出："尊严的直觉性观念可以根据不同的整体性宗教或道德观念来解释，尊严的观念及其衍生原则能够尊重多元化的要求。"④ 这意味着不同物种所拥有的与生俱来的尊严能够激发我们对尊重的正确态度，引导我们思考社会中存在的不平等现象，并考虑全体公民所持有的不同形而上学观念。尽管跨物种的尊严概念可能不易被全体公民所接受，但努斯鲍姆认为："我们可以依赖于一个较为宽松的解释，即所有的物种都

---

① Nussbaum, Martha. (2006). *Frontiers of Justice：Disability，Nationality，Species Membership*. Cambridge, Massachusetts：London, England. The Belknap Press of Harvard University Press, p. 70.

② Nussbaum, Martha. (2006). *Frontiers of Justice：Disability，Nationality，Species Membership*. Cambridge, Massachusetts：London, England. The Belknap Press of Harvard University Press, p. 347.

③ Nussbaum, Martha. (2006). *Frontiers of Justice：Disability，Nationality，Species Membership*. Cambridge, Massachusetts：London, England. The Belknap Press of Harvard University Press, p. 339.

④ Nussbaum, Martha. (2011). *Creating Capabilities：the Human Development Approach*. Cambridge, Massachusetts：The Belknap Press of Harvard University Press, p. 109.

应该有充分的机会过上一种繁荣的生活。"①

在努斯鲍姆的正义的能力理论中，她明确区分了政治学说和整全性道德学说的界限。她强调，其理论的核心是"一种关于基本权利的政治学说，而不是一个整全性的道德学说"②。努斯鲍姆选择以尊严概念作为理论的直觉性起点，重点关注的不是个体如何符合人类尊严的方式对待自己，也不是人类尊严概念本身所带来的道德义务，而是尊重人的尊严所引发的社会正义的义务。

为了避免将其理论视为一个整全性的道德理论，努斯鲍姆并未过分强调亚里士多德关于自我完善的重要性，也没有将尊严观念与个人的美德直接联系起来。她从政治自由主义的立场出发，将尊严的概念视为政治性的，同时隐含地引入"身份尊严"（status dignity）与"成就尊严"（achievement dignity）这两个子概念来阐释其观点。努斯鲍姆认为："即使人们在财富、阶级、才能、力量、成就或道德品质上可能不平等，但所有人都平等地享有不可剥夺的基本人类尊严，这种尊严不因任何外在因素而丢失或丧失。"③ 以至于能够在合理的整全性观点的范围内得到认同，从而成为国内或国际上重叠共识的对象。身份尊严指的是个人因其存在而享有的尊严，它并不是一个程度问题，它是一种恒久的或至少长期稳定的特质。相较而言，成就尊严则是程度的问题，它往往被看成暂时性的或非稳定性的一种短期特质。人类因其拥有某种最低程度的主体性能力而具有平等的身份尊严，并因其人性而受到应有的平等尊重。

努斯鲍姆进一步阐述："从一开始，人类的尊严就平等地存在于所有存在物之中，所有人的尊严都应该得到法律与体制平等地尊重。"④ 当我们

---

① Nussbaum, Martha. (2006). *Frontiers of Justice: Disability, Nationality, Species Membership.* Cambridge, Massachusetts: London, England. The Belknap Press of Harvard University Press, p. 384.

② Nussbaum, Martha. (2006). *Frontiers of Justice: Disability, Nationality, Species Membership.* Cambridge, Massachusetts: London, England. The Belknap Press of Harvard University Press, p. 155.

③ Nussbaum, M. (2012). *The New Religious Intolerance: Overcoming the Politics of Fear in An Anxious Age.* Cambridge, Massachusetts: Belknap Press of Harvard University Press, p. 61.

④ Nussbaum, Martha. (2011). *Creating Capabilities: the Human Development Approach.* Cambridge, Massachusetts: The Belknap Press of Harvard University Press, p. 31.

说"某人具有尊严"的时候，通常指的是身份尊严；而当我们说"某人的尊严被破坏了"的时候，通常是指成就尊严。然而，这也并不意味着身份尊严本身不能是某种成就尊严，尽管一旦获得，它就依附于人本身，而不是依附于她的状态和行为。例如，在某些传统观念中，身份尊严可能仅限于贵族等特定群体。根据这一概念，大多数拥有身份尊严的人之所以拥有它，只是因为他们生来就有，有些人可能通过各种行为或成就获得它。因此，关于身份尊严，努斯鲍姆再次运用了一种评价性物种规范，所有具有复杂感知能力的生物都具有其物种特有的动物生命形式的身份尊严。

为了使能力理论从一开始就能涵盖所有情形，努斯鲍姆声称她的核心能力列表是实现人类尊严的生活方式，其中尊严的概念与物种成员资格密切相关。尊严的直觉性观念通过使生命体拥有尊严的能力来实现，"尊严并不是先于或独立于能力而定义，而是以一种与能力及其定义交织在一起的方式来定义"。① 但是，我们应该意识到衡量身份尊严与成就尊严的标准是不同的。身份尊严意味着一个人具有一定能力去实现最低程度上有尊严的生活，而成就尊严意味着我们有机会发挥核心列表中每一项独特的能力，并使之达到充分的界限水平。在某些情况下，身份尊严与成就尊严之间的差距是由内外因素共同造成的，其中外部因素包括社会压迫和资源分配不均等，内部因素包括人身体或认知因素。因此，对于某一物种来说，我们应该发展该物种特有的能力，并使其享有过上有尊严生活的机会。当享有成就尊严的人对他者的尊严生活产生阻挠时，就引发了我们对正义的要求。

努斯鲍姆的观点意味着我们需要更加谨慎地理解和运用尊严的概念，而不能轻率地假设人们对尊严的理解是一致的，正如她所言："我们应该谨慎地使用尊严概念，不应将其视为一种不言而喻的概念。"② 努斯鲍姆在此侧重于强调政府和体制在维护尊严方面的重要角色。"以人的尊严为基

---

① Nussbaum, Martha. (2006). *Frontiers of Justice: Disability, Nationality, Species Membership*. Cambridge, Massachusetts: London, England. The Belknap Press of Harvard University Press, p. 162.

② Nussbaum, Martha. (2013). *Political Emotions: Why Love Matters for Justice*. Cambridge, Massachusetts: The Belknap Press of Harvard University Press, p. 120.

础构建社会体制的理念是全球宪法学领域中最为丰富和深刻的思想之一。"① 政府有责任引导社会体制，以确保每个个体都能够享有平等尊严，不论其属于哪个物种。这意味着政府需要创造条件，以确保每个社会成员至少能够达到最低程度的正义，也就是获得一种基本身份尊严。但对于更高级别的成就尊严，政府应该借助正义理论来调整不同个体之间的差距，以确保尽可能多的人能够实现成就尊严。因此，努斯鲍姆更强调人类发展的社会伦理层面，她关注的是为人类发展创造外部条件。社会合作的核心目标之一就是建立基于尊重、主体性和平等的原则和体制。

尊严不仅仅是个体的一种内在价值，它也涉及个体在社会中的地位和权利。在社会合作中，每个人都应该被平等对待，而不是被歧视或排斥。这种平等对待不仅包括法律上的平等，也包括政治、经济、文化等各个方面的平等。只有在这样的前提下，个体尊严才能得到充分实现。然而，在实践中，个体尊严的实现往往面临着各种挑战和阻碍。有些人因为身体、智力或其他方面的缺陷而无法享有同等的尊严，这需要我们采取整体主义的视角来考虑个体尊严的实现。这种整体主义的视角不仅关注个体的内在价值，也关注个体在社会中的地位和权利，以及个体所处环境的优劣。

为了实现基于个体能力的尊严观，我们需要通过法律和政治的共同努力来创造一个公平的社会环境。这个环境应该包括公正的法律制度、平等的机会和资源配置，以及尊重个体差异的社会文化。只有在这样的环境中，每个人才能在社会中得到公平对待和机会，从而推动尊严的实现。

总之，努斯鲍姆强调了人类发展的社会伦理层面和为人类发展创造外部条件的重要性。在这个过程中，我们需要将尊严与相互关联的概念紧密结合，采取整体主义的视角来考虑它们。通过法律和政治的共同努力，我们可以实现基于个体能力的尊严观，确保每个人都能在社会中得到公平对待和机会，从而推动尊严的实现。

---

① Nussbaum, Martha. (2011). *Creating Capabilities: the Human Development Approach*. Cambridge, Massachusetts: The Belknap Press of Harvard University Press, p. 78.

第三节　对能力与权利关系的进一步阐释

努斯鲍姆的理论在格劳秀斯的自然法观点基础上进一步拓展，她将能力与权利之间的关系阐释为一种基于"抽象的应享权利"的理念，这成为其理论的出发点。在她看来，"人类尊严是应享权利的合法性来源，而这些应享权利只有通过合作的方式才能得以实现。幸运的是，我们具备合作的道德情感，使得这种富有成效的共同生活成为可能，其主要目标是确保所有社会成员都有机会过一种有尊严的真正人类生活"[1]。对努斯鲍姆来说，为应享权利辩护的方式应该是以结果为导向的，而不是像罗尔斯那样关注程序正义。这种辩护应该包含关于尊严的直觉性观念。能力不仅仅是我们有价值生活中工具性的善，能力本身还具有内在价值。这是构成人类整体生命形态中不同形式与内容的重要组成部分，核心能力揭示了我们共同人性的最核心特征。

从道德的角度来看，考虑到人类生活规划和按计划行事的基本能力，能力路径并不会确立一个整全性的善的观念。努斯鲍姆并没有试图借助人类生活中某些本质特征来回答人权观念中关于"人"的定义问题，而是尝试通过经验主义来描述哪些能力构成了真正的人类生活，并强调实践理性与社会性的重要作用。尽管关于"什么条件使人类生活变得繁荣"的问题在全球范围内存在分歧，但在关于"什么特征使我们成为人"的问题上不存在分歧。至少在这一观念上存在某种一般性共识，使得所有合理而整全的理论之间能够达成潜在的重叠共识的目标。这个共识是我们深刻理解尊严和权利的关系的出发点。

作为一种致力于人类发展的研究路径，权利理论与能力理论都是被广泛认可的道德框架。它们似乎都有着共同的潜在性动机，即，保障人的自由、提升人类尊严，并关注人的基本应享权利。这两种研究框架在本质上

---

① Nussbaum, Martha. (2006). *Frontiers of Justice: Disability, Nationality, Species Membership.* Cambridge, Massachusetts: London, England. The Belknap Press of Harvard University Press, p. 44.

都具有很强的跨学科性，能够在理论与实践之间建立牢固的桥梁。虽然权利和能力这两个概念在某种程度上有不同的研究方法和概念分析，但这两个概念之间的方法论在实质上是相互补充和完善的关系。努斯鲍姆和森一直致力于将权利与能力之间的重叠和差异定义为理论上与概念上的重叠和差异。更为重要的是，能力概念有助于将权利理论澄清为一种含有积极义务的伦理要求，并为经济和社会领域提供有力的保障。虽然权利的观念在许多传统中根深蒂固，并与特定的文化和历史传统密切相关，但在面对性别平等问题时，女权主义者经常批评人权方法是以男性为中心的，没有包括女性在争取性别平等中应享有的基本权利和机会。

因此，努斯鲍姆以其独特的女性主义视角指出："能力路径更重要的是建议在国际人权法案中适当增加某些权利，以能力视角对权利语言采取进一步的补充和阐释。"[①] 能力路径更好地解决了传统的权利讨论中忽视性别平等问题的难题。如果我们仅仅是通过权利来定义社会正义，那将是既不充分也不准确的，除非能力得到有效实现。从本质上来说，"能力对于人权而言，更多的是一种补充与强化，而非竞争。通过强调所有权利的物质和社会方面，以及政府采取行动保障所有合法权利的必要性，在澄清人权的基本概念方面，能力话语可以用来补充权利话语"[②]。从能力的角度来思考正义问题为我们提供了一个基准，帮助我们明确了涉及确定性的物质条件和体制支持，当我们思考应该保障公民哪些真正的权利时，这一角度使我们能够有清晰的方向。这有助于我们更全面地理解人权的基本概念，将权利与能力相结合，共同构建一个更加完备和有力的伦理框架。

能力理论实质上是对权利理论的一种有益的补充与推进。尽管权利理论在公共话语中具有其独特优势，特别是在强调个体选择和自主性方面，但能力理论的设计也为个体自主选择提供了空间。在这里，有必要明确区分两个概念：一是"推动人们按照他们认为有价值的方式执行其功能性活

---

① Nussbaum, M. (2003). "Capabilities as Fundamental Entitlements: Sen and Social Justice", *Feminist Economics*, 9 (2/3), p. 36.

② Nussbaum, M. (2011). "Capabilities, Entitlements, Rights: Supplementation and Critique", *Journal of Human Development and Capabilities*, 12 (1), p. 23.

动"，二是"让他们自主地进行选择"。权利理论侧重于责任的明确界定，集中关注最脆弱和最贫困的群体，以及那些在发展过程中受到不利影响的人们。因此，权利分析框架有助于澄清能力理论中的模糊性问题，并使能力概念在政策制定与执行方面更加丰富。能力理论通过关注能力概念来评估不平等问题，并将不平等研究扩展到收入分配以外的因素，从而分析各国政策和制度的优势与不足。这些方面是人权理论分析所未涉及的领域。人权分析通常只将"歧视"问题视为基本问题，而较少深入探讨不同情境下的具体解决方案。

实际上，能力路径可以被视为一种关于某些能力的权利理论，但在某种程度上比传统的权利理论更加丰富。它不仅包括许多权利理论和法律权利所涵盖的积极权利，还赋予其消极权利。国家在帮助公民行使这些权利方面扮演了重要的保障角色。对努斯鲍姆而言，能力理论比权利理论更能深刻理解"真正的人类生活意味着什么"，拥有权利意味着我们有正当的权利要求某些能力在一定程度上得以发挥作用。因此，能力与权利之间是一种相互包容、相互补充和相互批判的关系。这一关系丰富了我们对人权的理解，使我们能够更全面地思考个体与社会之间的互动和权益保障。

能力路径确实是解决基本应享权利问题的有价值研究途径，其可行性在很大程度上取决于与人权的逻辑关系。我们需要区分两种范式：作为能力的权利（rights as capabilities）与拥有权利的能力（capabilities with rights）。努斯鲍姆指出："无论是基础多元化能力，还是综合多元化能力，都是权利的内容或对象，一种宣称权利与能力是等同的理念是具有误导性的。"① 人权只能被视为一种补充性的概念，而不能替代能力。

在相互依赖问题上，努斯鲍姆的能力路径显然优于人权方法，能力路径更多地强调了关系的重要性和对福祉发展的关切。"关于能力在社会福利方面的应用仍需要进一步的辩论和探讨，特别是在各服务机构及其服务

---

① Henry Richardson. (2000). "Some Limitations of Nussbaum's Capabilities", *QuinnipiacImw Review*, 19, pp. 309 – 332. Alyssa Bernstein. *Nussbaum vs. Rawls: Should Feminist Human Rights Advocates Reject the Law of Peoples and Endorse the Capabilities Approach?*

社区之间的合作方面。"① 此外，考虑到并非每个社会都会将全体社会成员视为平等和自由的对象，对从属能力的保护并不包括基于不歧视种族、性别、族裔、种姓、宗教或国籍的规定。尽管平等尊重的抽象概念可以在不同社会中有不同的表述方式，但不歧视原则实际上取决于人们的实际行动选择，而不仅仅是拥有自由选择的权利。这表达了努斯鲍姆对于多样性的尊重。

在探讨权利与能力平等的问题上，努斯鲍姆将人类尊严的概念与康德哲学和斯多葛学派的平等观念结合起来。她认为，个体是否生活在一个无歧视的社会中，不仅取决于个人的选择，更是一种社会条件。因此，不受歧视并不单纯是一种个人能力，而是一种受到社会环境影响的条件。在这种条件下，法律框架提供了制度性的保障。"虽然我们声称反对受到歧视的权利确实是从属于个人，但不受歧视的能力主要体现在一般的社会条件上，而不仅仅是权利本身。"②这说明权利在判断社会是否公正方面扮演着核心角色。只有当有效的措施使人们真正有能力实施政治活动时，他们才真正被赋予了权利。能力平等在某种程度上代表了正义和人权的最低要求，也是建立公正社会结构的基本目标之一。能力平等是我们获得"自尊"与实现"尊严"的必要前提条件。因此，在考虑应保障哪些真正的公民权利时，可以从能力的角度提供评估标准。这有助于我们全面理解人权的本质和重要性。努斯鲍姆强调，人类的核心能力不仅仅代表着社会的理想目标，更是基于正义的紧迫性权利。全球各地的所有资格成员都有权享有充分的基本善，并有责任通过这些基本善实现应享权利。

类似于森的"有效自由"的理念，努斯鲍姆对权利与自由的诠释也具有积极的含义，即确保个体具有实现其生活目标的实际能力，而不仅仅是消极的不受干涉。在她看来，"能力路径清楚地表明，相关的应享权利是

---

① Nussbaum, M. (2002). *Long-term Care and Social Justice: A Challenge to Conventional Ideas of the Social Contract*, Appendix A. In Ethical Choices in Long-term Care: What Does Justice Require?, edited by D. Wikler and M. Hirschfeld. Geneva: World Health Organisation, pp. 31–65.

② Henry Richardson. (2000). "Some Limitations of Nussbaum's Capabilities", *QuinnipiacImw Review*, 19, p. 312.

前政治的，而不仅仅是法律和体制的产物"①。这意味着，权利和自由的实现应当基于对个体固有尊严的认可，而非仅仅依赖于政治或法律框架的制定。实际上，能力路径是一种人权方式，人权的概念往往与人类尊严的观念相关联。人权不应仅被视为一系列由政府或国际组织授予的法律权利，而是与每个人仅凭其作为人类的身份就固有的价值和尊严相联系的基本权利。

努斯鲍姆的能力理论与国际人权法之间的密切关联提供了一种深刻的理解方式，以审视和实践人权的全球标准。"核心能力列表中的多项能力与《世界人权宣言》及其他国际人权文档中所确认的权利有着显著的一致性。"② 努斯鲍姆提出的核心能力，如生命、健康、教育、参与政治生活和表达自由等，与《世界人权宣言》中确认的权利——生命权、受教育权、言论自由和参与政府权——高度一致。这些能力和权利都旨在确保个体不仅能生存，而且能以尊严和价值实现其潜能，过上有意义的生活。能力理论与国际人权法的这种联系，强调了人权的实现不仅是消除干涉和侵犯的问题，更是积极提供支持和资源、使个体能够实现这些核心能力的问题。通过跨文化协议的广泛收集，我们可以在基本人权问题上达成国际性共识。从能力角度分析权利，不仅是在形式上宣告某种权利的存在，还有助于更清晰地理解保障某项基本权利所涉及的实质内容。努斯鲍姆提出："通过将能力的观念、社会与政治紧迫性的现实情况，以及人类中心理念相结合，为权利概念提供了一种更为有价值的强化作用。"③ 在这种权利观念下，个体被赋予了追求自身价值与尊严的自由和权利，这种保障使得个体能够充分发展自身的能力，并在社会中拥有独立的人格与尊严。

同时，权利的概念也强调了社会与政治紧迫性的现实情况。在全球化和科技快速发展的当下，社会与政治环境的变化对个体权利保障提出了更高要求。权利概念成为保护个体权益、维护社会公正的重要工具。人们是

①　Nussbaum, Martha. (2006). *Frontiers of Justice: Disability, Nationality, Species Membership*. Cambridge, Massachusetts; London, England. The Belknap Press of Harvard University Press, p. 285.

②　［美］玛莎·努斯鲍姆：《寻求有尊严的生活：正义的能力理论》，田雷译，中国人民大学出版社 2016 年版，第 44 页。

③　Nussbaum, M. (2011). "Capabilities, Entitlements, Rights: Supplementation and Critique", *Journal of Human Development and Capabilities*, 12 (1), p. 36.

在心理机制的影响下去适应环境，努斯鲍姆意识到，所谓的选择通常受到个体本身存在问题的偏好和欲望的影响，由此提出了规范性的、非形而上学的自主性理论，强调选择取决于物质与社会条件，而不只是纯粹的自主性。

能力路径的核心理念在于促进个体的自主性和能力的发展，而非将单一的生活方式强加于所有人。这一理念强调"政府的角色并非直接迫使全体公民以某种有价值的方式行事；相反，它的目的是确保所有人都能够拥有必要的资源和条件，以一种自主性的方式行事"①。在实施能力路径时，关键在于保证在限定的领域内，核心能力的分配能够支持个体以自主的方式参与功能性活动。这不仅要求公平的资源分配，还要求对个体差异的认识和尊重，以及提供支持个体发展的环境和机会。由此可见，能力路径为我们提供了一种批判性思考的途径，使我们认识到，能力路径与权利理论之间应当是互补和同盟的关系。这种关系有助于共同推动社会公平与正义的进步。通过这一思考路径，我们可以对那些仅仅关注经济增长而忽视人类基本需求和权利的观念进行批判，并探索更加关注于满足人类需求和保障人权的发展模式。因此，能力路径的研究和实践方向旨在促进建立一个更加公正、人道的社会结构。

第四节　一种部分的整全性的政治自由主义理论

努斯鲍姆的能力路径试图补充并扩展亚里士多德的伦理美德观念，将之转化为一种更为广泛关注人类能力的框架。通过这一转变，努斯鲍姆不仅与亚里士多德的道德思想建立了联系，而且使得她的理论能够多元化地解释人类的不同能力。她对道德多元主义的深入关注促使她推动能力路径发展，认识到尽管追求人类善是伦理和政治的共同任务，这种追求的具体目标却因个体差异而异。

---

① Nussbaum, M. (1992). "Human Functioning and Social Justice. In Defence of Aristotelian Essentialism", *Political Theory*, 20 (2), p. 225.

努斯鲍姆进一步强调，由于个体价值观的多样性，我们追求的理论最多只能被视为一种"不完全的道德观念"①，这种观念为公民提供了足够的空间去追求他们所重视的价值观，并在社会中平等地尊重每个人。她的理论体现了对多样性、选择、权利与自由的高度重视，表明她对广泛的自由主义政治理论有着深厚的承诺。值得注意的是，努斯鲍姆明确指出能力路径并非旨在提供关于社会正义的全面解释，其适用范围较窄，以至于不能涵盖生活中所有的追求和从属关系，也不包括人类生活的所有方面；其适用概念较薄，这意味着能力理论建立在一个相对独立的伦理基础之上，而远离任何形而上学或认识论的观念。因此，这种不完全的核心能力列表旨在确保评价时所需信息的完整性，同时允许足够的灵活性以适应多样化的社会和个体需求。

努斯鲍姆在其能力理论中明确指出："并非所有现实的人类能力都具有道德上的要求，只有那些经过伦理评估并被认为具有价值的能力才具有道德上的要求。这意味着，例如残忍的能力并不会被纳入考虑的范畴。"②她的这一立场表明，努斯鲍姆的论证是基于伦理评估的前提，并在此基础上得出伦理结论，而避免涉及更深层次的形而上学或认识论前提。努斯鲍姆的目标并不在于构建一个完整性的正义体系，而是在不同的道德观点之间寻找一种重叠共识，这一点可以作为反思性平衡的起点。努斯鲍姆甚至声称："能力理论并不是一个完整的政治学说，它只是以一套全体公民的基本权利的形式，为一个体面而公正的社会规定了一些必要条件。"③她的初衷是将核心能力列表作为一种稳定的正义政治理念，不使用有争议的形而上学或认识论概念，如灵魂的概念或不证自明的真理。这种方法使得能力路径能够成为持有不同道德学说的人们之间重叠共识的基础。由此可见，努斯鲍姆的目标并非追求一个完备的正义体系，而是以核心能力列表

① ［美］玛莎·努斯鲍姆：《寻求有尊严的生活：正义的能力理论》，田雷译，中国人民大学出版社 2016 年版，第 76 页。

② Nussbaum, Martha. (2000). *Women and Human Development*: *the Capabilities Approach*. Cambridge New York：Cambridge University Press, p. 83.

③ Nussbaum, Martha. (2006). *Frontiers of Justice*：*Disability*, *Nationality*, *Species Membership*. Cambridge, Massachusetts：London, England. The Belknap Press of Harvard University Press, p. 155.

为政治原则的指导，追求最低限度的社会正义安排。

核心能力列表并不源于特定的整全性理论，相反，正如我们所看到的，它源于对人类尊严的直觉性观念，能力被视为人性尊严的必然要求。"这种直觉性观念所衍生的政治原则是一种独立的、局部的道德概念，仅在政治上被明确引入。"① 尊严是一种具有包容性的伦理观念，核心能力列表与这一直观观念的一致性被认为构成了一种反思性平衡，通过与他人的讨论进一步解释和描述了这种普遍直观的构成，不断完善其内容，正如她所强调的："核心能力列表是开放式的，需要不断修改和重新思考，就像任何社会对其最基本权利的描述总是需要不断补充和更新一样。"② 因此，核心能力列表以抽象的方式精心设计，以适应当地具体环境的规范，并为多重可实现性留出了空间，这一方法也为民主审议提供了空间。实际上，她也认为"这份列表应该以抽象而普遍的方式来指定，以给公民、立法机构和法院规定和审议的活动留下空间"③。在当前形势下，实现每个人都能达到充足的能力水平是一种不切实际的目标，因此，我们经常面临努斯鲍姆所谓的"悲剧性选择"④，当两个或多个核心能力发生冲突时，就会出现悲剧性的选择境况，此时任何行动都会涉及伤害某人的问题。

对于这种悲剧性困境，一个可能的应对方式是提供更多的某种能力，以弥补另一种能力的损失。然而，根据努斯鲍姆的能力理论，每一种能力都必须在每个公民的适当界限水平上得到保护，能力之间不容许进行权衡，也不存在能力之间的可比性问题。任何一种能力都不能用来替代另一种能力。这些基本权利是不可替代的，换言之，"某种能力的缺失不能简

① Nussbaum, Martha. (2011). *Creating Capabilities: the Human Development Approach*. Cambridge, Massachusetts: The Belknap Press of Harvard University Press, p. 109.

② Nussbaum, Martha. (2006). *Frontiers of Justice: Disability, Nationality, Species Membership*. Cambridge, Massachusetts: London, England. The Belknap Press of Harvard University Press, p. 78.

③ Nussbaum, Martha. (2006). *Frontiers of Justice: Disability, Nationality, Species Membership*. Cambridge, Massachusetts: London, England. The Belknap Press of Harvard University Press, p. 79.

④ Nussbaum, Martha. (2011). *Creating Capabilities: the Human Development Approach*. Cambridge, Massachusetts: The Belknap Press of Harvard University Press, p. 37.

单地通过给予人们更多的另一种能力来弥补"①。与可以提供更多其他东西来弥补损失的加权方法相比，努斯鲍姆的能力理论要求所有的核心能力都在每个公民的适当界限水平上得到保护。例如，提高个人的物质福利水平不能替代缺乏政治参与或身体健康的问题。这种观点要求在政策制定和社会安排中采取更加全面和细致的方法，确保每个人都能在不同的能力上达到适当的水平。努斯鲍姆承认在核心能力列表中没有等级序列结构，但是根据其结果可以将一种能力提升到另一种能力之上。面对悲剧性选择，努斯鲍姆提倡的不是简单的应急措施，而是通过"创造力（ingenuity）和努力（effort）"来预防这些悲剧性选择的发生。她主张构建一种社会结构，其中"在个人面临悲剧性选择时，最佳的干预点是创造一个更加公正和包容的未来，使人们不再陷入这种悲剧性选择的境地"②。

在政治自由主义立场中，努斯鲍姆特别强调了我们需要区分整全性的政治自由主义（a political liberalism that is only partially comprehensive）与整全性自由主义（comprehensive liberalism）。对选择的尊重并不是一种整全性自由主义的自主性思想，而是一种尊重人的多元性和整全性的观念，这便构成了她所谓的政治上的自主性观念，即把实践理性看作出于政治目的的人的一种能力。在政治自由主义和整全性自由主义之间的辩论中，我们应该讨论在历史条件下关于"判断的负担"（burdens of judgment）的观念，以及在自由条件下宗教和伦理多元化的持久性。努斯鲍姆反对整全性自由主义，因为它没有尊重对好的生活的多元化观念，整全性自由主义面临着"稳定性"的战略问题，即"对公民平等的尊重不需要建立在任何一种关于生命目的和意义的特定整全性学说的优越性之上，无论这种学说多么优秀"。③ 现代社会以价值多元论的真理为前提，国家对特定道德理念的强行宣扬在许多内部社群中是不可接受的，因此，没有充分地尊重个人价值观

---

① Nussbaum, Martha. (2006). *Frontiers of Justice: Disability, Nationality, Species Membership.* Cambridge, Massachusetts: London, England. The Belknap Press of Harvard University Press, p. 167.

② Nussbaum, Martha. (2011). *Creating Capabilities: the Human Development Approach.* Cambridge, Massachusetts: The Belknap Press of Harvard University Press, p. 38.

③ Nussbaum, M. (2011). "Perfectionist Liberalism and Political Liberalism", *Philosophy and Public Affairs*, 39 (1), p. 22.

的选择。对于整全性自由主义来说，人的可贵之处在于他们能够反思和修正自己的承诺，自主性被视为一般性的善。但是，对于努斯鲍姆来说，自由主义的自主性显然是对人的价值的整全性看法，而这显然不会被许多宗教信徒所接受。更为根本的是，整全性的自由主义面临着一个"尊重"的问题，因为它通过强调某些道德理念凌驾于其他理念之上，在道德上划分了公民之间的差异。

考虑到政治原则不应建立在任何形而上学或认识论的伦理基础之上，因为这种伦理基础容易因宗教或哲学的不同而导致公民之间的分歧。相比之下，政治自由主义所倡导的节制（abstemiousness）意味着，一个公正的社会不应该试图对人类的善做整全性的阐述，每个人都将根据他们自己的整全性学说来界定人类的善的观念。然而，只有在达成重叠共识时，政治能力才会成为每个人的一部分。政治自由主义国家将尊重那些选择在宗教领域生活的人的权利。"如果一种体面的政治原则能够在寻找重叠共识的过程中尊重不同的整全性学说，那么我们就不会提出一种把能力作为关于价值或者生活质量的整全性理论的理念的原则。"① 换句话说，政治自由主义者会保护那些非自主性的生活，但前提是这种生活是自主地被选择的。

事实上，努斯鲍姆认为在人类有尊严的生活的基本条件上存在如此广泛的共识，以至于可以设计出一份全球化的核心能力列表，而不用担心文化帝国主义的问题。她将这些条件称为"暂时不可协商的要点"②，她的辩护基于与代表西方和非西方传统的研究人员及受试者进行的"多年的跨文化讨论"③，这些讨论表明，努斯鲍姆一直强调着严格区分辩护问题和实施问题。我们可以理解核心能力列表是构建全球政治原则的基础，但这并不意味着我们有权干涉那些不承认这些原则的国家的内部事务。人们只有在国家主权建立在人民同意的基础上时才会接受某些法律法规，才会对其感

---

① Nussbaum, Martha. （2011）. *Creating Capabilities: the Human Development Approach*. Cambridge, Massachusetts: The Belknap Press of Harvard University Press, p. 75.

② Nussbaum, M. （2000）. "Aristotle, Politics, and Human Capabilities: A Response to Anthony, Arneson, Charlesworth, and Mulgan", *Ethics*, 111 （1）, p. 120.

③ Nussbaum, Martha. （2011）. *Creating Capabilities: the Human Development Approach*. Cambridge, Massachusetts: The Belknap Press of Harvard University Press, pp. 101 – 102.

到支持和认可。

为了保持普遍主义伦理对文化差异的敏感性，努斯鲍姆提议由每个自由民主国家的内部程序来设定能力界限的问题。这种方法不仅是可行的，而且是在关注历史和文化的同时平衡普遍规范性要求的一种相当合理的方式。能力路径关注于自由领域，以至于自由的缺失便不再是一种值得过的、有尊严的生活。为了实现这一目标，采用以下六种方式来尊重多元主义。

第一，"一种开放式列表，必须经过不断地修订和重新考虑"①。这种开放式列表不是固定不变的，而是一个动态的框架，允许并鼓励对列表内容的持续审视和更新。这样的设计使得理论能够适应不同文化、历史和社会背景下的变化，确保理论保持其相关性和有效性。通过这种方式，努斯鲍姆强调了对话和参与的重要性。在开放式列表的不断修订和重新考虑过程中，不同的声音和视角得以表达，新的想法和批评意见被纳入考虑。这种包容性的方法有助于理论更全面地捕捉人类多样化的生活经验和价值观，从而促进更广泛的共识和理解。

第二，"每项列表都是以概括和抽象的形式加以规定"②。这种方法的核心在于让各国公民及其立法机关和法院根据当地具体情况制定规定和审议，对人类自主权的尊重似乎需要对国家—民族差异的尊重。

第三，"核心能力列表是作为一种独立的、部分的道德观念，仅仅是出于政治目的而引入的，没有根据任何文化或宗教来划分人们的形而上学观念"③。正是由于核心能力列表的不完全性，我们能够在许多国际社会正在讨论的核心问题上达成某种程度的重叠共识。努斯鲍姆的理论避免了深入探讨哲学或宗教上对"美好生活"的具体定义，而是专注于识别和促进那些被普遍认为对实现人类潜能至关重要的能力。这种方法使得能力理论不仅为重叠共识提供了理论基础，而且也为持有不同整体性观念的公民参

---

① Nussbaum, Martha. (2006). *Frontiers of Justice: Disability, Nationality, Species Membership.* Cambridge, Massachusetts: London, England. The Belknap Press of Harvard University Press, p. 296.

② Nussbaum, Martha. (2006). *Frontiers of Justice: Disability, Nationality, Species Membership.* Cambridge, Massachusetts: London, England. The Belknap Press of Harvard University Press, p. 296.

③ Nussbaum, Martha. (2006). *Frontiers of Justice: Disability, Nationality, Species Membership.* Cambridge, Massachusetts: London, England. The Belknap Press of Harvard University Press, p. 297.

与到国际社会的共识中创造了空间。

第四，"坚持适当的政治目标是多元化能力而非功能性活动"①。通过强调多元化能力的重要性，努斯鲍姆的理论突出了个体自主性选择的价值。在这个框架下，确保个体拥有足够的政治和教育能力变得至关重要，因为这样的能力能够促进人们根据自己的价值观和目标做出真正自主的选择。这意味着支持特定能力的发展和实现应被视为一种基本权利，而非强加于人的责任或义务。

第五，"保证多元主义的主要自由权利在列表中处于核心位置，例如：言论自由、结社自由、良知自由"②。多元主义的自由观中包含多种不同类型的自由权利，为了优先满足这些最基本且最紧迫的自由权利，我们应将它们放置在能力列表的核心区域。努斯鲍姆强调了在多元主义社会中保护和促进这些基本自由的重要性。这不仅体现了对个体权利的尊重，也是维护社会正义和谐与多元化的必要条件。

第六，"严格区分辩护问题与实施问题"③。这一原则体现了努斯鲍姆对核心能力列表全球性政治原则的深思熟虑和实践上的谨慎态度。她认识到，虽然可以为这一核心能力列表提出全球性的辩护，形成一种说服的基础，但这并不意味着可以对不承认此列表的国家进行干涉。"但是，只有在涉及传统上公认的危害人类罪行的某些非常严重的情况下，军事和经济制裁才是合理的。"④ 这种观点体现了对国际关系中非干涉原则的尊重，同时也强调了在促进全球正义时必须考虑到实践中的复杂性和限制因素。

努斯鲍姆在全球正义领域的论述基于人权的框架，所提出的能力理论强调了公共领域中的肯定性义务和经济充分性自由之间的密切关联。在努

---

① Nussbaum, Martha. (2006). *Frontiers of Justice: Disability, Nationality, Species Membership.* Cambridge, Massachusetts: London, England. The Belknap Press of Harvard University Press, p. 298.

② Nussbaum, Martha. (2006). *Frontiers of Justice: Disability, Nationality, Species Membership.* Cambridge, Massachusetts: London, England. The Belknap Press of Harvard University Press, p. 298.

③ Nussbaum, Martha. (2006). *Frontiers of Justice: Disability, Nationality, Species Membership.* Cambridge, Massachusetts: London, England. The Belknap Press of Harvard University Press, p. 298.

④ Nussbaum, M. (2003). "Capabilities as Fundamental Entitlements", *Feminist Economics*, 9, p. 63.

斯鲍姆看来，个体能力的实现不仅依赖于物质资源，还需要制度层面的积极支持。这意味着，政府和社会体制有责任采取有效措施，确保公民能够实现其基本能力，从而达到一个人道和尊严的生活标准。努斯鲍姆进一步主张，社会和政治体制结构应该致力于将所有社会成员的能力提升至一定的最低标准。这不仅体现了对个体权利的尊重，也反映了一种对社会正义和平等的追求。在她的理论中，能力的概念成为评估社会正义和政策有效性的关键标准，强调个体不仅需要自由选择的权利，还需要实质性的支持来实现这些选择的可能性。因此，努斯鲍姆的能力理论为全球正义的讨论提供了一个以人权为基础的强有力框架。她的观点揭示了个体与社会、经济自由与政府责任之间的复杂关系，呼吁国家和国际社会采取积极行动，确保每个人都能实现其基本能力，享有一个公正和尊严的生活。这种以能力为核心的正义观念不仅促进了对人类尊严和权利更深入的理解，也为解决全球性问题提供了具有启发性的视角。

第五节　惊奇的能力：一种集体性的责任

在全球范围内，动物们正面临着由人类统治所带来的各种困境。从陆地到海洋再到空中，几乎没有任何非人类动物能够逃脱人类的影响。在许多情况下，这种影响对动物造成了不正当的伤害，包括工厂化肉类产业的残酷、偷猎和狩猎游戏、破坏栖息地、空气和海洋的污染，以及对人们所声称爱护的伴侣动物的忽视。努斯鲍姆通过基于对动物生活的精确观察的哲学理论，以及为法律提供的良好建议，希望改变这一现状。她的研究涉及动物生存的多种空间：陆地、海洋、家庭肉类养殖、野外和家庭伴侣。努斯鲍姆深刻揭示了人类行为对动物世界的广泛影响，特别是在工业化、城市化和全球化背景下，她强调了个体动物遭受的苦难，并挑战了传统观念，即只关注物种灭绝而忽视个体动物的福祉。此外，努斯鲍姆指出，尽管我们对动物的生活有了更深入的了解，但在实践中仍缺乏有效的伦理和法律框架来保护动物权益。她强调重新审视和扩展我们对动物福祉和权利的认识的必要性，同时也表明这是一个复杂且多维度的议题，需要跨学科的方法和深思熟虑的解决方案。

人类与自然互动的伦理复杂性不仅仅体现在平衡不同物种的需求和权利方面，还贯穿于人类在自然界中的角色和随之而来的道德责任。非人类动物的正义问题由来已久。从古希腊哲学家亚里士多德和伊壁鸠鲁、柏拉图主义哲学家普卢塔克（Plutarch）和波菲利（Porphyry），到现代哲学家如康德和彼得·辛格，历代哲学家对动物的地位和权利提出了不同的看法。亚里士多德承认动物具有感知能力和某种形式的情感，动物能够感受痛苦和快乐，并在某种程度上进行感性判断。普卢塔克和波菲利运用大量篇幅描绘动物的敏锐和机智，谴责人类虐待动物，并敦促人类改变饮食和生活方式。而康德则强调我们应当以一种不仅基于动物对我们的用处，而是基于它们自身价值的方式来对待动物。彼得·辛格更是将动物解放运动引入了现代伦理学讨论中，主张动物也有避免痛苦的权利。

在这一历史背景下，当我们审视动物生活中的残忍和忽视时，就会发现许多不公正现象。现代工厂化农业、环境破坏、过度捕猎和对动物实验的滥用等问题，暴露了人类对动物的不公正对待。这些行为不仅导致动物遭受不必要的痛苦和死亡，还对生态系统和人类自身的福祉产生严重的负面影响。特别是在工厂化农业中，动物被剥夺了其天然的生活方式，被囚禁在狭小的空间内，无法满足其基本的生理和心理需求。这种对待动物的方式违反了动物作为感知主体的基本权利，也忽视了它们作为生命个体的内在价值。此外，环境破坏和生态系统的破坏导致动物失去了它们的自然栖息地，这不仅对动物种群造成了极大的威胁，也破坏了地球生物多样性的平衡。过度捕猎和非法贸易则直接威胁到许多濒危物种的生存，造成了不可逆转的生态损失。在这种情况下，我们有责任重新审视和评估我们对待动物的方式。作为道德主体，我们应当承担起保护动物福祉和权利的责任，反对任何形式的不必要的残忍和忽视。这不仅是对动物的伦理义务，也是对维护一个公正、可持续和和谐的世界的承诺。

努斯鲍姆的研究主要集中在行为道德和哲学，动物福利问题是其许多研究的重要一环，其在动物正义问题上的论述影响甚广。在其新作《为动物伸张正义：我们的集体责任》中，努斯鲍姆挑战了以人类利益为中心的传统动物权利理论，提出了一种以动物利益为核心的哲学观点。她指出，动物因其自身存在价值，也有它们的正义，也有像人类一样的权利，应该遵循同样的伦理标准，它们有权享受尊严和尊重，并且有权拥有安全和福利，不应该受到虐待和剥削。努斯鲍姆认为："即使在没有人类的干预的情况下，灭绝也会发生。假如情况如此，考虑到生物多样性，我们也有理由进行干预。"[1] 在伦理上保护我们所有的物种，包括动物，是一种美德，应该受到政策、立法和法规的保护。同时，她还建议政府进行更多的监督，以便保护动物免受伤害或被滥用，而不仅仅是依靠人类的关爱而活着。

然而，她也承认干预自然捕食者—猎物关系的复杂性及捕食的伦理考量，例如保护羚羊免受老虎的伤害，可能会导致生态上有害的后果。努斯鲍姆挑战了传统观点，这些观点基于理性将人类与动物区分开来。她反对斯多葛学派和康德进一步发展的观点，即只有人类是自身的目的，而动物仅仅是手段。努斯鲍姆认为，尊严并非仅限于人类，而是某种类型动物的特性。她主张尊严，即作为尊重的对象，不仅限于人类。人类的尊严与我们的理性和脆弱性相互交织，这将我们与我们的动物本性联系起来。同样，其他动物拥有适合它们本性的尊严形式，表明没有令人尊重的方式可以否认跨物种的平等尊严。

努斯鲍姆认识到，尽管似乎有理由不干涉动物物种的自然过程，但有时人类的干预是必要的，但此类干预应基于审慎，主要是保护栖息地、保护濒危物种或拯救动物免受自然灾害的影响。她提倡一种尊重和敏感的家长式管理，平衡福利支持与允许物种自主繁荣。动物因缺乏某些权利仍然是不幸的，尤其是在动物保护和护理方面。努斯鲍姆强调，动物有可能理解一些元素，但它们没有与人类相同的理性能力，它们应该有像人类一样的权利，而不是仅仅被视为一种商品。同时，努斯鲍姆还指出，尤其是在养殖场的情况下，人类也应该有责任确保动物的福利，通过改善养殖条件改善动物的食物和水供应，确保动物的自然环境和避免动物的虐待。此

---

[1]　Nussbaum, M. (2023). *Justice for Animals: Our Collective Responsibility*. New York: Simon and Schuster, p. 7.

外，努斯鲍姆支持动物教育，以让人们更充分认识动物的存在和贡献，提倡对动物的尊重和尊严。努斯鲍姆反对动物的剥削和虐待，伦理对动物的保护不应只局限于实施禁止实验和虐待，而是通过构建一种共赢的关系，以提高动物在人类社会中的领地。

在社会生活的诸多方面都存在人类与其他物种之间能力相冲突的现象，比如：爱好枪支的美国人寻求在几乎没有法律限制与制裁的情况下，随意猎杀动物；人类在工厂化养殖的残酷条件下饲养，在对动物问题的解决上以人类为中心的方法，根据其他物种与人类生命形态的相似程度将不同物种间的生命形式进行排序，这种方法未能把握动物生命形式的多样性与复杂性。此外，虽然功利主义的方法意识到痛苦是一种普遍存在的现象，但是他们没有进一步阐述阻碍动物生活的各种方式。因此，以上这两种方法都把动物物种的复杂性还原为一种简单性，忽略了所有动物对于完整与繁荣的生活的追求，在权衡利益或偏好时过于个人主义，而没有充分考虑物种的多样性与物种间差异，在这种情况下，不可否认的事实是，人类与许多其他生物，特别是与许多其他物种的动物共享世界。努斯鲍姆尝试"提供一个基于对动物生活的准确看法的哲学理论，并为法律提供良好的建议"[①]。

到目前为止，即使对动物的保护在一定程度上需要限制人类的选择行为，但是人类仍然认为动物的能力应该得到法律合理的保护，实际上，在保护动物能力的过程中，人类真正的核心能力并没有由于法律限制而受到威胁，"如果主体错误地施行能力，那么就应受到法律限制与惩罚，也就是说，人类在某些问题上根本不应该有选择的自由，有些自由是好的、有价值的，而另一些肯定是坏的、无价值的"[②]。但是，如果我们考虑动物的痛苦，这就会推动我们的想象力去创造一些替代性方案，我们对动物应当负有一种积极的责任，"在当今世界，没有所谓的荒野，只有人类

---

① Nussbaum, M. (2023). *Justice for Animals*: *Our Collective Responsibility*. New York: Simon and Schuster, p. 10.

② Nussbaum, Martha. (2011). *Creating Capabilities*: *the Human Development Approach*. Cambridge, Massachusetts: The Belknap Press of Harvard University Press, p. 91.

所控制的不同类型的生存空间，我们对此控制进行伦理上的研究"①。我们直接地负责我们所控制的动物的营养、健康和繁荣，此外，我们也有责任去维护野生动物的栖息地与自由，如果我们破坏了自然动物的栖息地，那么我们就有责任去创造新的栖息地。生命的形式存在相互交集，能力可能会相互贯通，我们甚至对食肉动物和它们的受害者负有一定程度的责任。

事实上，努斯鲍姆一方面批评功利主义对善的看法过于一元化；另一方面赞扬功利主义在解决物种歧视，以及将动物纳入有关福祉和伦理的讨论中所发挥的作用。努斯鲍姆指出："事实上，密尔的观点在亚里士多德强调活动和繁荣与功利主义强调快乐和无痛苦之间找到了一个有趣的平衡，当我们试图将其扩展到人与动物关系的领域时，这种复杂性使他的观点成为能力路径的重要盟友。"② 功利主义注重感性而非理性，对于以结果为导向的理论，不会遇到契约主义所遇到的程序正义问题，也并不存在确定谁是能够创造指导道德原则的主体的问题，因此，非人类动物不能创造道德原则这一事实并不意味着它们不能被认为是正义理论的主体，甚至是不能享有与人类相同的权利。努斯鲍姆为动物伦理和权利的讨论提供了坚实的理论基础，并为读者提出了对动物生活的更全面和深刻的理解，从而激发了对动物权利和人类责任的深层思考。

此外，彼得·辛格（Peter Singer）的《动物解放》被视为动物权利的法典，由于感知力是拥有基于正义的权利的存在群体成员资格的界限条件，也是伦理考虑的基本要求，辛格承认"我们应该把我们的道德考量的范围扩展到有感知能力的非人类动物身上"③。考虑到每一物种的内部的个体有着与其他物种不同的需求和特征，努斯鲍姆使用"结果导向"而不是"结果主义"来描述其能力路径，"结果主义是一种整全性的伦理理论，它

① Nussbaum, M. (2018). "Working with and for Animals: Getting the Theoretical Framework Right", *Journal of Human Development and Capabilities*, 19 (1), p. 13.

② Nussbaum, Martha. (2006). *Frontiers of Justice: Disability, Nationality, Species Membership.* Cambridge, Massachusetts: London, England. The Belknap Press of Harvard University Press, p. 346.

③ Singer, Peter. (2009). *Animal Liberation: A New Ethics for Our Treatment of Animals.* New York: Harper Perennial Modern Classics, p. 37.

不是多元社会中政治原则的可接受来源。"① 因此，努斯鲍姆不同于功利主义那样以一个完备性的善的观念为基础，而是试图确保所有物种都有权去获得若干核心的权利，通过运用其核心能力列表来引导那些与物种相关的法律和制度。努斯鲍姆认为："不同于功利主义的观点。我们应该尊重每一物种的独立性与异质性，拒绝将不同的生命与不同的物种之间的生命进行简单的加权。"② 功利主义者关注痛苦的方法不足以捕捉人类与其他动物的生活活动发生冲突的多样化方式，例如：声呐计划没有造成痛苦，但它确实破坏了迁徙、繁殖和鸣叫模式。

努斯鲍姆主张动物具有基于正义的权利，即生活得体面且充实的权利。努斯鲍姆的理论与古典哲学中关于道德和正义的讨论有所联系，特别是在关注个体生命价值和生命权利方面。她提出了一种新的思考动物权利的方式，强调了"知觉"（sentience）这一关键概念，不仅仅关注动物的生理感受（例如痛苦和快乐），而且更深入地探讨动物作为有意愿的生命体的存在价值。当了解进化论后，我们有更充分的理由去遵循亚里士多德的方法，讨论生命的多样性和动物的能力，更偏好那些展示事物确实是功能性和合适的解释。科学家将"知觉"划分为三个要素："第一，痛觉，其字面意思是察觉有害的。第二，主观感官意识，世界看起来/感觉到某种状态。第三，重要性或显著性的感觉。"③ 科学家通常认为，知觉具有三个基本要素：感觉能力、意识和情感。这些要素在努斯鲍姆的能力理论中得到了体现和扩展。在此基础上，努斯鲍姆认为，我们应当尊重动物感觉能力、意识和情感的重要性，不仅因为这是道德的要求，也是基于对生命本身的尊重。

努斯鲍姆对动物权利的研究在学术界引起了广泛关注。她采用的能力途径，最初设计用于探讨人类福祉，后被她巧妙地扩展应用于动物权利领

---

① Nussbaum, M. (2011). "Capabilities, Entitlements, Rights: Supplementation and Critique", *Journal of Human Development and Capabilities*, 12 (1), p. 34.

② Nussbaum, Martha. (2006). *Frontiers of Justice: Disability, Nationality, Species Membership.* Cambridge, Massachusetts: London, England. The Belknap Press of Harvard University Press, p. 248.

③ Nussbaum, M. (2023). *Justice for Animals: Our Collective Responsibility.* New York: Simon and Schuster, p. 138.

域，为理解和评估动物的生存状况提供了一种创新的视角。努斯鲍姆的正义的能力理论在某种程度上来说，超越了契约论与功利主义的局限性，不仅仅关注功利主义所强调的效用与感知，还涉及复杂的个体性情感生活方式，以及功能性活动的不同形式，其最终目标是实现不同物种之间繁荣的发展。努斯鲍姆曾经总结道："能力路径专注于现存主体的福祉及其可能遭受的危害。我们居住在一个互相依存和联系的世界中，不同物种之间存在某种连续性，无法孤立地追求某一物种的繁荣而忽视其他物种的福祉。正义的能力理论通过使用同情想象般的畅想能力去延伸与精炼我们的道德判断。"① 在伦理地位上，道德上的理性能力处于关键的位置，物种的规范性是可评价的，通过评价动物在不同生活环境中对物种规范性概念的应用，我们能够获得评判特定生物是否有实现其繁荣的机会的标准。

努斯鲍姆从物种主权的角度出发，动物应该享有基于它们特有的生命形式与繁荣相对应的应享权利，"如同国家主权一样，物种主权也具有道德地位，作为一种生物，它实现繁荣生活的部分原因是它自己解决了某些非常重要的问题，而无须人类的干预"②。在这个多元化的世界之中，非人类生物也有尊严，它们的合法要求应该被给予尊重，能力路径背后的基本道德直觉不仅是人的尊严，而且是承认一种同时拥有某种复杂的生命能力和深层次需要的生命形式的尊严。"世界不同物种之间存在多元化的尊严类型，其中每一种类型的尊严都值得我们去敬畏与尊重，理性仅仅是作为动物性本质结构中的某一部分而已。"③ 努斯鲍姆的能力路径将协调不同物种之间的动物性与理性，以引导我们认识物种间相互尊重的限度，使得我们可以培养更多的对等性观念。

此外，物种间的尊严与其脆弱性有关，正是因为物种是脆弱的，因此才是美好的、高贵的，人与动物之间这场严重而真正悲惨的冲突并不仅仅

---

① Nussbaum, Martha. (2006). *Frontiers of Justice: Disability, Nationality, Species Membership*. Cambridge, Massachusetts: London, England. The Belknap Press of Harvard University Press, p. 355.

② Nussbaum, Martha. (2006). *Frontiers of Justice: Disability, Nationality, Species Membership*. Cambridge, Massachusetts: London, England. The Belknap Press of Harvard University Press, p. 373.

③ Nussbaum, Martha. (2006). *Frontiers of Justice: Disability, Nationality, Species Membership*. Cambridge, Massachusetts: London, England. The Belknap Press of Harvard University Press, p. 159.

意味着让动物受苦，人类的许多残忍行为还是威胁动物尊严的一部分，伦理上考虑权利只是在对待动物问题上为我们指明了一个方向，而不是最终目的，伦理上的协调感让我们将会看到当任何生物没有机会履行其物种所特有的功能时，这就是悲剧性的，这意味着在最广泛的道德意义上没有完全正确的选择，任何针对有感知力生物的残忍行为都无法仅靠道德来遏制，还应该受到法律强制力的约束与限制。努斯鲍姆认为："动物能力具有内在价值，保护动物能力是法律和政策以及保护人类能力的迫切目标。"① 法院与律师正在努力地为动物能力制定更好的法律途径和条约惯例，能力路径是一种很有吸引力的理论基础选择。

努斯鲍姆在探讨动物伦理问题上采取了一种与众不同的立场，即"整合主义"（integrationism），而非"延伸主义"（extensionism），后者是一种简单地将为人类设定的伦理框架延伸到其他物种。相反，整合主义着眼于从一开始就将对多物种世界的认识纳入我们的基本伦理假设之中，确保能力理论与关于生存尊严的基本规范性假设保持一致。在这种视角下，如果人类充分发展和运用我们的重要能力，我们便会给予非人类动物和自然世界以伦理上的考虑，这意味着，我们将对它们所追求的生活方式给予伦理上的关注，而不是简单地将人类的伦理框架延伸应用到它们身上。能力理论引导我们关注一系列相关因素，表明自然世界的伦理思考是我们人类核心能力的整全性结果，而非单纯的延伸性责任。通过整合主义，努斯鲍姆提供了一种更为全面和深入的方式来理解人类与非人类动物以及整个自然世界之间的关系。这种方法不仅强调了尊重和保护动物权利的重要性，也强调了人类在伦理上有责任考虑和响应动物的需求和福祉。

努斯鲍姆在其对人与动物之间复杂关系的思考中，引入了"适应性原则"和"调节性原则"，这两个原则为她的能力理论在自然世界和动物权利领域的应用提供了重要的指导。适应性原则挑战了将文化视为一成不变的观念，强调文化是动态的、工具性的，它是人类可能性的集合，赋予人

---

① Nussbaum, Martha. (2006). *Frontiers of Justice: Disability, Nationality, Species Membership.* Cambridge, Massachusetts: London, England. The Belknap Press of Harvard University Press, p. 388.

们在多个方向上做出选择的能力。文化既是塑造身份认同和关系连续性的约束行为，也是促成社会转型的赋权行为，这是一种实践过程，即根据新的想法和条件的出现而有意识地加以指导和改变的实践过程。实践活动评价的第二个密切相关的标准是"调节性原则"，对动物造成伤害的行为必须尽可能将伤害最小化，并尊重动物的尊严。这要求人类发展出一种更广泛的伦理意识，将动物及其生活方式纳入我们的日常伦理考量之中。通过这种方式，努斯鲍姆强调了我们生活在一个多物种世界中的认识，并促使人类在面对其他动物时采取改变和适应的行为。这种适应性不仅是人类个性丰富性的体现，也是对人类深刻惊奇能力的实现。

　　在世界不同物种间的文化融合与冲突的背景下，我们与动物之间存在较为深刻的伦理敏感性，动物的社会性、移动性、好奇心和复杂的感知力之间存在诸多相互作用的生命形式，"如果我们厌恶动物般的身体，那就意味着我们也会厌恶自己的身体，因为动物般的身体就是我们自己身体的不可分割的构成部分"①。我们越来越意识到自己作为一个动物物种与其他拥有积极奋斗的和主体性的生命形式共享世界，我们需要充分地培养自己对动物生活惊奇的能力，在我们做出基本选择时考虑到其他生命形式及其繁荣，通过在不同的物种之间进行富有想象力的活动，我们试图将人类的想象力带入其他生命形式的活动之中，将所有的非人类动物视为一种目的而非手段，当人们通过这样的实践活动来培养我们的人性时，我们就不太可能轻易地为野蛮行为辩护。

　　人类对动物的道德责任和情感反应包括惊奇、同情、愤怒等；对动物世界的惊奇（wonder）感对于培养道德责任感具有重要性。这种惊奇不仅源于对动物行为和能力的认识，也包括对它们与人类共享相同星球的奇妙事实的认识。同情心是理解和改善人与动物关系的关键。通过体验同情，人们可以更深刻地感受到动物的痛苦和需要，从而激发改变和保护动物的行动。愤怒是一种强烈的情感反应，它表明了对现状的不满和对改变的渴

---

　　① ［美］玛莎·努斯鲍姆：《善的脆弱性——古希腊悲剧和哲学中的运气和伦理》，徐向东、陆萌译，译林出版社2007年版，第19页。

望。对动物遭受的不公正和残忍行为的愤怒可以激发人们采取行动。

惊奇的能力包括对生命形式复杂性的好奇与推测，这是一种人类的核心能力，也是许多人类实践活动的基础，我们可以通过培养惊奇感与协调感来丰富人类的能力。当人们感到惊奇时，往往会采用一种对比行为与联结行为，以一种开放式的态度来考虑多种不同类型的生活形式，这就要求我们必须具备这种对具有惊奇意义的事物保持一种持续的开放的兴趣，而不是把注意力集中在某一件事情身上，使得我们的关注点能够在不同的事物之间实现相互转换。当我们在处理人与动物关系时，以物种为中心的惊奇的能力注入了对正义原则的探索，伦理意识改变了人类的道德教育的方式，我们应该意识到生命形式是否会因为人为的干预而造成不可挽回的损害，但是这并不意味着我们永远不能因为任何理由而去杀死动物，甚至是使用它们，对于此问题的讨论必须基于真实而审慎的考虑。能力路径只是一种路径，随着时间的推移，它需要以一种规范性的、解释性的方式，而非定义性的方式，不断地使其精练化与规范化。

在探讨动物正义的语境中，努斯鲍姆通过描述动物在自然状态下的生活和受到人类活动干扰后的境遇下，展现了动物生活的兴衰对比。这些例子揭示了人类活动对动物自然行为的阻碍和破坏，从而引发了对动物所受不公正待遇的思考。努斯鲍姆认为，动物正义不仅涉及直接的故意伤害，也包括因人类疏忽而造成的伤害。通过这些故事，努斯鲍姆强调了人类对于维护动物基本生活活动的集体责任，并提出了支持动物核心能力的理念。这些观点与哲学历史中关于生命尊严、伦理责任和共生共存的思想相呼应，促使我们反思并改善人类与自然界其他生命体的关系。

结　　语

　　本书所研究的努斯鲍姆的正义的能力理论就是将能力路径应用于正义领域的典范，这也是一次能力路径应用于某种特定领域的成功的尝试。这一理论引起了全球范围内的哲学讨论，深刻地塑造了我们对当代正义、法律、教育、女权主义和国际发展援助等领域的理解。这些议题直接影响着人类的生存状况，塑造着我们的社会和道德取向。

　　努斯鲍姆所倡导的多元文化意识为不同文化背景的个体之间构建和谐关系提供了有力的理论支持。她的理论迅速成为应对当前全球变化的国际环境中的伦理和道德挑战的有效工具，正义的能力理论为我们提供了一种思考身体残疾与认知障碍的边缘群体、非人类物种、全球公平和人权问题的新视角，强调了个体能力的平等和多样性的价值。这有助于加速人类福祉的伦理道德建设进程，为世界的和平与繁荣作出重要贡献。

　　从努斯鲍姆对罗尔斯正义理论的研究与推进中，我们可以清晰地看到，正义的能力理论正不断发展与完善。这一理论不仅为讨论人类福利政策、向发展中国家提供援助的形式等注入了新的见解，还在解决诸多领域的问题时展现出相对于罗尔斯的正义理论的独特优势。然而，正如努斯鲍姆自己承认的那样："能力路径并不是要在所有领域显示出对于罗尔斯式的社会契约论的优势，这种优势仅限于三大领域。"[1] 正义的能力理论也存在一些潜在的缺陷，包括其理论本身的局限性以及在具体领域中的执行性问题。这些问题需要进一步的研究和探讨。

---

[1] Nussbaum, Martha. (2011). *Creating Capabilities: the Human Development Approach*. Cambridge, Massachusetts: The Belknap Press of Harvard University Press, p. 88.

但是我们可以相信，随着正义的能力理论的动态性的平衡式发展，能力路径有望成为一种通用的研究框架范式。通过不断改进和完善，这一理论可以更好地适应不同领域的需求，同时保持其核心原则的稳定性。正义的能力理论在哲学领域的成功应用不仅丰富了我们对正义的理解，还为全球伦理和社会正义的探讨提供了有力的工具，为解决当今社会面临的复杂问题提供了新的视角和思考方式。

为了构建正义的能力理论，努斯鲍姆早期主要依赖于亚里士多德对人类基本功能的论述，这为她构建对人性的描述提供了坚实基础；随着理论的发展，努斯鲍姆后期吸收了罗尔斯政治自由主义的核心观点，将注意力转向了构建特定类型的政治制度，努斯鲍姆非常明确地指出："正如罗尔斯的正义观一样，能力理论是关于基本权利的政治学说，而不是全面的道德学说。"① 这一转变使她能够更精确地定义她的理论，并将其应用于政治实践中。

努斯鲍姆在其能力理论中提出了一套最低限度标准化的概念框架，该框架基于"多重可实现性"和"自由幅度"的推论性概念。这使得在核心人类能力付诸实践方面具有显著的灵活性，并且始终保持合理的多元化程度和选择的自由。事实上，每一项人类核心能力的实现都与其在核心能力列表中的定义紧密相关，通过分析功能向量与能力集之间的关系，个人和社群可以选择他们用来执行与人类核心能力相对应的功能。努斯鲍姆的方法论允许核心能力列表根据不同的具体环境进行调整和实施，从而为其实际应用提供了可行性。这种方法为在各种社会、政治、经济和文化环境中审视和解决有关人类福祉的问题提供了一种有效的工具。努斯鲍姆强调："我们有必要制定出人类行使其功能的核心能力列表，使之具有足够的客观性和普遍性，以成为全球重叠共识的对象。"② 进一步，努斯鲍姆的正义

---

① Nussbaum, Martha. (2006). *Frontiers of Justice: Disability, Nationality, Species Membership.* Cambridge, Massachusetts: London, England. The Belknap Press of Harvard University Press, p. 155.

② Nussbaum, M. (1988). "Nature, Function, and Capability: Aristotle on Political Distribution", George E. McCarthy (ed.), *Marx and Aristotle.* Maryland: Rowman & Littlefield Publishers Inc., pp. 198–201.

的能力理论通过深入分析人类构成环境的概念维度，为我们提供了一个更具说服力的框架，可以用来评估和推动人类福祉。她的理论强调了实践理性和依附关系的重要性，并对事件状态进行了理想化道德评估，以便在此基础上提出政策建议，从而确定应当产生、消除以及维持哪些事件状态。通过分析积极自由条件和消极自由条件的各自存在，并沿着与所述能力相关的人类存在维度进行考察，它在实际应用方面更加具有可行性。总之，努斯鲍姆的能力理论不仅为我们理解人类存在的复杂性提供了深刻见解，而且为社会正义的实现提供了有力的理论支撑。

努斯鲍姆在很大程度上受到亚里士多德关于人的政治观念的深刻影响。她将人类视为一种天生具有政治性和社会性的动物，这一观点与亚里士多德的思想相一致。人是一种既具有生理特性又具有生物学特性的动物，正如亚里士多德所指出的：“由于人是一种社会性的动物，天生就渴望与他人生活在一起，因此，我们把快乐的人看作孤独的观念是很奇怪的。”① 这一观点凸显了人际关系和社会联系在人类生活中的重要性。在努斯鲍姆的理论中，她强调了人与人之间的关联是建立在利他性和互利性的基础上的。每个人在追求善的过程中既独立又相互联系，他人的追求并不会妨碍个体对善的追求。“为了使全体成员都能享有最低程度的尊严，努斯鲍姆构建了核心能力列表，这一列表为所有社会成员在政治上的重叠共识提供了基础，并消除了与形而上学基础相关的争议。”② 这意味着人类核心权利不仅应该得到他人的平等尊重，还要求政府提供必要的社会条件，以确保这些核心能力得到充分实现。

在自由民主的多元化社会中，能力显然已经成为指导政治原则的重要标准。努斯鲍姆的理论强调了政府的责任，要为社会创造条件，使每个人都有机会充分发展其核心能力。这与亚里士多德的政治哲学观点相呼应，即政府的任务是促进人民的福祉和共同利益。总的来说，努斯鲍姆的正义的能力理论继承了亚里士多德的政治观念，并在此基础上构建了一个现代

---

① Aristotle. (1926). *The Nicomachean Ethics*. Harvard University Press，p. IX. 9.

② Nussbaum, Martha. (2006). *Frontiers of Justice：Disability，Nationality，Species Membership*. Cambridge，Massachusetts：London，England. The Belknap Press of Harvard University Press，p. 74.

而复杂的政治哲学体系。她通过核心能力列表强调了人际关系、社会责任和政府的角色，为我们提供了一个更具说服力的框架，用于思考和实现社会正义。这一理论在当前多元化的社会中具有重要的指导意义，有助于解决众多的政治和伦理挑战。

由此，努斯鲍姆不仅注意到以罗尔斯为代表的社会契约论传统正义论的局限性，也深受康德实践哲学中"人应被视为目的而非手段"这一观点的影响。正常的人类能够在社会不同形式的实践活动中进行道德推理，"人类多样化的生命形态既是一种极其复杂的体系，也是一种需要用思维能力与语言能力才能够接近的体系。值得注意的是，经济学家却对此事实竟然视而不见"①。人类作为具有多样性的生命形态，展现出不同的生活活动形式，因此，满足他们的需求应该提供异质性和多元化的机会。实际上，努斯鲍姆的正义的能力理论包含了罗尔斯式正义理论的一部分内涵，特别是通过构建一种动态式的核心能力列表来界定核心能力的最低限度。能力理论并不是关于社会正义的完备性解释，而是着眼于如何将公民从界限水平之下提升到界限水平之上，关注社会最低程度的核心权利，但暂未深入涉及界限水平之上的不平等现象。

努斯鲍姆进一步阐述："如果我们能够理解能力路径不同于康德式的将权利与善分离，而是以更丰富、更道德化的方式执行，那么这将更具有益处。"② 按照她的观点，出于政治上立场，权利被构想为善的一个子集，不同公民可以根据其价值观对善赋予不同整全性的理解，从而形成公民之间的重叠共识。核心能力列表作为一套基本不可剥夺的应享权利写入各国宪法，为公民有权要求政府履行这些核心宪法原则提供了法律基础。这使努斯鲍姆认为，人类核心能力列表可以成为世界各地人民、民族与国家的伦理政治基础，确保全球各地公民的应享权利。这一理论为我们提供了一个更深入、更广泛的伦理政治视角，以确保社会正义的实现。

---

① Nussbaum, Martha. (1995). *Poetic Justice: The Literary Imagination and Public Life.* Boston, Massachusetts: Beacon Press, p. 6.

② Nussbaum, Martha. (2006). *Frontiers of Justice: Disability, Nationality, Species Membership.* Cambridge, Massachusetts: London, England. The Belknap Press of Harvard University Press, p. 162.

　　努斯鲍姆在发展其能力理论时，采纳了一种与阿玛蒂亚·森显著不同的方法论路径。不同于森对能力评估、衡量及指数化问题的深入探讨，也没有涉及森所提出的"主体性自由"和"福祉自由"之间的差异的讨论。这是因为努斯鲍姆的理论建立在一个异质化的核心能力列表的基础之上，避开了森所遇到的问题。经过与森的合作并深思熟虑之后，努斯鲍姆认识到，构成分配正义和政治规划的适当目标应当聚焦于个体性自由，而非单一的资源或效用，这一观点与亚里士多德关于追求"好的生活"的理念高度一致。努斯鲍姆从亚里士多德的哲学中汲取灵感，强调政府的角色在于使公民能够实现其潜能，从而达到一种好的生活状态。"如果公民有欲求，政府的目的是使之成为可能，并赋予公民所需的能力。"① 基于森的"功能—能力"概念框架，努斯鲍姆对这一框架进行了进一步的细化，明确区分了基础多元化能力、内在多元化能力与综合多元化能力，并对这些能力的构成进行了详细阐释。接着，她确定了政府应该为其公民提供哪些重要的能力，体现了与森在功能—能力类型评估和排序方面的相似关注。

　　然而，森在能力应用方面的具体工作重点不同于前期工作重点。早期，森更倾向于概念化一般性的能力路径；而在后期，他主要关注于将个人作为评估或信息空间的能力，致力于解决正义标准和人际比较的福祉问题。森认为："坚持一份永远固定的核心能力列表将限制社会理解进步的可能性，也会与公众讨论、社会动员和公开辩论的建设性作用相违背。"② 在此基础上，他进一步拓展了一般性的能力路径，并提出了更具体的能力应用示例。相比之下，努斯鲍姆只是提供了一个以基本正义的政治观念形式出现的具体能力理论。

　　罗尔斯和森的根本区别在于各自所追求的理论不同，但在某些方面又有密切的联系。罗尔斯更关注先验式理论，他认为理论应该从完美的正义

---

　　① Nussbaum, M. (1988). "Nature, Function, and Capability: Aristotle on Political Distribution", George E. McCarthy (ed.), *Marx and Aristotle*. Maryland: Rowman & Littlefield Publishers Inc., p. 179.

　　② Sen, Amartya. (2005), "Human Rights and Capabilities", *Journal of Human Development*, 6 (2), p. 160.

概念出发，因为只有从一个公正社会的理想观念出发，我们才能把不公正看作对理想的偏离，并据此制定解决不公正问题的方法。但是，罗尔斯的分析性政治理论也有其弊端，过于抽象和概念上的精确性与严谨性可能会导致其与真实政治问题的脱节，这引发了对罗尔斯正义理论的批评，也引起了对现实主义政治理论的关注。另一方面，森将社会选择理论和福利经济学的能力方法相结合，批判了社会契约传统，尤其是罗尔斯的理论。森和许多能力理论家一样更关心现实性理论，因为他认为不公正的实践和制度可以直接得到纠正或改善，而无须完全理解公正社会的概念。对于实践理论家来说，"人们对不公正的实际担忧——饥饿、歧视、文盲等——可以在不完全理解公正要求的情况下推进，只须问一下在不同选择中哪种会改善这些不公正问题，就可以知道如何改善世界，而不必追求完美"①。一个完全公正的先验正义理论可能不仅仅是正义理论的起点，也可是一个不切实际的终点。即使我们对可能的非理想选择制定了一个完整的比较模型，仍然可能存在信息不对称和无法衡量的价值判断，这使得完全公正的图景变得难以实现。

罗尔斯对社会契约论传统与理性的承诺意味着，在正义的范围内忽视了身体残疾与认知障碍问题、非人类物种问题、跨国正义问题，理论假定正义的义务仅适用于大多数理性的人类。对于残障人士而言，他们由于缺乏理性，在正义结构被构建之前就被排除在外。对于非人类物种而言，人类对动物仅仅富有同情的道德责任。关于跨国正义而言，罗尔斯仅仅把正义的范围限制于国家结构内部。但这些对努斯鲍姆来说还不够，"我们没有充分的理由将正义的范围限定在这些范畴之内，应该考虑包容残障人士和非人类物种在内"②。罗尔斯正义理论中的平等、理性、社会合作和协议的重要性从一开始就限制了对非人类物种的包容。明显地，努斯鲍姆成功地证明了这些问题在一开始就被忽视了。此外，即使罗尔斯在稍后阶段处

① Robeyns, Ingrid, and Harry Brighouse. (2010). *Measuring Justice: Primary Goods and Capabilities*. Cambridge: Cambridge University Press, pp. 243-246.

② Nussbaum, Martha. (2006). *Frontiers of Justice: Disability, Nationality, Species Membership*. Cambridge, Massachusetts: London, England. The Belknap Press of Harvard University Press, p. 337.

理这些问题，也是对于基本结构本身设计有所欠缺。

努斯鲍姆的方法试图扩展罗尔斯的正义论，以更全面地解决这些问题，然而，这也引发了对罗尔斯方法核心特性的破坏，尤其是她对契约理论的支撑基础进行了挑战。在这一点上，亚里士多德的观点提供了一种有益的补充。亚里士多德认为人是一种政治性的动物，不仅仅具有道德性与政治性，还兼具有动物性和人的尊严。人类与动物性之间并不是一种相互对立的关系，而是一种相互融合的关系，这种关系随着时间的变化而呈现一种动态平衡发展。人类因其政治性的特征而拥有共享的目标，通过政治原则来指导人的行为，此类政治原则应该从一个相对宽容又具有确定性的出发点当中得以提炼。此外，努斯鲍姆还强调了人际联系中的情感因素，她指出，人类签订契约的过程通常被看成是一种追求互利性的行为活动，但不应忽视契约双方之间的情感联系。对利益的追求并不能完全说明人类仅仅是一种关于道德情感的利己主义者，也是具有仁慈情感的存在。在罗尔斯的正义理论中，借助于休谟关于"正义环境"的描述，契约双方处于一种大致平等的地位以及互利的目的，缺乏了仁慈情感与正义的固有情感。相比之下，在良序社会中，人们更倾向于依赖一种原则式的动机与情感，一个社会要保持稳定并致力于民主原则的建构，它需要的不仅仅是超越纯粹客观的道德原则，还必须培养某些共同情感，并教会人们通过移情的方式进入他人的生活。

综上所述，罗尔斯的正义理论与努斯鲍姆的正义的能力理论都处于动态性的发展过程中。本书通过论述努斯鲍姆的正义理论，以及批判性地解读努斯鲍姆对于罗尔斯的回应与推进可以发现，努斯鲍姆的正义的能力理论提出了一种积极的方法，即能力路径，用于建立社会最低限度的正义，这一方法具有高度创新性价值。在解决非人类物种问题方面，相对于罗尔斯的正义理论，努斯鲍姆的理论显然具有明显的优势。然而，在解决残障人士和跨国正义问题时，努斯鲍姆的理论仅起到一种补充性的角色，而不构成对罗尔斯正义原则的根本性挑战。这表明罗尔斯的正义理论一直在不断演进和推进，他通过一系列著作，如《正义论》《作为公平的正义》《政治自由主义》和《万民法》，不断加强对残障人士问题、跨国正义问题和代际正义问题的解决。与此相比，努斯鲍姆的正义的能力理论也在不断发展变化。从最初基于亚里士多德式的人的观念出发，在《善的脆弱性》中通过对人性的分析，赞扬我们的善的脆弱性，并引出了运气伦理问题、情感与理性关系问题；发展到在《诗性正义》一书中进一步强调情感和文学作品在塑造我们的想象力方面的重要作用。这一理论发展路径显示了她对于正义理论的不断探索和丰富，为正义理论领域带来了新的思考。

努斯鲍姆在与其导师阿玛蒂亚·森的合作过程中，通过对发展中国家社会发展状况的评估性研究，出版了《生活质量》一书。在这一独特的女性主义视角下，她关注了女性的发展和人性的培养。基于这些工作，她陆续出版了《培养人性》和《女性与人类发展》等著作。在与其导师罗尔斯的学习和交流过程中，努斯鲍姆逐渐认识到罗尔斯式的正义理论继承了康德式的道德元素和古典契约主义的概念。然而，在理论构建的初期，她指出契约理论特征的理性和互利性因素导致了一些边缘群体的利益被忽视，包括残障人士、女性、儿童、老人等。同时，罗尔斯的正义理论以民族—国家为基本单位，忽视了国内正义理论中的人的不可侵犯性以及全球政治经济秩序的渗透性。因此，努斯鲍姆在《正义的前沿》中对罗尔斯正义理论的缺陷和问题提出了批判性补充，并在《创造能力》一书中深化和阐释了她的能力理论。但是，这一理论也引起了其他学者的批评与反驳。尽管能力理论以能力为出发点，但在一个符合公共性要求的正义理论中，社会基本结构和社会基本善的分配仍然起着至关重要的作用。努斯鲍姆承认："通过揭示罗尔斯所面临的三大难题，能力路径比罗尔斯的正义理论做得更好。但我并没有声称能力路径在总体上更优越，因为在处理其他问题时，能力路径可能表现得比契约式正义理论更糟糕。"[1] 如果这种能力理论被发展完善，"我希望人们能看到，我的能力路径是自由主义家族的另一个成员，因此，我将其视为对罗尔斯的概念的有益补充，而不是取代罗尔

---

[1] Nussbaum, Martha. (2006). *Frontiers of Justice: Disability, Nationality, Species Membership.* Cambridge, Massachusetts: London, England. The Belknap Press of Harvard University Press, p. 6.

斯的计划"①。最终，我们能看到罗尔斯和努斯鲍姆在正义方面的研究在本质上是一致的。

在探讨努斯鲍姆的正义能力理论，以及她对罗尔斯理论提出的深刻质疑与进一步的发展过程中，我们得以触及现代政治哲学中关于正义理论的核心争论。努斯鲍姆的理论以其对罗尔斯的批评和对能力理论的推进为标志，旨在提供一种更为全面和人性化的正义观。通过细致的分析，我们可以看到努斯鲍姆的理论虽然在理念上是具有吸引力的，但在实践应用中却展现出一定的局限性。不过，从她理论的出发点和目标来看，努斯鲍姆本人也给出了相应的解释和回应。尽管这些回应在她的立场上是成立的，但对于解决社会正义问题来说并不充分。

首先，努斯鲍姆将她的理论定义为一种"局部的非完全性的政治自由的正义理论"，这一定义本身就暗示了其理论的适用范围有限。她强调的是通过能力理论将个体从一种缺乏基本权利和机会的状态提升至一个基本的生活标准，即"能力界限水平"。这一点无疑是对现有社会正义理论的有益补充，特别是在关注边缘化群体和弱势群体的权益保障方面。然而，当涉及超越基本生活标准的正义分配问题时，努斯鲍姆的理论似乎并没有提供全面的解决方案。努斯鲍姆承认了能力理论的不完全性，并强调了其有限的适用范围。"能力路径并不打算提供一个关于社会正义的完满性解释，它并不试图说明正义将如何对待界限水平以上的不平等现象。从这个意义上说，能力路径并没有回答罗尔斯正义理论所回答的全部问题，只是关于最低程度的核心应享权利的说明。"②

其次，相对于能力路径的创始人阿玛蒂亚·森而言，努斯鲍姆的一大推进与创新是核心能力列表的构建。这一列表旨在明确哪些基本能力是每个个体应当享有的，以确保其能过上有尊严的生活。然而，这一构建过程及其结果引发了广泛的争议。关于核心能力的选择标准，以及这些能力是

---

① Nussbaum, Martha. (2006). *Frontiers of Justice*: *Disability*, *Nationality*, *Species Membership*. Cambridge, Massachusetts: London, England. The Belknap Press of Harvard University Press, p. 6.

② Nussbaum, Martha. (2006). *Frontiers of Justice*: *Disability*, *Nationality*, *Species Membership*. Cambridge, Massachusetts: London, England. The Belknap Press of Harvard University Press, p. 76.

否能够获得跨文化的普遍认同，成为批评的焦点。虽然努斯鲍姆尝试从亚里士多德式的人类本质观和政治自由主义的立场出发，为她的核心能力列表辩护，但这种理论基础在一些学者看来仍然不足以说服所有人。这表明，在核心能力列表的构建过程中，还需要进一步的思考和讨论，以增强其普遍性和包容性。

最后，努斯鲍姆一直强调政府应该确保公民能够实现其核心能力，然而，她对各国政府和非政府组织在帮助执行核心能力列表方面的评价过于积极。她也低估了复杂的人类社会中各种形式的权利关系的作用。显而易见，体制上的多样性与复杂性阻碍了努斯鲍姆核心能力列表的有效执行。通过对比罗尔斯的正义理论和努斯鲍姆的正义的能力理论的动态发展，我们可以发现，努斯鲍姆更像是对罗尔斯的补充而非批判。在通往正义的道路上，社会基本善路径和能力路径在实质上应该是相互补充的正义路径。

在追求正义的过程中，我们或许可以采用一种多阶段的规范性和解释性理论，以肯定性的方式回答那些长期困扰哲学家的规范性问题，并为伦理行为提供语义性和本体性的解释。通过整体主义的视角，我们能够综合不同的知识来源，包括规范性理论、人权理论、定性与定量分析、民主审议等方法，为解决正义问题提供一种辩证和整全的路径。因此，我们需要重新审视能力主义的观点，即"在能力理论中强调社会的收入和财富的基本善和社会基本结构并非最重要，而关键在于它们对人们的功能性活动和多元化能力方面所起的工具性作用"。[①] 通过整合研究人类命运共同体的不同理论，我们可以将能力问题与正义问题相结合，以寻找公共政策干预的最佳契合点，从而形成一种更具情境敏感性的平等正义理论，旨在促进适当的最低限度正义观念。沃尔夫和德－夏利特在《劣势》一书中，采用动态视角探讨了能力之间的相互关系和不可通约性，并提出了"能力安全"的概念，能力安全问题牵涉政治程序的设定和政治结构的构建，公共政策应该赋予孕育型功能（fertile functioning）的能力以优先地位，以避免腐蚀

---

① Ingrid Robeyns, (2008). "Justice as Fairness and the Capability Approach", *Arguments for a Better World: Essays in Honor of Amartya Sen.* Oxford: Oxford University Press, p. 412.

性劣势（corrosive disadvantage）能力的形成。这种政策不仅要保障公民的核心能力，还要确保未来也能依赖这些核心能力。

孕育型功能的能力解释了在某些情境下为什么以及如何赋予某些能力以特权，并最终确保每个人都能获得所有核心能力。努斯鲍姆认为："我们应该寻求孕育型功能的能力，以减轻腐蚀性劣势能力的趋势，并为无悲剧的未来做准备。"由此可见，当代能力主义者不断完善能力路径，并将其应用于各种不同领域。事实上，尽管能力主义者声称"能力路径的有效性已经被其理论的继承者证明了，因为他们已经将其应用到世界各地的各种不公正现象之中。"[1] 但这一理论在哲学上是否合理，以及如何最好地将其理论化，仍然有待进一步研究。

基于上述论述，我们可以得出以下结论。努斯鲍姆的哲学思想深受古希腊哲学的影响，特别是亚里士多德的实践哲学，她强调哲学应当关注人类生活的丰富多样性，并致力于提供解释，以求在简化理论与否定理论之间找到平衡。努斯鲍姆的工作涵盖了伦理学、政治哲学、动物权利、个人自主性和全球正义等广泛领域，她的著作不仅出版在学术期刊和出版社，也发表在报纸和杂志上。努斯鲍姆的写作风格清晰易懂，她的作品不仅是学术性的，也具有很高的可读性。此外，努斯鲍姆的思想体系既复杂又多样，涉及文学、心理学、经济学、法律、历史和行为科学等多个领域。关于核心能力的最基本选择是哲学性的，但有关核心能力的具体解释则留给了民主进程。努斯鲍姆将情感视为其思想的主线，将能力视为其理论的支撑。她的理论不仅根植于亚里士多德式的人的观念以及对德性的探讨，同时还汲取了斯多葛学派的"世界公民"意识和"平等"观念，以及康德的"把人看成是目的而非手段"理念。此外，她在后期还继承了亚当·斯密对经济社会中道德情感的分析，以及罗尔斯式政治自由主义的立场。

总的来说，努斯鲍姆的正义的能力理论主要基于两大来源。第一，她

---

[1]　Deneulin, Séverine and Lila Shahani. (2009). *An Introduction to the Human Development and Capability Approach*. London：Earthscan.

汲取了亚里士多德式的人的观念和对人性的讨论，强调了理性情感的重要性。她在诗性正义中强调了畅想与情感的重要性，并在后期的政治情感问题的探讨中为她的理论奠定了基础。第二，基于阿玛蒂亚·森提出的能力路径，这一路径首次应用于评估发展中国家的生活质量。森是诺贝尔经济学奖的获得者，他的研究关注社会不平等现象，尝试将能力问题与正义问题相结合，以解决全球经济发展不平等的问题。努斯鲍姆在森的基础上，融合早期的亚里士多德式思想和后期的政治自由主义立场，形成了独特的正义的能力理论。在她看来，"与道德人格相关的本质特征包括感知能力，或者是感知痛苦的能力，以及某种最低程度的主体性"①。在诗性正义中，她强调畅想和情感的重要性；而在能力正义中，她以能力为导向，强调功能性活动的重要性。这种综合性的思想体系使得她的正义理论成为一种独特而有深度的哲学观点，同时也引发了对传统正义理论的批判与重新思考。

努斯鲍姆作为当代政治哲学研究领域中的重要代表人物，国内外学术界对其理论进行了广泛研究。本书旨在在国内外学术研究的基础上，深入研究努斯鲍姆的能力理论，以推动对她政治哲学思想的更深入探讨。在与罗尔斯的对话中，努斯鲍姆不断推进她的能力理论的发展，本书通过梳理、延伸、总结和批判努斯鲍姆的正义的能力理论，展示了她对导师思想的反思和推进。与森相比，努斯鲍姆的最大贡献在于，基于森的能力路径提出了核心能力列表，使能力路径从静态发展转变为动态发展。相对于罗尔斯，努斯鲍姆的主要工作是提出正义的能力理论，以此来对罗尔斯的正义论中的观点进行批判性的思考，以补充与推进罗尔斯的正义理论在某些领域中所存在的缺陷。通过就努斯鲍姆对罗尔斯正义论的回应和延伸的细致追溯，并对之进行批判性思考，我们不仅仅发现了罗尔斯正义理论的缺陷和延伸可能性，还看到以罗尔斯为代表的资源主义研究路径和以能力为代表的能力主义研究路径共同致力于正义问题的研究，它们在本质上并不

① Nussbaum, Martha. (2011). *Creating Capabilities: the Human Development Approach*. Cambridge, Massachusetts: The Belknap Press of Harvard University Press, p. 63.

存在根本性的区别，努斯鲍姆对于罗尔斯的批判似乎更多是一种补充，而不是根本性的改变。因此，面对正义问题，更合适的方法是将这两个研究路径联系起来，建立在动态的能力主义研究路径上，采用多阶段的综合方法，将规范性理论与经验性理论相结合，通过理论反思、经验调查和公众审议，反复比较和确认，以形成适用于各领域的正义理论。最后，笔者希望通过这项研究促使该领域的学者进行更加深入的探索。

	方法与路径	代表人物及其观点
1. 规范性的相关能力起源于规范性的价值与原则（自上而下）	推理演绎	努斯鲍姆（早期）（内在本质主义）
		克拉森（辩证地必要性判断）
	技术上的知识	福田佐子（Fukuda-Parr）（人权理论）
	重叠共识	努斯鲍姆（晚期）（政治自由主义）
2. 规范性的相关能力视社会文化与政治环境而定（自下而上）	审议性民主	森、斯坎伦（隐性偏见和适应性偏好）
3. 规范性与解释性的多阶段能力理论	综合方法	克拉森（三阶段法）（理论反思、经验调查和公众审议）

图结一　关于能力及其相关的几种不同理论的梳理

参考文献

一　外文文献

（一）努斯鲍姆的主要著作

Nussbaum, Martha. (1990). *Love's Knowledge: Essay on Philosophy and Literature.* Oxford University Press.

Nussbaum, Martha. and Amartya Sen. (1993). *The Quality of Life.* Oxford: Clarendon Press.

Nussbaum, Martha. (1995). *Poetic Justice: The Literary Imagination and Public Life.* Boston, Massachusetts: Beacon Press.

Nussbaum, Martha. (1995). "Aristotle on Human Nature and the Foundation of Ethics." In J. E. J. Altham and R. Harrison (eds.), *World, Mind and Ethics: Essays on the Ethical Philosophy of Bernard Williams.* Cambridge: Cambridge University Press.

Nussbaum, Martha. Glover, Jonathan. (1995). *Women, Culture, and Development: A Study of Human Capabilities.* Oxford New York: Clarendon Press.

Nussbaum, Martha. (1996). *For Love of Country: Debating the Limits of Patriotism.* Boston: Beacon Press.

Nussbaum, Martha. (1997). *Cultivating Humanity: A Classical Defense of Reform in Liberal Education.* Cambridge, Massachusetts: Harvard University Press.

Nussbaum, Martha. (1998). *Plato's Republic: The Good Society and the Deformation of Desire.* Washington: Library of Congress.

Nussbaum, Martha. (2000). *Women and Human Development: The Capabilities Approach.* Cambridge: Cambridge University Press.

Nussbaum, Martha. (2000). *Sex & Social Justice.* Oxford New York: Oxford University Press.

Nussbaum, Martha. (2001). *The Fragility of Goodness: Luck and Ethics in Greek Tragedy and Philosophy (second ed.).* Cambridge: Cambridge University Press.

Nussbaum, Martha. (2001). *Upheavals of Thought: The Intelligence of Emotions.* Cambridge: Cambridge University Press.

Nussbaum, Martha. , Sunstein, Cass R. (2004). *Animal Rights: Current Debates and New Directions.* Oxford: Oxford University Press.

Nussbaum, Martha. (2004). *Hiding from Humanity: Disgust, Shame, and the Law.* Princeton: Princeton University Press.

Nussbaum, Martha. (2006). *Frontiers of Justice: Disability, Nationality, Species Membership.* Cambridge, Massachusetts: London, England. The Belknap Press of Harvard University Press.

Nussbaum, Martha. (2007). *The Clash within Democracy, Religious Violence, and India's Future.* Cambridge, Massachusetts: Belknap Press of Harvard University Press.

Nussbaum, Martha. (2008). *Liberty of Conscience: In Defense of America's Tradition of Religious Equality.* New York: Basic Books.

Nussbaum, Martha. (2009). *The Therapy of Desire: Theory and Practice in Hellenistic Ethics (second ed.).* Woodstock Princeton, New Jersey: Princeton University Press.

Nussbaum, Martha. (2010). *Not for Profit: Why Democracy Needs the Humanities.* Princeton, N. J. : Princeton University Press.

Nussbaum, Martha. (2010). *From Disgust to Humanity: Sexual Orientation and Constitutional Law.* Oxford: Oxford University Press.

Nussbaum, Martha. (2011). *Creating Capabilities: The Human Development*

Approach. Cambridge, Massachusetts: The Belknap Press of Harvard University Press.

Nussbaum, Martha. (2012). *The New Religious Intolerance: Overcoming the Politics of Fear in an Anxious Age.* Cambridge, Massachusetts: Belknap Press of Harvard University Press.

Nussbaum, Martha. (2013). *Political Emotions: Why Love Matters for Justice.* Cambridge, Massachusetts: The Belknap Press of Harvard University Press.

Nussbaum, Martha. (2014). "Introduction: Capabilities, Challenges, and the Omnipresence of Political Liberalism." F. Comm and M. Nussbaum (eds.), *Capabilities, Gender and Equality: Towards Fundamental Entitlements.* Cambridge: Cambridge University Press.

Nussbaum, Martha. (2016). *Anger and Forgiveness: Resentment, Generosity, Justice. New York*: Oxford University Press.

Nussbaum, Martha. (2018). *The Monarchy of Fear: A Philosopher Looks at Our Political Crisis.* New York: Simon and Schuster.

Nussbaum, Martha. (2021). *Citadels of Pride: Sexual Abuse, Accountability, and Reconciliation.* New York: W. W. Norton.

Nussbaum, Martha. (2023). *Justice for Animals: Our Collective Responsibility.* New York: Simon and Schuster.

（二）努斯鲍姆的期刊论文

Nussbaum, M. (1988). "Nature, Function and Capability: Aristotle on Political Distribution". *Oxford Studies in Ancient Philosophy*, 6, pp. 145 – 184.

Nussbaum, M. (1990). "Aristotelian Social Democracy". In B. Douglass, G. Mara, & H. Richardson (eds.). *Liberalism and the Good*, London: Routledge.

Nussbaum, M. (1992). "Human Functioning and Social Justice", In Defence of Aristotelian Essentialism". *Political Theory*, 20 (2), pp. 202 – 246.

Nussbaum, M. (1993). "Equity and Mercy". *Philosophy and Public Affairs*, 22 (2), pp. 83 – 125.

Nussbaum, M. (1997). "Capabilities and Human Rights". *Fordham Law Review*, 66 (2), pp. 273 – 300.

Nussbaum, M. (1998). "Political Animals: Luck, Love and Dignity". *Metaphilosophy*, 29 (4), pp. 273 – 287.

Nussbaum, M. (1999). "How Should What Economists Call 'Social Values' Be Measured?". *Journal of Ethics*, 3 (3), pp. 249 – 273.

Nussbaum, M. (2000). "Aristotle, Politics, and Human Capabilities: A Response to Anthony, Arneson, Charlesworth, and Mulgan". *Ethics*, 111 (1), pp. 102 – 140.

Nussbaum, M. (2001). "Political Objectivity". *New Literary History*, 32 (4), pp. 883 – 906.

Nussbaum, M. (2003). "Capabilities as Fundamental Entitlements: Sen and Social Justice". *Feminist Economics*, 9 (2/3), pp. 33 – 59.

Nussbaum, M. (2003). "Women's Education: A Global Challenge". *Signs, Journal of Women in Culture and Society*, 29 (2), pp. 325 – 55.

Nussbaum, M. (2004). "Review: Nussbaum's Account of Compassion". *Philosophy and Phenomenological Research*, 68 (2), pp. 465 – 472.

Nussbaum, M. (2004). "Analytic Love and Human Vulnerability: A Comment On Lawrence Friedman's 'Is There a Special Psychoanalytic Love?'". *Journal of the American Psychoanalytic Association*, 53 (2), pp. 377 – 383.

Nussbaum, M. (2004). "Beyond the Social Contract: Capabilities and Global Justice". *Oxford Development Studies*, 32 (1), pp. 3 – 18.

Nussbaum, M. (2004). "On Hearing Women's Voices: A Reply to Susan Okin". *Philosophy & Public Affairs*, 32 (2), pp. 193 – 205.

Nussbaum, M. (2005). "Mill between Aristotle and Bentham". In *Economics and Happiness*, pp. 170 – 184.

Nussbaum, M. (2005). "Emotions and the Origins of Morality". In *Morality in Context*, pp. 61 – 117.

Nussbaum, M. (2006). "The Moral Status of Animals". *Chronicle of Higher*

Education, 52 (22), pp. B6 – B8.

Nussbaum, M. (2006). "Poverty and Human Functioning: Capabilities as Fundamental Entitlements". In *Poverty and Inequality: Studies in Social Inequality*, pp. 47 – 75.

Nussbaum, M. (2007). "Liberty of Conscience: The Attack on Equal Respect". *Journal of Human Development*, 8 (3), pp. 337 – 357.

Nussbaum, M. (2007). "Constitutions and Capabilities: Perception Against Lofty Formalism". *Harvard Law Review*, 121 (1), pp. 4 – 97.

Nussbaum, M. (2008). "Toward a Globally Sensitive Patriotism". *Daedalus*, 137 (3), pp. 78 – 93.

Nussbaum, M. (2008). "Hiding from Humanity: Replies to Charlton, Haldane, Archard, and Brooks". *Journal of Applied Philosophy*, 25 (4), pp. 335 – 349.

Nussbaum, M. (2008). "Nationalism and Development: Can there be a Decent Patriotism?". *Indian Journal of Human Development*, 2 (2), pp. 259 – 278.

Nussbaum, M. (2009). "Creating Capabilities: The Human Development Approach and Its Implementation". *Hypatia*, 24 (3), pp. 211 – 215.

Nussbaum, M. (2009). "Equal Respect for Conscience". *The Harvard Review of Philosophy*, 15 (1), pp. 4 – 20.

Nussbaum, M. (2009). "Education for Profit, Education for Freedom". *Liberal Education*, 95 (3), pp. 6 – 13.

Nussbaum, M. (2010). "Democracy, Education, and the Liberal Arts: Two Asian Models". *U. C. Davis Law Review*, pp. 4 – 17.

Nussbaum, M. (2010). "Liberalism, Development, and Gender: Responses to Papers". *Columbia Journal of Gender and Law*, pp. 4 – 17.

Nussbaum, M. (2010). "Compassion: Human and Animal". In *Ethics and Humanity*, pp. 202 – 227.

Nussbaum, M. (2011). "Rawls' Political Liberalism: A Reassessment" (John Rawls). *Ratio Juris*, 24 (1), pp. 1 – 24.

Nussbaum, M. (2011). "Capabilities, Entitlements, Rights: Supplementation and Critique". *Journal of Human Development and Capabilities*, 12 (1), pp. 23 – 37.

Nussbaum, M. (2011). "Capabilities as Fundamental Entitlements: Sen and Social Justice". In Feminism, Economics, and Well – Being, 1, pp. 287 – 313.

Nussbaum, M. (2011). "Perfectionist Liberalism and Political Liberalism". *Philosophy and Public Affairs*, 39 (1), pp. 3 – 45.

Nussbaum, M. (2015). "Political Liberalism and Global Justice". *Journal of Global Ethics*, 11 (1), pp. 68 – 79.

Nussbaum, M. (2016). "Introduction: Aspiration and the Capabilities List". *Journal of Human Development and Capabilities*, 17 (3), pp. 301 – 308.

Nussbaum, M. (2016). "Danger to Human Dignity: The Revival of Disgust and Shame in the Law". *Znak*, pp. 32 – 39.

Nussbaum, M. (2016). "Economics Still Needs Philosophy". *Review of Social Economy*, 74 (3), pp. 229 – 247.

Nussbaum, M. (2016). "Women's Progress and Women's Human Rights". *Human Rights Quarterly*, 38 (3), pp. 589 – 622.

Nussbaum, M. (2017). "Human Capabilities and Animal Lives: Conflict, Wonder, Law: A Symposium". *Journal of Human Development and Capabilities*, 18 (3), pp. 317 – 321.

Nussbaum, M. (2017). "Emotion in the Language of Judging". *St. John's Law Review*, pp. 4 – 17.

Nussbaum, M. (2018). "Working with and for Animals: Getting the Theoretical Framework Right". *Journal of Human Development and Capabilities*, 19 (1), pp. 2 – 18.

(三) 英文研究论文

Aristotle. (1926). *The Nicomachean Ethics*. Harvard University Press.

Alkire, Sabina. (2002). *Valuing Freedoms. Sen's Capability Approach and Poverty Reduction*. Oxford: Oxford University Press.

Alkire, Sabina. (2005). "Why the Capability Approach?" *Journal of Human Development.* 6 (1), pp. 115 – 35.

Alkire, Sabina. (2016). "The Capability Approach and Wellbeing Measurement for Public Policy". In *The Oxford Handbook of Wellbeing and Public Policy*, edited by Matthew D. Adler and Marc Fleurbaey, pp. 615 – 44. Oxford: Oxford University Press.

Ackerly, Brooke A. (2000). *Political Theory and Feminist Social Criticism.* Cambridge: Cambridge University Press.

Arneson, Richard. (2013). "From Primary Goods to Capabilities to Well – Being". *Critical Review of International Social and Political Philosophy*, 16 (2), pp. 179 – 195.

Barry, Brian. (1973). *The Liberal Theory of Justice: A Critical Examination of the Principal Doctrines in A Theory Of Justice by John Rawls.* Oxford: Oxford University Press.

Barry, Brian. (1989). *A Treatise on Social Justice.* Berkeley: University of California Press.

Barry, Brian. (2002). *Culture and Equality: An Egalitarian Critique of Multiculturalism.* Cambridge: Polity Press.

Barry, B. (2005). *Why social justice matters.* Cambridge, UK: Malden, MA: Polity.

Beitz, Charles. (1999). *Political Theory and International Relations.* Princeton: Princeton University Press.

Beitz, Charles. (2000). "Rawls's Law of Peoples", *Ethics*, 110 (4), pp. 669 – 696.

Byskov, M., Robeyns, Ingrid, & Van Den Brink, Bert. (2016). "Between Experts and Locals: Towards an Inclusive Framework for a Development Agenda."

Byskov, Morten Fibieger. (2017). "Democracy, Philosophy, and the Selection of Capabilities." *Journal of Human Development and Capabilities*, 18 (1), pp. 1 – 16.

Berlin, Isaiah. (1969). *Four Essays on Liberty.* Oxford: Oxford University Press.

Berlin, Isaiah. (1969). *Two Concepts of Liberty.* UK: Oxford University Press.

Burchardt, Tania and Polly Vizard. (2011). "Operationalizing the Capability Approach as a Basis for Equality and Human Rights Monitoring in Twenty-first-century Britain." *Journal of Human Development and Capabilities*, 12 (1), pp. 91 – 119.

Burchardt, Tania & Hick, Rod. (2018). "Inequality, Advantage and the Capability Approach." *Journal of Human Development and Capabilities*, 19 (1), pp. 38 – 52.

Barclay, L. (2012). "Natural deficiency or social oppression? The capabilities approach to justice for people with disabilities." *Journal of Moral Philosophy*, 9 (4), pp. 500 – 520.

Broderick, A. (2018). "Equality of What? The Capability Approach and the Right to Education for Persons with Disabilities." *Social Inclusion*, 6 (1), pp. 29 – 39.

Cohen, G. A. (1993). "Equality of What? On Welfare, Goods, and Capabilities." In Martha C. Nussbaum and Amartya Sen (Eds.), *The Quality of Life.* Oxford: Clarendon Press.

Cohen, G. A. (2008). *Rescuing Justice and Equality.* Cambridge, MA: Harvard University Press.

Crocker, David A. (2008). *Ethics of Global Development: Agency, Capability, and Deliberative Democracy.* Cambridge: Cambridge University Press.

Crocker, D. A. and I. Robeyns. (2009). "Capability and agency." In Christopher Morris (Ed.), *The Philosophy of Amartya Sen.* Cambridge University Press, pp. 60 – 90.

Crocker, David A., and Ingrid Robeyns. (2010). "Capability and Agency." In Christopher W. Morris (ed.), *Amartya Sen.* Cambridge: Cambridge University Press.

Clark, David A. (2013). "Creating Capabilities, Lists and Thresholds: Whose Voices, Intuitions and Value Judgements Count?" *Journal of Human Development and Capabilities*, 14 (1), pp. 172 – 184.

Clark, J. (2009). "Capabilities Theory and the Limits of Liberal Justice: On Nussbaum's Frontiers of Justice." *Human Rights Review*, 10 (4), pp. 583 – 604.

Claassen, Rutger. (2011). "Making Capability Lists: Philosophy versus Democracy." *Political Studies*, 59 (3), pp. 491 – 508.

Claassen, Rutger and Marcus Düwell. (2013). "The Foundation of Capability Theory: Comparing Nussbaum and Gewirth." *Ethical Theory and Moral Practice*, 16 (3), pp. 493 – 510.

Claassen, R. (2014). "Capability Paternalism." *Economics & Philosophy*, 30 (1), pp. 57 – 73.

Claassen, R. (2015). "Financial Crisis and the Ethics of Moral Hazard." *Social Theory and Practice*, 41 (3), pp. 527 – 551.

Claassen, R. (2017). "An Agency - Based Capability Theory of Justice." *European Journal of Philosophy*, 25 (4), pp. 1279 – 1304.

Claassen, R. J. G. & Gerbrandy, A. (2018). "Doing good together. Competition Law and the Political Legitimacy of Interfirm Cooperation." *Business Ethics Quarterly*, 28 (4), pp. 401 – 425.

Claassen, R. J. G. (2018). *Capabilities in a Just Society – A Theory of Navigational Agency*. Cambridge: Cambridge: University Press.

Deneulin, S. and Shahani, L. (2009). *An Introduction to the Human Development and Capability Approach*. London: Earthscan.

Deneulin, S. and Allister McGregor. (2010). "The Capability Approach and the Politics of a Social Conception of Wellbeing." *European Journal of Social Theory*, 13 (4), pp. 501 – 519.

Deneulin, Séverine. (2014). *Wellbeing, Justice and Development Ethics*. London: Earthscan.

Dworkin, Ronald. (2002). *Sovereign Virtue*: *The Theory and Practice of Equality*. Cambridge: Harvard University Press.

Drèze, Jean and Amartya Sen. (2013). *An Uncertain Glory*: *India and Its Contradictions*. London: Alan Lane.

Dewey, John. (1922). *Human Nature and Conduct*. New York: Henry Holt and Company.

Drydyk, J. (2012). "A Capability Approach to Justice as a Virtue." *Ethical Theory and Moral Practice*, 15 (1), pp. 23 – 38.

Eric Nelson. (2008). "From Primary Goods to Capabilities Distributive Justice and the Problem of Neutrality." *Political Theory*, 36 (1), pp. 93 – 122.

Freeman, S. (2006). "Book review—Frontiers of Justice: The capabilities approach versus contractarianism." *Texas Law Review*, 85 (2), pp. 385 – 430.

Freeman, Samuel. (2007). *Rawls*. London: Routledge.

Fukuda – Parr, S. (2004). "Cultural Freedom & Human Development Today." *Daedalus*, 133 (3), pp. 37 – 45.

Fukuda – Parr, S. (2011). "The Metrics of Human Rights: Complementarities of the Human Development and Capabilities Approach." *Journal of Human Development and Capabilities*, 12 (1), pp. 73 – 89.

Fukuda – Parr, S. (2016). "From the Millennium Development Goals to the Sustainable Development Goals: Shifts in purpose, concept, and politics of global goal setting for development." *Gender & Development*, 24 (1), pp. 43 – 52.

Formosa, P. , & Mackenzie, C. (2014). "Nussbaum, Kant, and the Capabilities Approach to Dignity." *Ethical Theory and Moral Practice*, 17 (5), pp. 875 – 892.

Francione, Gary L. (2004). "Animals – Property or Persons?" In Cass Sunstein and Martha Nussbaum (eds.), *Animal Rights*; *Current Debates and New Directions*. Oxford: Oxford University Press, pp. 108 – 142.

Gewirth, Alan. (1978). *Reason and Morality.* Chicago: University of Chicago Press.

Gilligan, C. (1993). *In a different voice: Psychological theory and women's development.* Cambridge, Mass.: Harvard University Press.

Gasper, Des. (2010). Understanding the Diversity of Conceptions of Wellbeing and Quality of Life. *The Journal of Socio – Economics*, 39 (3), pp. 351 – 360.

Glover, J., Nussbaum, M., & World Institute for Development Economics Research. (1995). *Women, culture, and development a study of human capabilities.* Oxford: New York: Clarendon Press; Oxford University Press.

Gluchman, V. (2019). Human Dignity as the Essence of Nussbaum's Ethics of Human Development. *Philosophia*, 47 (4), pp. 1127 – 1140.

Hume, David. (1969). *Of The Original Contract. Social Contract: Essays by Locke, Hume, and Rousseau.* Oxford: Oxford University Press.

Hart, H. L. A. (1983). *Between Utility and Rights. Essays in Jurisprudence and Philosophy.* Oxford: Oxford University Press.

Hick, Rod and Burchardt, Tania. (2016). "Capability Deprivation." In *The Oxford Handbook of the Social Science of Poverty*, edited by David Brady and Linda M. Burton, pp. 75 – 92. Oxford: Oxford University Press.

Holland, Breena and Amy Linch. (2016). "Cultivating Human and Non – Human Capabilities." *The Oxford Handbook of Environmental Political Theory*, edited by Teena Gabrielson, Cheryl Hall, John M. Meyer and David Schlosberg, pp. 413 – 28. Oxford: Oxford University Press.

Ilea, R. (2008). "Nussbaum's Capabilities Approach and Nonhuman Animals: Theory and Public Policy." *Journal of Social Philosophy*, 39 (4), pp. 547 – 563.

Ibrahim, Solava. (2017). "How to Build Collective Capabilities: The 3C – Model for Grassroots – Led Development." *Journal of Human Development and Capabilities*, 18 (2), pp. 197 – 222.

James Griffin. (2008). *On Human Rights.* UK: Oxford University Press.

Jaggar, Alison M. (2006). "Reasoning About Well – Being: Nussbaum's Methods of Justifying the Capabilities." *The Journal of Political Philosophy*, 14 (3), pp. 301 – 322.

Kant, Immanuel. (1988). *What Is Enlightenment?* Kant: Selections, ed. Lewis White Beck. Englewood Cliffs: Prentice Hall.

Kant, Immanuel. (1996). *Groundwork of the Metaphysics of Morals.* Cambridge: Cambridge University Press.

Kasperbauer. (2013). "Nussbaum and the Capacities of Animals." *Journal of Agricultural and Environmental Ethics*, 26 (5), pp. 977 – 997.

Loux, M. (2006). Metaphysics: A contemporary introduction (3rd ed. , Routledge contemporary introductions to philosophy). New York; London: Routledge.

Mill, J. S. (1906). *Utilitarianism.* Chicago, IL: University of Chicago Press.

Miller, D. (2000). *Principles of Social Justice.* Harvard University Press. Cambridge.

MacIntyre, Alasdair. (1982). *After virtue.* London: Duckworth.

MacIntyre, Alasdair. (1990). *Three rival versions of moral inquiry.* London: Duckworth.

Macleod, Colin M. (2010). *Primary Goods, Capabilities, and Children*, in H. Brighouse and I. Robeyns (eds.), *Measuring Justice: Primary Goods and Capabilities.* Cambridge: Cambridge University Press.

Mulgan, Tim. (2001). *The Demands of Consequentialism.* Oxford: Oxford University Press.

McReynolds, P. (2002). "Nussbaum's Capabilities Approach: A Pragmatist Critique." *The Journal of Speculative Philosophy*, 16 (2), pp. 142 – 150.

Nordenfelt, L. (2004). "The Varieties of Dignity." *Health Care Analysis*, 12 (2), pp. 69 – 81.

Nielsen, Lasse and David V. Axelsen. (2017). "Capabilitarian Sufficiency:

Capabilities and Social Justice. " *Journal of Human Development and Capabilities*, 18 (1), pp. 46 – 59.

Nozick, Robert. (1974). *Anarchy, State, and Utopia.* New York: Basic Books.

O'Neill, Onora. (1996). *Towards Justice and Virtue: A Constructivist Account of Practical Reasoning.* Cambridge: Cambridge University Press.

O'Neill, Onora. (2005). *Justice, Trust and Accountability.* Cambridge: Cambridge University Press.

O'Neill, Onora. (2016). *Justice across boundaries: whose obligations?* Cambridge: Cambridge University Press.

Okin, S. (2003). "Poverty, Well – Being, and Gender: What Counts, Who's Heard?" *Philosophy & Public Affairs*, 31 (3), pp. 280 –316.

Pettit, Philip. (2009). "Freedom in the Spirit of Sen. " In *Amartya Sen, edited by Christopher W. Morris, pp. 91 – 114. Cambridge: Cambridge University Press.*

Pogge, Thomas. (2002). "Can the Capability Approach Be Justified?" *Philosophical Topics*, 30 (2): pp. 167 –228.

Pogge, Thomas. (2008). *World poverty and human rights.* Cambridge: Polity Press.

Pierik, R. and I. Robeyns. (2007). "Resources versus Capabilities: Social Endowments in Egalitarian Theory. " *Political Studies*, 55 (1), pp. 133 –52.

Patrón, P. (2019). "On Ingrid Robeyns', Wellbeing, Freedom and Social Justice – Framework vs Theories: A Dialogue with Martha Nussbaum. " *Journal of Human Development and Capabilities*, 20 (3), pp. 351 –356.

Peterson, Gregory R. (2021). "Martha C. Nussbaum, Anger and Forgiveness: Resentment, Generosity, Justice. " *Journal of Moral Philosophy*, 18 (3), pp. 315 – 18.

Qizilbash, Mozaffar. (2006). "Well – being, Adaptation and Human Limitations, " in S. Olsaretti (ed.), *Preferences and Well – being.* Cambridge:

Cambridge University Press.

Qizilbash, Mozaffar. (2007). "Social Choice and Individual Capabilities." *Politics. Philosophy & Economics*, 12 (4), pp. 169 – 192.

Qizilbash, Mozaffar. (2013). "On Capability and the Good Life: Theoretical Debates and Their Practical Implications." *Philosophy and Public Policy Quarterly*, 31 (2), pp. 35 – 42.

Qizilbash, Mozaffar. (2016). Capability, Objectivity and "False Consciousness": On Sen, Marx and JS Mill. *International Journal of Social Economics*, 43 (12), pp. 1207 – 18.

Robeyns, Ingrid. (2005). "Selecting Capabilities for Quality of Life Measurement." *Social Indicators Research*, 74 (1), pp. 191 – 215.

Robeyns, Ingrid. (2005). "The Capability Approach: A Theoretical Survey." *Journal of Human Development*, 6 (1): pp. 93 – 117.

Robeyns, Ingrid. (2006). "The Capability Approach in Practice." *Journal of Political Philosophy*, 14 (3), *pp.* 351 – 76.

Robeyns, Ingrid. (2009). "Equality and Justice", in S. Deneulin and L. Shahani (eds.), *An introduction to the human development and capability approach: Freedom and agency.* London: Earthscan.

Robeyns, Ingrid. (2009). "Justice as fairness and the capability approach", in: Kaushik Basu and Ravi Kanbur (eds.), *Arguments for a Better World. Essays for Amartya Sen's 75th Birthday*, Oxford University Press, pp. 397 – 413.

Robeyns, Ingrid., and Harry Brighouse. (2010). *Measuring Justice: Primary Goods and Capabilities.* Cambridge: Cambridge University Press.

Robeyns, Ingrid. (2013). "Aspirations and Human Development Interventions." *Journal of Human Development and Capabilities*, 14 (4): pp. 559 – 580.

Robeyns, Ingrid. (2016). *The Capability Approach*, in Edward N. Zalta (ed.) Stanford Encyclopedia of Philosophy.

Robeyns, Ingrid. (2016). "Capabilitarianism." *Journal of Human Development and Capabilities*, 17（3）：*pp.* 397 – 414.

Robeyns, Ingrid.（2017）. *Wellbeing, Freedom and Social Justice: The Capability Approach Re – examined.* Cambridge：Open Book Publishers.

Robeyns, Ingrid.（2019）"What, if Anything, is Wrong with Extreme Wealth?" *Journal of Human Development and Capabilities*, 20（3）：*pp.* 251 – 266.

Robeyns, Ingrid and Morten Fibieger Byskov.（2021）. "The Capability Approach", *The Stanford Encyclopedia of Philosophy* (Fall 2021 Edition), ed. Edward N. Zalta, available at https://plato. stanford. edu/archives/fall2021/entries/capability – approach/（accessed 26 May 2022）.

Rawls, John.（1997）. "The Idea of Public Reason Revisited. " *The University of Chicago Law Review.* 64（3）：pp. 765 – 807.

Rawls, John.（1999）. *The Law of Peoples.* Cambridge：Harvard University Press.

Rawls, John.（2001）. *Justice as Fairness: a restatement.* Cambridge, MA：Harvard University Press.

Rawls, J. , & Matan, A.（2004）. "Kantian constructivism in moral theory. " *Politicka Misao*, 41（3）, pp. 3 – 48.

Rawls, John.（2005）. *Political Liberalism.* New York：Columbia University Press.

Rawls, John.（2009）. *A Theory of Justice.* Cambridge, MA：Harvard University Press.

Ronald Dworkin.（2000）. *Sovereign Virtue: The Theory and Practice of Equality.* Harvard University Press.

Raz, Joseph.（2009）. *The Morality of Freedom.* Oxford：Oxford University Press.

Sen, Amartya.（1980）. *Equality of What? Tanner Lectures in Human Values*, S. McGurrin（ed. ）Cambridge：Cambridge University Press.

Sen, Amartya. and Bernard Williams.（1982）. *Utilitarianism and Beyond.* Cambridge：Cambridge University Press.

Sen, Amartya. (1985). "Well – Being, Agency and Freedom: The Dewey Lectures 1984." *The Journal of Philosophy*, 82 (4): pp. 169 – 221.

Sen, Amartya. (1992). *Inequality Reexamined.* Cambridge, Mass. : Harvard University Press.

Sen, Amartya. (1999). *Development as Freedom.* New York: Knopf.

Sen, Amartya. (2004). "Development as Capability Expansion." Readings in *Human Development*, 2d ed. eds. Sakiko Fukuda – Parr and A. K. Shivar Kumar, pp. 3 – 16. Oxford: Oxford University Press.

Sen, Amartya. (2005). "Capabilities, lists and Public reason: continuing the conversation." in B. Agarwal, J. Humphreys and I. Robeyns (Eds) *Amartya Sen's Work and Ideas: A Gender Perspective*, Routledge, London, pp. 335 – 338.

Sen, Amartya. (2005). "Human Rights and Capabilities." *Journal of Human Development*, 6 (2): pp. 151 – 66.

Sen, A. (2006). "What Do We Want from a Theory of Justice?" *The Journal of Philosophy*, 103 (5), pp. 215 – 238.

Sen, Amartya. (2009). *The Idea of Justice.* The Belknap Press of Harvard University Press, Cambridge, Massachusetts.

Sen, Amartya. , & Gordon, J. (2015). "The idea of justice: A response." *Philosophy & Social Criticism*, 41 (1), pp. 77 – 88.

Sen, Amartya. (2017). "Ethics and the Foundation of Global Justice." *Ethics & International Affairs*, 31 (3), pp. 261 – 270.

Sen, Amartya. (2017). *Collective Choice and Social Welfare: Expanded Edition.* Cambridge: Harvard University Press.

Sen, Amartya. (2018). "The importance of incompleteness." *International Journal of Economic Theory*, 14 (1), pp. 9 – 20.

Singer, Peter. (2002) . *Reply to Martha Nussbaum, Justice for Non – Human Animals. The Tanner Lectures on Human Values.*

Singer, Peter. (2004). *One World: The Ethics of Globalisation.* Hyderabad:

Oxford Longman.

Singer, Peter. (2009). *Animal Liberation: A New Ethics for our Treatment of Animals.* New York: Harper Perennial Modern Classics.

Singer, Peter. (2015). *The Most Good You Can Do: How Effective Altruism Is Changing Ideas About Living Morally.* New Haven, CT: Yale University Press.

Scanlon T M. (1982). *Contractualism and Utilitarianism.* Cambridge: Cambridge University Press.

Scanlon T M. (1998). *What we owe to each other.* Harvard: Harvard University Press.

Sidgwick, H. (1981). *The Methods of Ethics.* Indianapolis and Cambridge (UK): Hackett.

Smith, Adam. (1976). *The Theory of Moral Sentiments.* Amherst: Prometheus, 2000.

Sisson, M. , & Denicolo, M. (2015). "Minimal mutual advantage: How the social contract can do justice to the disabled." *European Journal of Political Theory*, 14 (2), *pp.* 161 – 179.

Schinkel, Anders. (2008). "Martha Nussbaum on Animal Rights." *Ethics and the Environment*, 13 (1), *pp.* 41 – 69.

Taylor, Charles. (1997). *The Malaise of Modernity.* Toronto: House of Anansi.

Taylor, Charles. (1997). *Philosophical Arguments.* Cambridge: Harvard University Press.

Vizard, Polly, Fukuda – Parr, Sakiko and Diane Elson. (2011). "The Capability Approach and Human Rights." *Journal of Human Development and Capabilities*, 12 (1), pp. 1 – 22.

Vorhaus, J. (2015). "Dignity, Capability, and Profound Disability." *Metaphilosophy*, 46 (3), pp. 462 – 478.

Wall, Stephen. (2012). *Perfectionism in Moral and Political Philosophy.* Stanford Encyclopedia of Philosophy.

Wichert, Rachel N. , and Martha C. Nussbaum. (2017). *Legal Protection for Whales: Capabilities, Entitlements, and Culture.* In *Animals, Race and Multiculturalism: Contemporary Moral and Political Debates*, edited by Luis Cordeiro Rodrigues. Basingstoke: Palgrave Macmillan.

Wichert, Rachel N. , and Martha C. Nussbaum. (2018). *The Legal Status of Whales and Dolphins: From Bentham to the Capabilities Approach.* In *Agency, Democracy, and Participation in Global Development*, edited by Lori Keleher and Stacy J. Kosko. Cambridge: Cambridge University Press.

Wichert, Rachel N. , and Martha C. Nussbaum. (2021). "Can There Be Friendship Between Human Beings and Wild Animals?" *Journal of Human Development and Capabilities*, 22 (1), *pp.* 87 – 107.

Williams, Bernard. (1983). *Problems of the Self.* Cambridge, UK: Cambridge University Press.

Williams, Bernard. (1985). *Ethics and the Limits of Philosophy.* London: Fontana Press.

Williams, Bernard. (1987). *The Standard of Living: Interests and Capabilities.* The Standard of Living, ed. Geoffrey Hawthorn. Cambridge: Cambridge University Press.

White, Thomas. (2007). *In Defense of Dolphins: The New Moral Frontier.* Hoboken, NJ: Wiley – Blackwell.

White, Thomas. (2015). "Whales, Dolphins and Ethics: A Primer." In *Dolphin Communication & Cognition: Past, Present, Future*, edited by Denise L. Herzing and Christine M. Johnson. Cambridge, MA: MIT Press.

Walker, Melanie and Elaine Unterhalter (eds.). (2007). *Amartya Sen's Capability Approach and Social Justice in Education.* London: Palgrave.

Wolff, Jonathan. , and A. De – Shalit. (2007). *Disadvantage.* Oxford: Oxford University Press.

Wolff, J. , and A. De – Shalit. (2013). "On Fertile Functionings: A Response to Martha Nussbaum." *Journal of Human Development and Capabilities*, 14

（1），*pp.* 161 – 165.

Watene，K. and J. Drydyk（eds.）.（2016）. *Theorizing Justice.* London：Rowman & Littlefield.

二 中文文献

（一）努斯鲍姆的主要译著

［美］玛莎·努斯鲍姆：《善的脆弱性——古希腊悲剧和哲学中的运气和伦理》，徐向东、陆萌译，译林出版社 2007 年版。

［印］阿玛蒂亚·森、［美］玛莎·努斯鲍姆主编：《生活质量》，龚群等译，社会科学文献出版社 2008 年版。

［美］玛莎·努斯鲍姆：《正义的界限》，徐子婷、杨雅婷、何景荣译，台北：韦伯文化国际出版社 2008 年版。

［美］玛莎·努斯鲍姆：《诗性正义：文学想象与公共生活》，丁晓东译，北京大学出版社 2010 年版。

［美］玛莎·努斯鲍姆：《告别功利：人文教育忧思录》，肖聿译，新华出版社 2010 年版。

［美］玛莎·努斯鲍姆：《培养人性：从古典角度为通识教育改革辩护》，李艳译，上海三联书店 2013 年版。

［美］玛莎·努斯鲍姆：《正义的前沿》，陈文娟、谢惠媛、朱慧玲译，中国人民大学出版社 2016 年版。

［美］玛莎·努斯鲍姆：《寻求有尊严的生活：正义的能力理论》，田雷译，中国人民大学出版社 2016 年版。

［美］玛莎·努斯鲍姆：《欲望的治疗：希腊化时期的伦理理论与实践》，徐向东、陈玮译，北京大学出版社 2018 年版。

［美］玛莎·努斯鲍姆：《为动物的正义：我们的集体责任》，王珀译，中信出版社 2024 年版。

（二）研究类著作

［印］阿玛蒂亚·森：《以自由看待发展》，任赜、于真译，中国人民大学

出版社 2002 年版。

［印］阿玛蒂亚·森：《论经济不平等/不平等之再考察》，王利文等译，社
会科学文献出版社 2006 年版。

［印］阿玛蒂亚·森：《正义的理念》，王磊等译，中国人民大学出版社
2012 年版。

［英］边沁：《道德与立法原理导论》，时殷弘译，商务印书馆 2000 年版。

［英］布莱恩·巴里：《作为公道的正义》，曹海军、允春喜译，江苏人民
出版社 2008 年版。

［英］狄更斯：《艰难时世》，全增瑕、胡文淑译，上海译文出版社 2008
年版。

［美］大卫·雷·格里芬：《后现代精神》，王成兵译，中央编译出版社
1998 年版。

［美］道格拉斯·索希奥：《哲学导论——智慧的典范》，王成兵等译，北
京师范大学出版社 2014 年版。

高景柱：《当代政治哲学视域中的平等理论》，天津人民出版社 2015 年版。

［英］哈耶克：《法律、立法与自由》（第三卷），邓正来译，中国大百科
全书出版社 2000 年版。

韩东晖：《西方政治哲学史（第二卷）：从霍布斯到黑格尔》，中国人民大
学出版社 2017 年版。

江畅：《西方德性思想史》（修订版），人民出版社 2018 年版。

［美］罗伯特·诺齐克：《无政府、国家和乌托邦》，姚大志译，中国社会
科学出版社 2008 年版。

刘玮：《西方政治哲学史（第一卷）：从古希腊到宗教改革》，中国人民大
学出版社 2017 年版。

［美］桑德尔：《自由主义与正义的局限》，万俊人译，译林出版社 2001
年版。

［美］涛慕思·博格：《康德、罗尔斯与全球正义》，刘莘、徐向东等译，
上海译文出版社 2010 年版。

王成兵：《现代性语境中的当代认同危机——在人学的视野中》，北京理工

大学出版社 2017 年版。

［英］休谟：《人性论》，关文运译，商务印书馆 1980 年版。

［古希腊］亚里士多德：《尼各马可伦理学》，廖申白译，商务印书馆 2003
年版。

［英］亚当·斯密：《国富论》，郭大力、王亚男译，商务印书馆 1974 年版。

［英］亚当·斯密：《道德情操论》，蒋自强等译，商务印书馆 1997 年版。

［德］伊曼努尔·康德：《纯粹理性批判》，邓晓芒译，人民出版社 2004
年版。

［德］伊曼努尔·康德：《实践理性批判》，李秋零译，中国人民大学出版
社 2011 年版。

［德］伊曼努尔·康德：《判断力批判》，邓晓芒译，人民出版社 2002 年版。

［美］约翰·罗尔斯：《作为公平的正义——正义新论》，姚大志译，上海
三联书店 2002 年版。

［美］约翰·罗尔斯：《正义论》（修订版），何怀宏、何包钢、廖申白译，
中国社会科学出版社 2012 年版。

［美］约翰·罗尔斯：《政治自由主义》（增订版），万俊人译，译林出版
社 2011 年版。

周濂：《西方政治哲学史（第三卷）：20 世纪政治哲学》，中国人民大学出
版社 2017 年版。

（三）研究类期刊论文

陈玮、徐向东：《境况主义挑战与美德伦理》，《哲学研究》2018 年第 5 期。

陈文娟：《依赖性、社会契约论与能力进路——以残障的正义问题为讨论
域》，《道德与文明》2017 年第 3 期。

董骏：《阿玛蒂亚·森能力人权观论纲》，《中国人权评论》2017 年第
1 期。

范昀、［美］玛莎·努斯鲍姆：《艺术、理论及社会正义——美国芝加哥大
学教授玛莎·努斯鲍姆访谈》，《文艺理论研究》2014 年第 34 卷第 5 期。

范昀：《用爱的力量赢得正义：评玛莎·努斯鲍姆〈政治情感〉》，《书城》
2015 年第 9 期。

龚群：《价值与价值形态》，《当代中国价值观研究》2018 年第 3 卷第 3 期。

龚群：《对罗尔斯正义理论的回应与推进——森和努斯鲍姆的能力论》，《华中师范大学学报》（人文社会科学版）2017 年第 56 卷第 5 期。

龚群：《经济伦理关于"经济人"概念的再审视》，《中国人民大学学报》2001 年第 6 期。

龚群：《当代社群主义对罗尔斯自由主义的批评》，《中国人民大学学报》2010 年第 24 卷第 1 期。

龚群：《自由主义的自我观与社群主义的共同体观念》，《世界哲学》2007 年第 5 期。

高景柱：《超越平等的资源主义与福利主义分析路径——基于阿玛蒂亚·森的可行能力平等的分析》，《人文杂志》2013 年第 1 期。

李剑：《残障与正义：一种基于能力的正义理论》，《国外理论动态》2018 年第 6 期。

李勇、于惠：《诗性正义何以可能？——努斯鲍姆〈诗性正义〉引发的思考》，《苏州大学学报》（哲学社会科学版）2016 年第 5 期。

李楠、秦慧：《能力平等的背后是什么？——玛莎·努斯鲍姆的平等理论探究》，《江汉论坛》2017 年第 4 期。

刘锋杰：《努斯鲍姆"诗性正义"观及其争议辨析》，《河北学刊》2017 年第 37 卷第 5 期。

刘科：《能力及其可行性——阿玛蒂亚·森能力理论的伦理基础》，《社会科学》2018 年第 1 期。

刘科：《对努斯鲍姆尊严观的反思》，《道德与文明》2018 年第 1 期。

刘阳：《诗性正义的理论矛盾与应用限度——与玛莎·努斯鲍姆教授商榷》，《探索与争鸣》2016 年第 12 期。

弭维：《政治情感的认知特性、社会功能及其对正义的影响——评玛莎·努斯鲍姆的〈愤怒和宽恕：憎恨·慷慨·正义〉》，《国外理论动态》2016 年第 8 期。

任俊：《契约论并不排斥残障人士的正义权利——驳努斯鲍姆对罗尔斯的一个批评》，《上海师范大学学报》（哲学社会科学版）2017 年第 46

卷第 5 期。

任俊:《正义研究能力进路主张能力平等吗?——澄清关于能力进路的一个误解》,《天津社会科学》2018 年第 5 期。

宋建丽:《能力路径与全球正义》,《马克思主义与现实》2015 年第 3 期。

宋建丽:《文化差异群体的身份认同与社会正义——多元文化主义对自由主义的挑战》,《哲学动态》2009 年第 8 期。

陶涛:《残障人问题对罗尔斯正义理论的挑战——兼论纳斯鲍姆之"能力法"》,《伦理学研究》2010 年第 4 期。

王国豫,荆珊:《从诗性正义到能力正义——努斯鲍姆正义理论探究》,《伦理学研究》2016 年第 1 期。

徐向东:《道德知识与伦理客观性》,《云南大学学报》(社会科学版) 2013 年第 12 卷第 1 期。

徐向东:《康德论道德情感和道德选择》,《伦理学研究》2014 年第 1 期。

徐向东:《欲望的本质和休谟式的动机》,《道德与文明》2015 年第 5 期。

徐向东:《进化伦理学与道德规范性》,《道德与文明》2016 年第 5 期。

徐向东:《能力、责备与康德准则》,《道德与文明》2018 年第 6 期。

谢惠媛:《尊严、能力与正义——纳斯鲍姆的尊严概念评析》,《道德与文明》2017 年第 3 期。

肖艳平:《努斯鲍姆"诗性正义"概念辨析》,《西安石油大学学报》(社会科学版)2017 年第 26 卷第 2 期。

姚大志,郭玉芳:《自由与平等的张力——罗尔斯的正义理论述评》,《长春市委党校学报》1999 年第 2 期。

姚大志:《罗尔斯正义理论的基本理念》,《社会科学研究》2008 年第 4 期。

姚大志:《能力平等:第三条道路?》,《浙江大学学报》(人文社会科学版)2014 年第 44 卷第 6 期。

姚大志:《当代功利主义哲学》,《世界哲学》2012 年第 2 期。

姚大志:《分配正义:从弱势群体的观点看》,《哲学研究》2011 年第 3 期。

姚大志:《从〈正义论〉到〈政治自由主义〉——罗尔斯的后期政治哲

学》,《中国人民大学学报》2010 年第 24 卷第 1 期。

杨豹:《伦理理论与反理论之争——玛莎·努斯鲍姆伦理理论化思想述评》,《北京科技大学学报》(社会科学版) 2008 年第 1 期。

杨豹:《从规则伦理到德性伦理的伦理嬗变——从现代性的德性危机谈起》,《深圳大学学报》(人文社会科学版) 2011 年第 28 卷第 5 期。

杨豹、肖红春:《努斯鲍姆诗性正义解析》,《南京政治学院学报》2012 年第 1 期。

杨豹:《论努斯鲍姆思想中的世界主义》,《社会科学》2012 年第 12 期。

杨豹、肖红春:《正义的实现仅仅依靠理性吗——探讨努斯鲍姆的诗性正义》,《华中科技大学学报》(社会科学版) 2012 年第 26 卷第 5 期。

杨兴华、张格儿:《阿玛蒂亚·森和玛莎·努斯鲍姆关于可行能力理论的比较研究》,《学术论坛》2014 年第 37 卷第 2 期。

杨云飞:《论康德对罗尔斯正义理论的影响——兼谈哲学史对于当代哲学研究的启发意义》,《武汉大学学报》(人文科学版) 2013 年第 66 卷第 2 期。

朱慧玲:《论纳斯鲍姆及其能力进路对正义主体的拓展》,《道德与文明》2017 年第 3 期。

赵海峰:《纳斯鲍姆论亚里士多德的实践智慧与好生活》,《世界哲学》2013 年第 1 期。

郑琪:《玛莎·努斯鲍姆基于能力理论的正义思想研究》,《求是学刊》2017 年第 6 期。

左稀:《情感与政治慎思——评玛莎·纳斯鲍姆的情感论》,《道德与文明》2017 年第 6 期。

左稀:《纳斯鲍姆对康德和尼采反同情论的批评》,《道德与文明》2015 年第 6 期。

左稀:《论同情的充要条件——纳斯鲍姆同情观研究》,《道德与文明》2014 年第 2 期。

后　记

在《努斯鲍姆的正义的能力理论研究》这部专著的写作过程中，我经历了一段富有挑战与启发的旅程。现在，站在书稿完成的这一刻，我不禁感慨万千，仿佛回到了探讨哲学问题的初心。此书不仅是对玛莎·努斯鲍姆能力理论的深入分析，更是我对人类发展与能力路径问题的深刻思考与总结。

在本书的写作过程中，我时常想起初涉哲学领域时的情景。那时，我被古希腊哲学，特别是亚里士多德的伦理学所深深吸引，尤其是关于"幸福"与"德性"的讨论。多年后，当我接触到努斯鲍姆的能力理论时，我发现她将这些古老的哲学思想赋予了新的生命和现实意义。努斯鲍姆从"诗性正义"走向"能力正义"，这不仅是对亚里士多德思想的继承与发展，更是在现代社会背景下对正义问题的重新诠释，为处理跨文化正义问题提供了全新的思考路径。

努斯鲍姆的正义的能力理论以一种全新的视角看待多元化生存环境，强调所有物种都有实现潜能的权利和能力。本书中讨论了在全球化和多元文化的背景下，如何通过赋予个体必要的条件与机会，来实现真正的社会正义。这种对"能力"的关注，超越了传统功利主义和自由主义的资源分配模式，提出了一个更具人文关怀的正义框架。但是，努斯鲍姆的能力理论也面临着批评与质疑。不同文化背景下的普适性问题、理论在实际问题应用的挑战，以及在个体能力与社会公正之间如何取得平衡等，这都是理论尚未完全妥善解决的问题。在书中，我不仅讨论了这些挑战，还探讨了它们可能带来新的研究方向和理论发展空间，这不仅仅是为了完善理论研究框架，更是希望为未来的研究者提供新的思考路径。

　　在此，我要感谢所有在写作过程中给予我帮助和支持的人。没有你们的鼓励和启发，这本书不可能顺利完成。让我记忆尤新的是，在写作过程中跟努斯鲍姆教授的请教与讨论，同时，也感谢在我访学过程中 Ingrid Robeyns 教授的指导，以及 Rutger Claassen 的交流讨论，各位教授以开拓化的国际视野让我在不同的时期体验到不同的学术氛围。在与各位教授交流与讨论的过程当中，我也逐渐的掌握与明白不同国家的学者对于同一问题的不同的思维方式，给予我充分的机会亲身体验到不同的学术研究氛围，以及中西方生活文化之间的显著差异。在我以后的学术研究过程之中，不仅为我提供了丰富的研究素材，更激发了我对能力路径的深刻思考。最后，本书的出版感谢中国传媒大学中央高校基本科研业务项目、北京市重点建设马克思主义学院工作经费资助。

　　本书虽已完稿，但对于能力路径的探讨永无止境。本书的撰写过程，也让我深刻意识到理论与实践结合的重要性。努斯鲍姆的正义的能力理论虽然植根于哲学思辨，但它对现实世界的影响不容忽视。在全球化和多元文化的背景下，她的理论为我们理解和解决跨文化正义问题提供了新的视角。我希望本书能够帮助读者更好地理解这一理论，并激发他们将其应用于实际的社会正义实践中。

　　我希望读者通过本书开启对正义与社会责任的深入思考，并在未来的实践中不断探索和发展这一重要理论。由于个人学识和水平的局限，本书对能力路径的研究难免存在谬误与不足，挂一漏万之处在所难免，恳请各位读者批评指正。